Gott und Welt in Württemberg

Gott und Welt in Württemberg

Eine Kirchengeschichte

herausgegeben von

Hermann Ehmer
Heinrich Frommer
Rainer Jooß †
Jörg Thierfelder

in Verbindung mit dem
Verein für württembergische Kirchengeschichte

Calwer Verlag Stuttgart

Durch ihre freundliche Unterstützung haben die erste Auflage
dieses Werkes ermöglicht:

S.K.H. Carl Herzog von Württemberg
Evangelische Landeskirche in Württemberg
Verein für württembergische Kirchengeschichte
Paul Lechler Stiftung
Stiftung Landesbank Baden-Württemberg
Trumpf GmbH + Co. KG
Diane Herzogin von Württemberg, Prinzessin von Frankreich-Stiftung
Adolf Schlatter-Stiftung
Papierfabrik Scheufelen
Calwer Verlag-Stiftung

Die Neuauflage haben durch ihre Unterstützung ermöglicht:

Calwer Verlag-Stiftung, Stuttgart
Evangelische Landeskirche in Württemberg

ISBN 978-3-7668-4111-7

Zweite, aktualisierte Auflage des gleichnamigen Buches von 2000

Umschlaggestaltung: Kurt Thönnes
Abbildungen: Landesdenkmalamt Baden-Württemberg,
Archäologische Denkmalpflege Stuttgart (oben), Archiv (Mitte),
Kirschner (unten), picture-alliance/Bildagentur Huber (rechts).
Layout und Herstellung: Kurt Thönnes, die Werkstatt, Hindelbank
Lektorat: Hans-Jörg Gabler
Karten: diGraph, Atelier für didaktische Grafik GmbH, Lahr
Satz und Reproduktion: MedienTeam Berger, Ellwangen
Druck: Kösel, Altusried-Krugzell

Inhalt

Geleitwort

Landesbischof
Dr. h.c. Frank O. July

Geschichte verstehen Christen immer auch als die Geschichte Gottes mit der Welt und seinen Menschen. So greift dieses Werk mit dem Titel »Gott und Welt in Württemberg« zwar eine bekannte Redensart auf, geht aber gleichzeitig mit der notwendigen Sachlichkeit und auf wissenschaftlicher Grundlage dieser tieferen Deutung und Anfrage an geschichtliche Entwicklungen nach.

Den Autoren und Herausgebern von »Gott und Welt in Württemberg« ist es gelungen, einzelne Personen, ihren Glauben und ihr Lebenswerk, die großen Linien der Frömmigkeitsbewegungen und der Landesgeschichte spannend und übersichtlich darzustellen. Die reiche Bebilderung ist im besten Sinne Illustration und eröffnet weitere Zugänge zu dem, was war und ist und bis heute Menschen bewegt. Der historische Bogen wird dabei von der Zeit der ersten Christianisierung unseres Landes bis zur Gegenwart gespannt.

Angesichts des umfassenden Entwurfs, aber auch der notwendigen Präzision und Knappheit ist es kein Wunder, dass »Gott und Welt in Württemberg« bereits in der ersten Auflage zum Standardwerk württembergischer Frömmigkeits- und Kirchengeschichte avancierte. Es freut uns sehr, dass dieses Werk zum Reformationsjubiläum nochmals eine sorgfältige Durchsicht und Aktualisierung für die zweite Auflage erfahren hat.

Wenn wir jetzt, im Jahre 2009, das 475-jährige Jubiläum der evangelischen Erneuerung der Kirche in Württemberg und das 450-jährige Jubiläum der Württembergischen Großen Kirchenordnung feiern, freuen wir uns nicht nur an der eigenen Geschichte, sondern werden auch an die lange gemeinsame Vergangenheit der heute verschiedenen Konfessionen erinnert. Die Ursachen der damaligen Trennung werden sichtbar, ebenso die schrittweise Überwindung vieler Hindernisse. Es wird zudem deutlich, dass neue Bewegungen und Aufbrüche auch innerhalb einer Kirche immer wieder eine Vielzahl an Gründen haben.

In einer Zeit großer Veränderungen, Umbrüche, kultureller Neuorientierung und Krisen, die auch vor der Kirche nicht Halt machen, werden viele Haltungen, Werte und prägende Eigenheiten einer Region nicht mehr verstanden. Leider gehen auch viele wertvolle Einsichten und Generationen übergreifende Erfahrungen verloren. Um sich selbst, seine Zeit und seine Umwelt besser zu verstehen, braucht der Mensch die Geschichtsforschung, aber auch ganz persönlich Kenntnisse der eigenen Vergangenheit und der seiner Mitmenschen.

Vielen Leserinnen und Lesern wird das vorliegende Werk die Augen für die eigene Glaubens- und Frömmigkeitsgeschichte und die unseres württembergischen Landes neu öffnen. Mit einem Dank an Herausgeber, Autoren und Verlag wünschen wir allen Leserinnen und Lesern darüber hinaus auch einen neuen Zugang zur Wirklichkeit Gottes. Das Leitwort der Evangelischen Landeskirche in Württemberg möge ihnen allen gelten: verbum domini manet in aeternum – Das Wort Gottes bleibt in Ewigkeit.

Alemannien wird christlich

Im Laufe des 2. und 3. Jahrhunderts n. Chr. breitete sich das Christentum innerhalb des Römischen Reiches auch nach Norden aus. Schon gegen Ende des 2. Jahrhunderts gab es in Mainz, Köln und Trier christliche Gemeinden und seit dem 4. Jahrhundert auch Bistümer. Sie gingen allerdings in den Unruhen der Völkerwanderungszeit ebenso unter wie die Heiligtümer in Augsburg und Zurzach am Hochrhein (Kanton Aargau), die gleichfalls in die Spätantike zurückreichten. In den Teilen des Römischen Reiches, die östlich und nördlich des Rheins und westlich der Iller lagen, fanden sich bisher keinerlei Hinweise auf christliches Leben. Andere im Orient entstandene Religionen, wie etwa der Mithraskult, haben deutliche Spuren im römisch besetzten Land hinterlassen, das Christentum dagegen nicht.

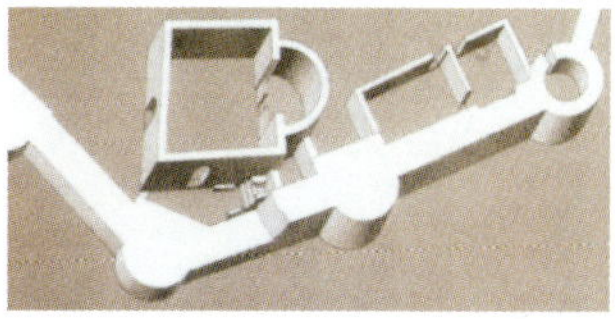

Hinter den dicken Mauern des spätrömischen Kastells Zurzach (4. Jh., im heutigen Schweizer Kt. Aargau gelegen) entstand im 5. Jh. eine kleine Kirche mit Taufkapelle (Baptisterium).

Einwanderung

Seit 233 begannen für die rechtsrheinischen Teile des Römischen Reiches schwierige Zeiten: Germanenscharen überschritten den Limes, während die römischen Truppen zur Verteidigung der Grenzen im Osten weilten oder einander im Ringen der verschiedenen Kaiser und Gegenkaiser aufrieben. Die verunsicherte Zivilbevölkerung zog sich zunehmend in die Gebiete jenseits des Rheins zurück. Als nach 285 das Römische Reich wieder in eine neue Ordnung zurückfand, wurde an Rhein, Iller und Donau ein neuer Limes aufgebaut, während die übrigen rechtsrheinischen Gebiete von germanischen Einwanderern in Besitz genommen wurden.

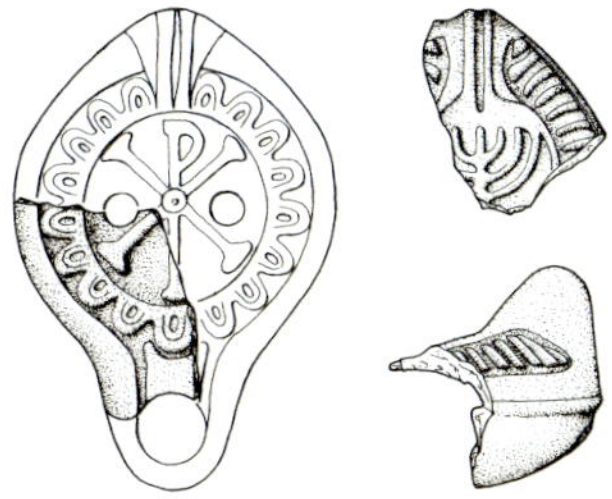

Tonlampe und Bruchstücke (4./5. Jh.) aus Epfach, Kreis Landsberg/Lech, und Augsburg zeigen das Christusmonogramm XP.

Die Alemannen

Bis vor wenigen Jahren nahm die Geschichtsforschung an, verschiedene germanische Gruppen hätten sich in den Gebieten nördlich von Elbe und Saale zum »Stamm« der Alemannen zusammengeschlossen. Dieser wäre anschließend nach Süden gewandert, hätte das Land zwischen Limes und Rhein erobert und dann besiedelt. Die Analogie zum Volk Israel und seiner – wie man damals glaubte – »Landnahme« in Palästina ist unübersehbar! In den letzten Jahren ließ die intensive Arbeit der Archäologen ein anderes Bild der Besiedlungsvorgänge entstehen. Danach

Bronzelampe aus Augsburg (5. Jh.), die vielleicht im christlichen Gottesdienst Verwendung fand.

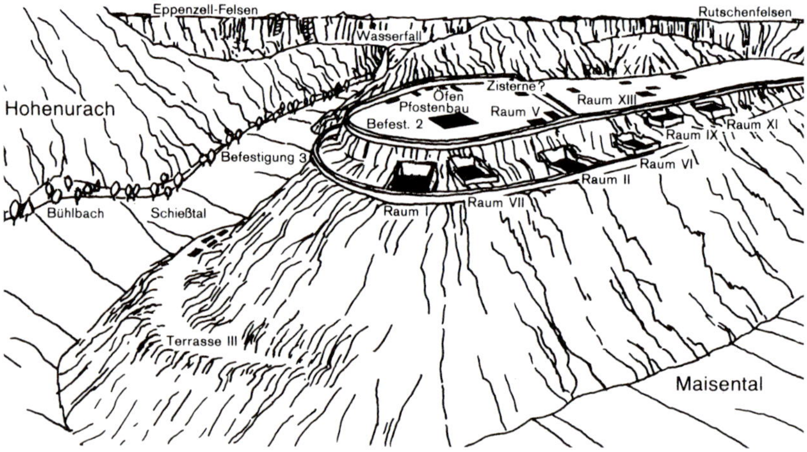

Die alemannische Höhensiedlung auf dem Runden Berg bei Bad Urach (vorne), dahinter die Ruinen von Burg Hohenurach. Die Zeichnung zeigt, dass der Runde Berg ein Herrschaftszentrum der damaligen Bevölkerung war.

zogen im 3. und 4. Jahrhundert immer neue Gruppen von Einwanderern aus dem Raum zwischen Elbe und Westböhmen nach Süden, die aber erst im heutigen Südwestdeutschland zum Volk der Alemannen zusammenwuchsen. Dieser Prozess dauerte rund 150 Jahre, weil Teile des so entstandenen Volkes nach Westen oder Süden weiterzogen, während andere Gruppen aus dem Norden nachrückten.

Alemannen und Römer

Der Name »Alemannen« kommt zum ersten Mal in einer lateinischen Dichtung vor, die im Jahr 289 in Trier entstand. Er bedeutet »alle Männer« oder »alle Menschen insgesamt«. Mit diesem germanischen Begriff bezeichnete man im römischen Trier die Bewohner der Gebiete jenseits des Oberrheins. Der Name beschrieb wohl die damalige Wirklichkeit eines lockeren Stammesverbandes. Man kennt eine Reihe von alemannischen Teilstämmen: Lentienses im Linzgau, Brisgavi im Breisgau, Bucinobantes östlich von Mainz, Raetovarii im Ries und die Juthungen nördlich der Donau. An der Spitze jedes Teilstammes standen herausragende Familienverbände, deren führende Persönlichkeiten in den Berichten über die kriegerischen Auseinandersetzungen mit den Römern genannt werden. Sie dürften ihre Residenz auf Höhenfestungen wie dem Runden Berg (bei Bad Urach) oder dem Zähringer Burgberg bei Freiburg gehabt haben. Ein dauerhaftes, zen-

Grabbeigaben aus einem Frauengrab in Kirchheim/Neckar, um 480.

trales Königtum gab es nicht. In großer Zahl traten die Alemannen ins römische Heer ein und erreichten dort vor allem in der Zeit Kaiser Konstantins und seiner Nachfolger (311–365) führende Stellungen. Seit dem 4./5. Jahrhundert nannten spätrömische, aber auch fränkische Schriftsteller ihre germanischen Nachbarn bzw. Gegner östlich des Hochrheins »Alemannen«. Diese Tradition lebt bis heute in der französischen Sprache, aber auch im Spanischen und in der Folge davon im Arabischen fort.

Der stark befestigte und bewachte spätrömische Limes an Rhein, Iller und Donau vermochte bis Anfang des 5. Jh. die Alemannen vom Römischen Reich abzuhalten.

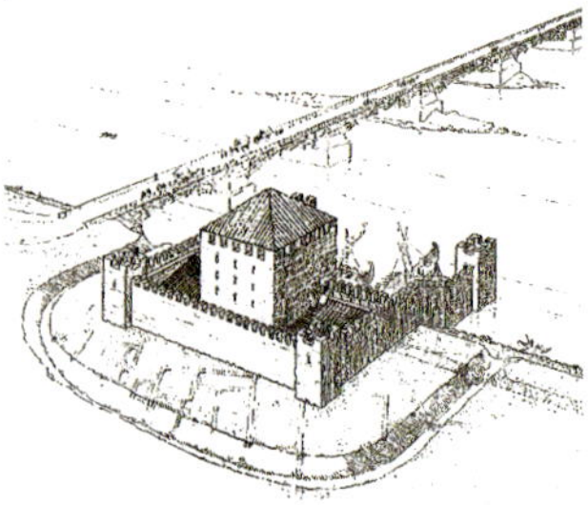
Spätrömische Befestigungsanlage bei Lopodunum (Ladenburg, Rhein-Neckar-Kreis).

Schmuck-, Geschirr- und Glasfunde aus spätrömischer Zeit.

Das Ende der Römerzeit am Rhein

Immer wieder zogen alemannische Scharen während des 4. und 5. Jahrhunderts plündernd durch das heutige Elsass und andere Gebiete westlich des Rheins. Römische Truppen, die meist ebenfalls aus germanischen, ja sogar alemannischen Söldnern bestanden, versuchten sie zurückzuschlagen. Bodenfunde lassen aber auch darauf schließen, dass es über die Rheingrenze hinweg nicht nur Bündnisse und Verträge, sondern auch vielfältige Handels- und Wirtschaftsbeziehungen gegeben haben muss. Unter Kaiser Valentinian I. (364–375) – er führte nach seinem Sieg über die Alemannen den Ehrentitel »Alamannicus« (Alemannenbezwinger) – entstanden die letzten römischen Befestigungen jenseits und auch diesseits des Rheins wie etwa in Ladenburg und Sponeck (Kreis Emmendingen), aber auch in Mannheim-Neckarau oder Grenzach-Wyhlen, denen auf der anderen Seite des Flusses entsprechende Anlagen in Altrip (Kreis Ludwigshafen) oder Kaiseraugst (Kanton Aargau) gegenüberlagen. Bis in die Mitte des 5. Jahrhunderts hinein hielten sich römische oder in römischem Sold stehende Truppen an der Rhein- und Illergrenze, dann hörte die römische Herrschaft an Rhein und Donau auf. In einzelnen Grenzbefestigungen, wie etwa in Zurzach, Kaiseraugst und Boppard, blieben christliche Kirchen und wohl auch Gemeinden erhalten.

Grabbeigaben aus einem Männergrab in Gültlingen (Kreis Calw), um 460/480.

Alemannen und Sueben

Nachdem die Grenzen an Rhein und Iller schließlich verschwunden waren, konnten sich die Alemannen ungehindert nach allen Seiten ausbreiten. Die Quellen nennen Passau und Troyes in Frankreich als Endpunkte zweier großer Beutezüge, die vielleicht sogar unter der Führung desselben Alemannenkönigs unternommen worden waren. Fraglich bleibt allerdings, wie weit die alemannische Siedlungstätigkeit über den Rhein hinweg nach Westen reichte. Zu weiteren Kämpfen kam es in den Jahren 469/470, als die Ostgoten auf der einen und die untereinander verbündeten Alemannen und Donausueben auf der anderen Seite aneinandergerieten. Von da an verschwinden die Sueben ganz aus den Quellen oder es werden »Alemannen« und »Sueben« als Bezeichnungen mit identischer Bedeutung gebraucht. Interessanterweise

Die Rekonstruktionszeichnung des Friedhofs von Lauchheim (Ostalbkreis) verdeutlicht die zunehmenden sozialen Unterschiede bei den Alemannen. Die linke Seite zeigt Gräber aus dem 6. Jh.; die Grabhügel rechts wurden über Familiengrabstätten des 7. Jh. aufgeschüttet.

ändern sich in dieser Zeit die Begräbnissitten der Alemannen grundlegend. Hatten sie vorher Einzelgräber bevorzugt, so gingen sie jetzt zu größeren Reihengräberfeldern über. Reich ausgestattete und beigabenlose Gräber lagen unmittelbar nebeneinander. Als Grabbeigaben fand man in Frauengräbern Trachtbestandteile und Schmuck, bei Männern vor allem Waffen. Speise und Trank sollten als Nahrung auf der Reise ins Jenseits dienen. Möglicherweise hing diese neue Form der Totenbestattung in Reihengräbern mit dem allmählichen Zusammenwachsen von Alemannen und Sueben zusammen. Für die Ausstattung der Toten mit Schmuck und Waffen dürften auch fränkische Vorbilder von Bedeutung gewesen sein.

Die Franken

Im Nordwesten gerieten die Alemannen in heftige Konflikte mit den dort ansässigen Franken, wobei es mindestens einmal, vielleicht auch wiederholt zu militärischen Auseinandersetzungen kam. Gregor von Tours (538/39–593/94), ein fränkischer Geschichtsschreiber, sah im endgültigen Sieg des Frankenkönigs Chlodwig über die Alemannen die Ursache für dessen Bekehrung und Taufe in Reims in den Jahren 496/498. Ob dieser Zusammenhang zwischen einem Sieg in der Schlacht und dem Übertritt zum römischen Christentum tatsächlich bestand, bleibt ungewiss; als

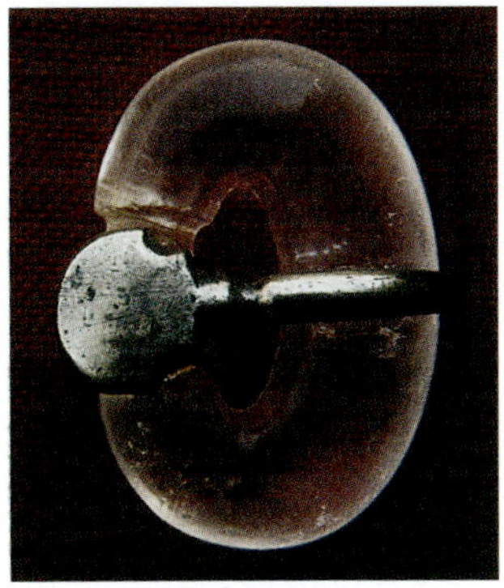

Schnalle aus Bergkristall und Bügelfibel aus einem Frauengrab in Klepsau (Hohenlohekreis), um 500.

Die Taufe des Frankenkönigs Chlodwig in Reims. Darstellung von 1225/1230 an der Kathedrale von Reims.

sicher kann aber gelten, dass der Frankenkönig und mit ihm viele fränkische Adelige um 500 Christen geworden sind. Chlodwig nahm als erster König eines germanischen Großstammes das Christentum in seiner römischen Ausprägung an; alle übrigen germanischen Könige hingen dagegen der arianisch geprägten Form der christlichen Lehre an. Weil die romanische Bevölkerung des ehemaligen Gallien schon seit dem 4. Jahrhundert gleichfalls der römischen Kirche angehörte, schuf Chlodwigs Taufe die Voraussetzung für das Zusammenwachsen von Romanen und Franken zu einem Volk.

Arianer, arianisch. Anhänger des Priesters Arius von Alexandria († 336), der lehrte, dass der Sohn und der Heilige Geist Gottvater untergeordnet sind. Die meisten germanischen Völker und Könige mit Ausnahme der Franken hingen dieser Glaubensrichtung an.

Alemannien im Merowingerreich

Die militärischen Niederlagen hatten für die Alemannen schwerwiegende Folgen: Der nördlich der Linie Oostal – Hornisgrinde – Asperg – Hohenberg (bei Ellwangen) – Hesselberg gelegene Teil ihrer Siedlungsgebiete kam unter fränkische Herrschaft; die übrigen Grenzen Alemanniens an Iller, Alpenkamm und Rhein setzten die fränkischen Herrscher aus dem Haus der Merowinger wohl erst um 600 endgültig fest. Dabei dürfte die Ausdehnung des damals schon bestehenden Bistums Konstanz eine wichtige Rolle gespielt haben. Die Grenzziehung des alemannischen Herzogtums erfolgte also nicht nach Siedlungsgebieten, sondern beruhte auf politischen Entscheidungen der fränkischen Könige und ihrer Beauftragten im 6./7. Jahrhundert. In den Jahren zwischen 500 und 746 berichten die spärlichen Quellen wiederholt über ein-

Bistum. Genau festgelegter Bezirk, in dem ein Bischof sein Lehr- und Hirtenamt ausübt. Vorbild für die kirchliche Bistumsorganisation war die Einteilung des Römischen Reiches in Provinzen.

Hausmeier. Urspr. Vorsteher des Hauspersonals; seit dem 7. Jh. Verwalter des Königsamtes im fränkischen Reich.

zelne alemannische Herzöge; man kann allerdings nicht davon ausgehen, dass es immer Träger dieses Amtes gegeben hat. Alemannien könnte auch zeitweilig durch direkte Beauftragte der merowingischen Könige verwaltet worden sein. Erst um die Wende vom 7. zum 8. Jahrhundert gewinnt das Herzogsamt deutlichere Konturen, als Herzog Gottfried und seine Nachkommen diese Würde innehatten. Immer wieder gerieten sie in kriegerischen Gegensatz zu den fränkischen Hausmeiern aus dem Hause der Karolinger. Nach längeren militärischen Auseinandersetzungen unterwarfen 746 die Hausmeier Karlmann und Pippin den Herzog und den alemannischen Adel endgültig. Die Herzogswürde wurde nicht mehr erneuert.

Die alemannische Goldscheibe aus Pliezhausen (Kreis Reutlingen) zeigt eine Gottheit, die den Speer des siegreichen Reiters führt (siehe Umzeichnung unten).

Die Religion der Alemannen

Über die ursprünglichen religiösen Vorstellungen der Alemannen weiß man nur wenig. Man nimmt an, dass bis in die zweite Hälfte des 5. Jahrhunderts hinein in Mooren und in Flüssen verschiedenen Göttern Waffen- oder Speiseopfer dargebracht wurden. Zumeist aus Formeln, in den ihnen abgeschworen wurde, kennt man die wichtigsten alemannischen Götter, etwa Wotan, Donar oder den Fruchtbarkeitsgott Freyr. Friedhöfe besaßen als Kultplätze eine große Bedeutung. Für ihre Reise in das Totenreich stattete man die Verstorbenen mit Speisen und Waffen, manche von ihnen sogar mit Pferden aus. Auf Trachtzubehör wie Fibeln, Zierscheiben, Riemenzungen oder Amuletten finden sich vielfältige, aber nur schwer deutbare Bildzeichen religiösen Inhalts.

Verzinnter Bronzebeschlag aus dem 5. Jh. mit Eberköpfen rechts und links – vielleicht ein Hinweis auf germanische Fruchtbarkeitskulte.

Die Anfänge des Bistums Konstanz

Südlich von Bodensee und Hochrhein und westlich des Oberrheins hatten Reste christlicher Gemeinden das Ende der römischen Herrschaft überdauert. Die allmähliche Ausdehnung der Alemannen nach Süden bis zum Alpenkamm brachte eine Durchdringung und Verschmelzung der neu zugewanderten Alemannen mit der dort ansässigen Bevölkerung. Die kirchliche Herrschaft folgte zunächst jedoch der nach Süden zurückweichenden Römerherrschaft: So wurde das Bistum Avenches (Kanton Waadt) wohl zwischen 574 und 594 nach Lausanne verlegt. Auch in

Die mittelalterlichen Diözesen in Südwestdeutschland.

Windisch (Kanton Aargau) gab es vielleicht bis zum Ende des 6. Jahrhunderts einen Bischofssitz. Unklar bleibt, ob dieser gleichfalls nach Lausanne übertragen oder ob er nach Konstanz verlegt wurde. Es kann jedenfalls als sicher gelten, dass um 600 im Bereich der nach Kaiser Konstantius II. (337–361) genannten spätantiken Festung »Constantia« ein Bischofssitz errichtet wurde – entweder in der Nachfolge von Windisch oder als Neugründung. Das Bistum entstand im Zusammenwirken mit dem in Überlingen residierenden alemannischen Herzog Gunzo, der es wohl mit Gütern südlich des Bodensees ausstattete. Wichtig für die neue Diözese wurde auch der fränkische König Dagobert I. (623–639), der vielleicht schon ihre Grenzen nach Süden, Westen und Osten festlegte, während sich die Nordgrenze erst später herausbildete. Die Ausdehnung des Bistums – des flächenmäßig größten innerhalb der deutschen Kirche vor der Reformation – dürfte etwa dem Raum entsprochen haben, in dem die alemannischen Herzöge Macht und Einfluss besaßen. Es umfasste allerdings nicht den ganzen Sprach- und Siedlungsraum der Alemannen.

Die übrigen für Württemberg wichtigen Bischofssitze, die in die Spätantike zurückreichten, lebten im 6. und 7. Jahrhundert wieder auf: zunächst um 550 Mainz, um 600 Kaiseraugst/Basel, Straßburg, Speyer und Worms sowie um 700 Augsburg. Abgeschlossen wurde die kirchliche Einteilung im Südwesten erst mit der Errichtung des Würzburger Bistumssprengels durch Bonifatius 741/742. Die Grenzen der Diözesen untereinander lagen im Einzelnen etwa seit dem 10. Jahrhundert fest. Vor allem im Raum Marbach (Neckar) wechselte zuvor noch die bischöfliche Zuständigkeit zwischen Worms, Würzburg und Speyer. Alle älteren südwestdeutschen Bistümer hatten ihren Rückhalt südlich und westlich des Rheins im spätantiken römischen Reich. Augsburg hatte gewisse römische Wurzeln, nur Würzburg stellte eine völlige Neugründung dar.

Die Adler auf der Zierscheibe aus Hailfingen (Kreis Tübingen) können christlich und heidnisch gedeutet werden (wohl 6. Jh.).

Sprengel. Zu einer Pfarrkirche gehörige Weiler, Dörfer, Städte oder Stadtteile.

Die Fibel aus Pleidelsheim (Kreis Ludwigsburg) zeigt das Kreuz als christliches Symbol (7. Jh.).

Die lateinische Inschrift auf der Riemenzunge aus Donzdorf (Kreis Göppingen) ist verschieden gedeutet worden: »Erfreuen soll sich der Herr der Ruhe, der (sich) (mit diesem Riemen) gegürtet haben wird«. Sehr wahrscheinlich liegen aber christliche Vorstellungen zugrunde (7. Jh.).

Goldblechfibel aus Fridingen/Donau, 7. Jh.

Die Christianisierung der Alemannen

Die ersten uns bezeugten missionarischen Predigten im Alemannenland hielt der irische Wandermönch Columban (ca. 543–615) im Bodenseegebiet. Er traf dort im religiösen Bereich auf eine Mischung aus Heidentum und Christentum: Die Leute verehrten Wotan und Christus zugleich. Die eigentliche Mission in den Gebieten des Landes, die nicht zum spätantiken römischen Reich gehört hatten, ging aber weder vom Bischof noch von wandernden Mönchen aus, sondern vom fränkischen und alemannischen Adel. Dieser gewann im zerfallenden Merowingerreich zunehmend an politischem Einfluss, der auf der wachsenden Macht über das Land und die den Boden bearbeitenden Leute beruhte. Seit der Taufe Chlodwigs 496/98 nahm im 6. Jahrhundert zunächst der fränkische Adel das Christentum an, der alemannische folgte diesem Vorbild im 7. Jahrhundert. Die adeligen Familien trieben die Besiedlung des Landes voran, errichteten Kirchen, statteten sie mit Grundbesitz aus und beriefen die Priester. Deutlich wird dieser Aufbau der Kirchen (sog. Eigenkirchen) aus den adeligen Schenkungen an die im 8. Jahrhundert gegründeten Klöster St. Gallen, Reichenau, Fulda und Lorsch (Bergstraße). Man kann also davon ausgehen, dass zu Beginn des 8. Jahrhunderts die Mehrzahl der Bevölkerung in Alemannien die christliche Taufe empfangen hatte. Daneben dürften heidnische Vorstellungen und Bräuche gleichfalls noch lange nachgewirkt haben.

Silberblechfibeln aus Kirchheim/Ries (Ostalbkreis) und Illingen (Enzkreis). Darstellungen von Tieren und Menschen um einen Baum oder einen Kreuzstab gehen auf Vorstellungen aus dem Mittelmeerraum zurück.

Patrozinium. Schutzheiliger einer Kirche oder eines Altars.

Patron. Heiliger, dem eine Kirche geweiht wurde und dessen Namen sie trägt. Bezeichnung für den Adeligen, der eine kirchliche Stelle vergibt.

Reliquien. Teile des Leibes eines Heiligen oder Gegenstände, die mit einem Heiligen in Zusammenhang stehen.

Kirche und Patrozinien

Der christliche Kult erforderte eigene Bauwerke. Abgelegene Plätze für selten vollzogene Opferzeremonien unter freiem Himmel waren dafür ungeeignet. Deshalb begann seit der zweiten Hälfte des 6. Jahrhunderts und verstärkt im 7. Jahrhundert der Bau der ersten Kirchen im heutigen Württemberg. Zu den ältesten zählen die Gotteshäuser in Pfullingen, Gruibingen, Göppingen, Kirchheim/Teck – alle mit St. Martin als Patron –, Brenz an der Brenz (St. Gallus) und Burgfelden (St. Michael). Zunächst ent-

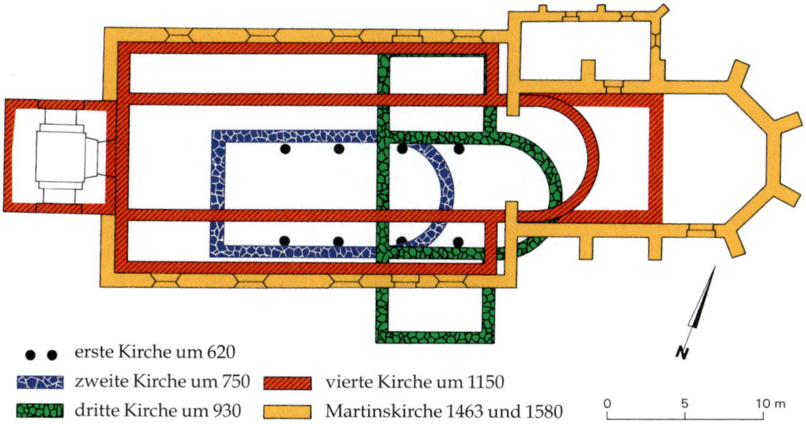

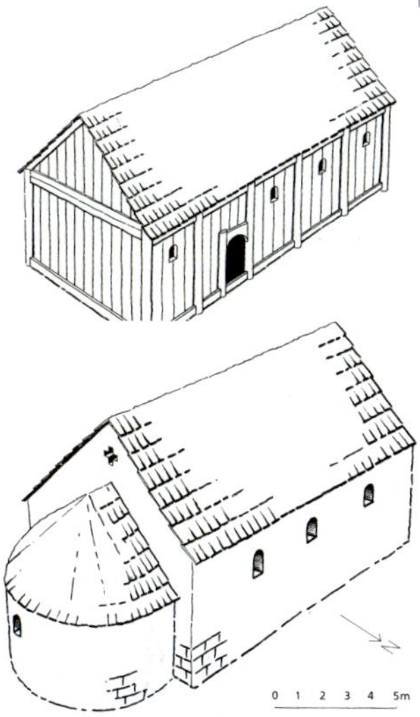

Die Martinskirche Pfullingen in zwei Rekonstruktionen: Eine einfache Holzkirche entstand Mitte des 7. Jh. Etwa 150 Jahre später wurde an der selben Stelle eine geräumige Steinkirche errichtet. Bis zur Reformation wurden noch drei weitere Gebäude erstellt.

standen Holzkirchen, die seit dem 7. Jahrhundert durch Steinbauten ersetzt wurden. So kam mit dem Kirchenbau auch der Steinbau in das Land östlich des Rheins zurück. Durch archäologische Ausgrabungen konnten in den letzten Jahren etwa 50 Kirchen nachgewiesen werden, die bis 700 ihre erste bauliche Gestalt erhalten hatten. Es handelt sich dabei um einschiffige Saalkirchen mit gleich breitem oder eingezogenem Chor. Jede neu gegründete Kirche wurde der Fürsprache und dem Schutz eines bestimmten Heiligen anvertraut, dessen Reliquien im, unter oder hinter dem Altar einen Platz gefunden hatten. Zu den am häufigsten gewählten Kirchenpatronen gehörte im Südwesten der Schutzheilige der fränkischen Könige, der heilige Martin. Er ist 136-mal in Württemberg vertreten. Die Siedlungen mit Martinskirchen, deren Namen oft auf die Silben -ingen und -heim enden, liegen fast alle im Altsiedelland. Im Schwarzwald oder im Welzheimer Wald, die später erschlossen wurden, finden sich kaum Gotteshäuser mit diesem Patron. Auch Klöster und Bistümer beeinflussten die Patrozinienwahl: Gallus z. B. deutet auf St. Gallen, St. Peter und Paul häufig auf Kloster Weißenburg im Elsass (Diözese Speyer) oder St. Kilian auf Würzburg hin. In einigen frühen Kirchen fanden sich auch reich mit Beigaben ausgestattete Gräber, die belegen, dass während einer Übergangszeit wichtige Adelige, vorchristlicher Tradition entsprechend, mit Schmuck und Waffen beigesetzt wurden.

Dieser Behälter gehörte zum Altar der Kirche in Ennabeuren, der Ende des 7. Jh. geschaffen wurde. Er diente zur Aufbewahrung und zum Transport von Reliquien.

Funde aus den reichen Gräbern am Nordende des Gräberfeldes in Pfullingen.

Neue Formen der Bestattung

Wie schon ausgeführt, begruben die Alemannen seit der Mitte des 5. Jahrhunderts ihre Verstorbenen in Reihengräberfriedhöfen außerhalb der Siedlungen. Im 7. Jahrhundert lösten sich diese Reihengräberfriedhöfe zugunsten neuer Bestattungsformen auf. Es gab nicht nur abgesonderte einzelne Grabgruppen, sondern auch Gräber in der Nähe von Höfen, ja sogar Nachbestattungen in einzelnen älteren Gräbern und Einzelgräbern. Diese archäologischen Befunde deuten darauf hin, dass sich im Laufe der Merowingerzeit soziale Unterschiede herausbildeten: Adelsfamilien entstanden, die im Bereich ihrer Hofanlagen die ersten Kirchen stifteten samt den dazu gehörigen Kirchhöfen. Dort wurden die verstorbenen Bewohner der christianisierten Siedlungen beigesetzt. Die früheren Reihengräberfriedhöfe gab man auf zugunsten von Bestattungsplätzen in der Nähe der Kirchen und der Heiligenreliquien. Die mittelalterliche Gemeinschaft der Lebenden und der Toten war entstanden.

Frühmittelalterliche Fundstellen im Stadtkern von Pfullingen.

1 Pfarrkirche St. Martin, um die noch deutlich der Freiraum des ehemaligen Kirchhofes zu erkennen ist, 2 Adelsgrab außerhalb der Kirche, 3 Gräberfeld Lindenplatz, 4 reiche Gräber am Nordende des Gräberfeldes.

Innenstadt Pfullingen (Kreis Reutlingen) heute.

Goldblattkreuze

Zu den häufigen Grabbeigaben im alemannischen Raum gehörten die sog. Goldblattkreuze. Es handelte sich dabei um Kreuze, die aus dünnem glatten oder geprägten Goldblech ausgeschnitten, auf Stoff aufgenäht oder den Toten auf den Mund gelegt wurden. Sie kommen fast nur in Reihengräbern vor, seltener bei Bestattungen in den Kirchen. Zu Lebzeiten trug der Verstorbene kein solches Goldblattkreuz – es handelt sich also um ein Zeichen, das eigens für den Toten angefertigt wurde. Die ältesten gefundenen Exemplare stammen aus dem späten 6. Jahrhundert, die jüngsten aus dem frühen 8. Jahrhundert. Außer bei den Alemannen kannte man diesen Grabbrauch nur noch bei den Langobarden, vor allem in Oberitalien. Es dürften also sonst nicht bekannte Beziehungen über die Alpen hinweg zwischen den beiden Völkern bestanden haben. Neben Goldblattkreuzen können in denselben Gräbern auch für heilbringend gehaltene Amulette liegen, ebenso Speise und Trank als Wegzehrung für die Reise ins Totenreich. Auf Teilen der Kleidung von Toten finden sich neben Kreuzen weitere christliche Symbole wie Adler, Weinreben oder Tiere und Menschen unter dem Lebensbaum. Diese Grabbeigaben können auch Inschriften in alemannischer oder lateinischer Sprache tragen, die in Runen oder Buchstaben geschrieben sind. All diese Zeichen, Symbole und Inschriften dürfen nicht als Zeugnis christlichen Glaubens verstanden werden, sondern eher als Ausdruck eines Synkretismus, d.h. einer aus heidnischen und christlichen Vorstellungen gemischten Religion im Verlauf einer langsam fortschreitenden Christianisierung. Es bleibt also zu fragen, ob die Träger diese Zeichen und Symbole überhaupt verstanden hatten und wie weit sie als Ausdruck einer eigenen Glaubensüberzeugung bewertet werden können.

Goldblattkreuz aus Lauchheim (Ostalbkreis).

Dieses Goldblattkreuz entstammt einem Männergrab aus Giengen/Brenz. Ob die beiden Adlerköpfe eine christliche oder heidnische Bedeutung haben, ist nicht mit Bestimmtheit zu sagen.

Das Frauengrab aus Wittislingen (Kreis Dillingen/Donau) enthielt neben einem Goldblattkreuz und einer Goldblechfibel auch eine Amulettkapsel.

Der Anfang des »Rechts der Alemannen« (lex alamannorum) in einer St. Galler Handschrift des 9. Jh.

Wergeld. Sühneleistung für ein Verbrechen oder Vergehen.

Kleriker, Klerus. Geistliche, Geistlichkeit.

Die alemannischen Rechtstexte

Der fränkische Einfluss ließ, wie bei anderen Stämmen, bei den Alemannen gleichfalls eigene Rechtstexte entstehen. Unsicher bleibt, ob hier wirklich alemannisches Recht aufgezeichnet wurde oder ob es sich um fränkische Rechtssetzung handelte. Der älteste Text, der Pactus Alamannorum (= Abrede der Alemannen), ist am Beginn des 7. Jahrhunderts entstanden und nur fragmentarisch überliefert. Er enthält vor allem Strafen für Verbrechen an Leib und Leben. Gesühnt werden sollte danach mit »Wergeld«, also mit materieller Entschädigung und nicht durch Blutrache. Demgegenüber regelte die um 724/730 aufgezeichnete Lex Alamannorum (= Recht der Alemannen) auch eine Reihe von kirchlichen Fragen. So durfte niemandem, auch nicht von der eigenen Familie, untersagt werden, seine Güter der Kirche zu vermachen. Ein wichtiger Abschnitt der Lex Alamannorum beschreibt die Grundherrschaft der Kirche, zu der nicht nur Knechte und Mägde, sondern auch Pferde, Rinder und andere Tiere gehörten. Das »Wergeld«, das für den Tod oder die Verletzung eines Freigelassenen der Kirche entrichtet werden musste, entsprach dem Aufwand für Tod oder Verletzung eines Freien. Gewaltsames Eindringen in den Hof eines Pfarrers oder Übergriffe gegen Diakone, Mönche oder Kleriker wurden mit schweren Strafen bedroht. Außerdem gewährte die Kirche in ihrem Innern und auf dem Kirchhof Asyl: Flüchtige Unfreie konnten sich dort aufhalten, bis ihr Herr ihnen verziehen hatte.

Die älteste nachrömische Steininschrift im Südwesten auf einer Grabplatte in der Stadtkirche Esslingen (2. Hälfte 8. Jh.): IN NOMINE DOMINI NORDMAN (Im Namen des Herrn, Nordman).

Männer- und Frauenklöster im Südwesten

Die Anfänge der christlichen Lebensform des Mönchtums liegen in Palästina, Syrien und Ägypten. Seit dem 4. Jahrhundert entstand asketisches Leben auch im Westen des Römischen Reiches. Irofränkische Wandermönche wie Columban brachten mit ihren Predigten das Christentum in den Südwesten. Wirkliche Bedeutung erlangten Mönchtum und Klöster hierzulande aber nicht als Missionszentren, sondern vor allem als Kulturzentren. Das erste Kloster, das in den heutigen württembergischen Bereich hineinwirkte, entstand im 7. Jahrhundert in Weißenburg im Elsass. Der Besitz dieser fränkischen Königsabtei im Raum Vaihingen/Enz, Ludwigsburg und Marbach wurde sogar entscheidend für die Ausbildung der Grenze zwischen den Diözesen Konstanz und Speyer. Weitere für die Kultivierung unseres Landes bedeutsame Klöster folgten. So entstand um 700/710 an der Stelle der Eremitenzelle des um 650 verstorbenen Columban-Schülers Gallus das Kloster St. Gallen. Nur wenige Jahre später, 724, rief der irofränkische Wandermönch und Bischof Pirmin das Kloster Reichenau ins Leben. Pirmin handelte im Auftrag des fränkischen Hausmeiers Karl Martell (714–741), jedoch geriet er wegen der Klostergründung in eine schwere Auseinandersetzung mit dem alemannischen Herzog Theutbald, die ihn veranlasste, ins

Diözese.
Unter Diözese versteht man den Bereich der Zuständigkeit eines Bischofs.

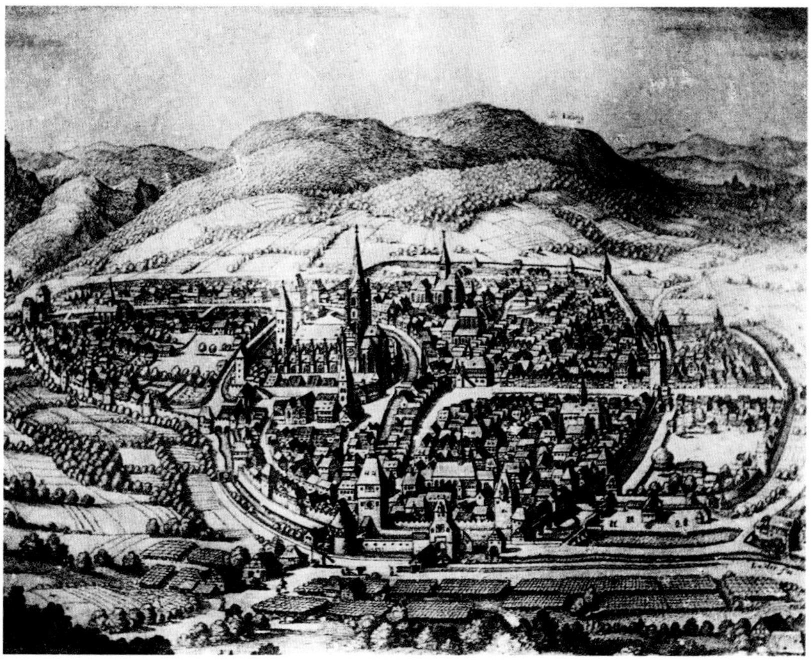

Weißenburg / Elsass im 17. Jh. Links die mächtige Klosterkirche.

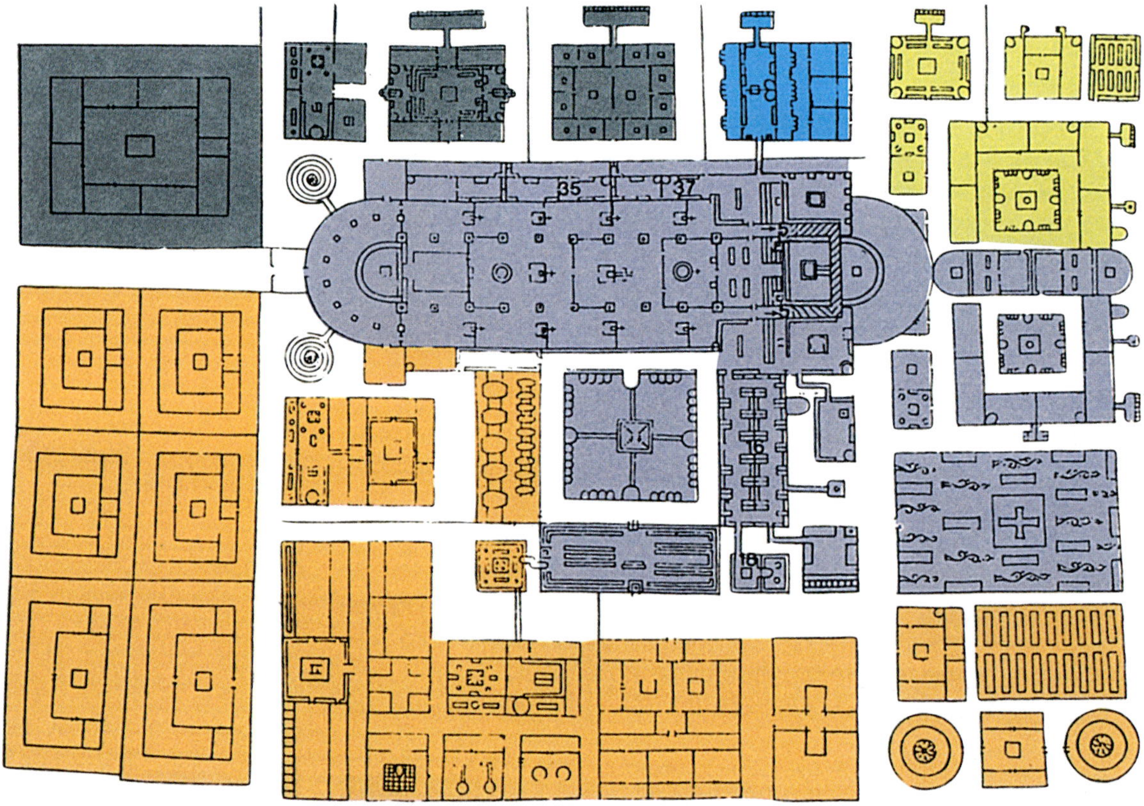

Grundriss eines Klosters nach dem St. Galler Klosterplan, der um 825/30 auf der Insel Reichenau gezeichnet wurde.

Kirche, Kreuzgang, Trakt der Mönche, Friedhof

Wirtschaftsgebäude

Hospital

Abtswohnung

Gästehäuser

elsässische Murbach weiterzuziehen. Während des 8. und 9. Jahrhunderts kamen noch weitere, für den württembergischen Raum bedeutsame Konvente hinzu, wie etwa 764 Ellwangen und Lorsch (Bergstraße), um 800 Murrhardt und das frühe Hirsau. Viele Gründungen blieben allerdings klein und unbedeutend, wie z. B. Faurndau und Wiesensteig. Als einzige der drei Zellen, die Abt Fulrad vom Kloster Saint-Denis bei Paris, ein Berater König Pippins und Karls des Großen, gestiftet hatte, überdauerte Herbrechtingen, während Esslingen und Hoppetenzell bei Stockach im 10./11. Jahrhundert verschwanden. So wie den Männern sollte auch den Frauen die Möglichkeit geboten werden, asketische Lebensformen zu praktizieren. Deshalb wurde wohl schon im 7. Jahrhundert – vielleicht als älteste monastische Niederlassung im Südwesten überhaupt – das Frauenkloster Säckingen gegründet; gegen Ende des 8. Jahrhunderts folgten die adeligen Damenstifte Buchau (um 770) und Lindau (799). Die Zahl der Frauenklöster blieb aber weit hinter der der Männerklöster zurück. Überblickt man die geographische Verteilung der bis 900 im Südwesten erfolgten Klostergründungen insgesamt, so fällt deren Konzentration im Raum um den Bodensee und entlang des Rheins auf, während nördlich der Donau zwischen Alb und Schwarzwald keine monastischen Gründungen entstanden oder überlebten. Die Gründe für diese Entwicklung kann man nur vermuten. Zum einen dürfte der umfangreiche Besitz von St. Gallen, Lorsch und Reichenau eine wichtige Ursache für dieses Fehlen oder Scheitern monastischer Niederlassungen sein. Zum anderen aber muss man berücksichtigen, dass die Gewaltpolitik der Karolinger 743/746 den alemannischen Hochadel so nachhaltig geschwächt hat, dass er keine Klöster gründen oder fördern konnte. Erst Jahrhunderte später gab es solche Möglichkeiten wieder.

So stellte man sich um 1450 die Überfahrt von Columban und seinem Schüler Gallus über den Bodensee vor.

Reichenau und St. Gallen

Die größte politische und kulturelle Bedeutung unter den alemannischen Klöstern erreichten Reichenau und St. Gallen. Beide Abteien bildeten die wichtigsten Schwerpunkte der Schriftlichkeit in Alemannien. In den dort eingerichteten Schulen empfingen zumindest der höhere Klerus, aber auch einzelne Adelige eine grundlegende Einführung in die klassische lateinische und biblisch-theologische Literatur und in die Musik. Die Leistungen beider Klöster auf dem Gebiet der Dichtung, der Buchmalerei sowie der Pflege und Weitergabe antiker Texte entsprachen dem Niveau bedeutender westeuropäischer Abteien. Von großer Bedeutung für diesen kulturellen Anschluss Alemanniens an den Westen wurde die Eheschließung Karls des Großen mit Hildegard, einer nahen Verwandten der 746 entmachteten alemannischen Herzogsfamilie. Als Beispiel für diesen kulturellen Anschluss Alemanniens an die Entwicklung im Westen kann der moselfränkische Adelige Waldo († 813/814) gelten: Zunächst Mönch und Abt in St. Gallen, wurde er 786 Abt in Reichenau und 806 Abt in St. Denis bei Paris. Zeitweilig wirkte er auch als Erzieher eines Sohnes von Karl dem Großen und Hildegard. Um 825/830 plante St. Gallen einen Neubau; dafür entstand in Reichenau der sog. St. Galler Klosterplan, der alle Gebäude verzeichnet, wie es das Leben im Kloster gemäß der Regel des heiligen Be-

Krypta (Unterkirche) der um 900 errichteten Kirche St. Georg in Reichenau-Oberzell.

Ende des 10. Jh. wurde die Kirche Reichenau-Oberzell mit Darstellungen der Wunder Jesu ausgemalt.

nedikt erfordert. Zu den Herzstücken der Abteien gehörte ihre Bibliothek: Um 820 umfasste die der Abtei Reichenau 415 Bände. Sie war damit eine der größten in Europa und enthielt vor allem Werke klassischer und christlicher Autoren. Aus beiden Klöstern sind aber auch grundlegende christliche Texte wie Vaterunser, Glaubensbekenntnis, Taufgelöbnisse und Beichtformulare in alemannischer und althochdeutscher Sprache erhalten. In das frühe 9. Jahrhundert fiel auch die Entstehung des Reichenauer Verbrüderungsbuches. Es enthält die Namen von 40 000 noch lebenden oder schon verstorbenen Mönchen aus 50 Abteien im fränkischen Reich, mit denen das Bodenseekloster in fürbittender Verbindung stand. Am Ende der ersten Reichenauer Blütezeit stand Abt Walahfried Strabo († 849), der sich selbst als »Alemannus sive Suevus«, als »Alemanne oder Schwabe« bezeichnete. Er gehörte zu den ersten europäischen Mönchen, die Gedichte in lateinischer Sprache verfassten. Besonders berühmt wurde sein Lehrgedicht über den Gartenbau, in dem er 23 Heilpflanzen beschrieb. Als Quellen seines Wissens dienten ihm nicht nur die antike Literatur, sondern auch seine eigenen Beobachtungen, weil viele der angeführten Pflanzen am Bodensee vorkamen und bis heute vorkommen. Im späten 10. und im 11. Jahrhundert gelangte die Reichenau durch ihre Malerschule

Die Klosterkirche Reichenau-Mittelzell.

erneut zu großem Ruhm. Erhalten sind die bedeutenden Fresken in St. Georg in Oberzell und großartige Werke der Buchmalerei wie das Evangeliar Kaiser Ottos III. im Aachener Domschatz. Am Ende dieser zweiten kulturellen Blüte des Bodenseeklosters stand die Gestalt des Universalgelehrten Hermanns des Lahmen. Wiewohl schwer körperbehindert, verfasste er Grundlegendes zu Astronomie und Zeitrechnung und wirkte als Musiker und Geschichtsschreiber. Seinen Zeitgenossen galt er als »Wunder unseres Zeitalters«.

Auf der Insel Reichenau entstand das Evangeliar, das Kaiser Otto III. (983–1002) dem Aachener Dom schenkte: Das Bild zeigt in der Mitte den Kaiser, der auf dem Thron sitzt und von Gott gesegnet wird.

Evangeliar. Vollständiger Text der vier Evangelien.

Pfarrkirchen

Die kulturellen Impulse und Bemühungen der wenigen Klöster im Land erreichten die Menschen in ihren Weilern und Dörfern kaum. Ihnen begegnete die Kirche vor allem in ihrer Pfarrkirche. Hier empfingen sie die Sakramente der Taufe und Firmung; hier wurde seit dem 12./13. Jahrhundert ihre Ehe eingesegnet und auf dem Pfarrkirchhof fanden sie ihr Grab. Am Sonntag sollten sie nicht arbeiten, sondern in der Pfarrkirche die Messe mitfeiern und an hohen Festtagen eine Predigt hören. Hier beteten die Leute für ihr eigenes Seelenheil und für das ihrer verstorbenen Angehörigen. Die lateinisch gesprochene oder gesungene Messe verstand niemand, wohl aber die in der Landessprache gehaltenen Predigten. Darin wurde die christliche Sittenlehre, vor allem

Darstellung aus dem »Stuttgarter Psalter«, 9. Jh. Links sitzt König David auf dem Thron und trinkt aus dem »Kelch des Heils« (Psalm 116,13–15). David galt als Verfasser der Psalmen; im Frühmittelalter bildete man ihn mit einem Heiligenschein ab. Die rechte Bildhälfte zeigt die Ausstattung einer christlichen Kirche: Altar mit Altartuch, Kelch und Hostien, dahinter ein Altarkreuz und davor ein Leuchter mit Kerze.

Peterskirche in Oberstenfeld (Kreis Ludwigsburg), erbaut um die Mitte des 11. Jahrhunderts, ehemals Pfarrkirche des erloschenen Ortes Krazheim.

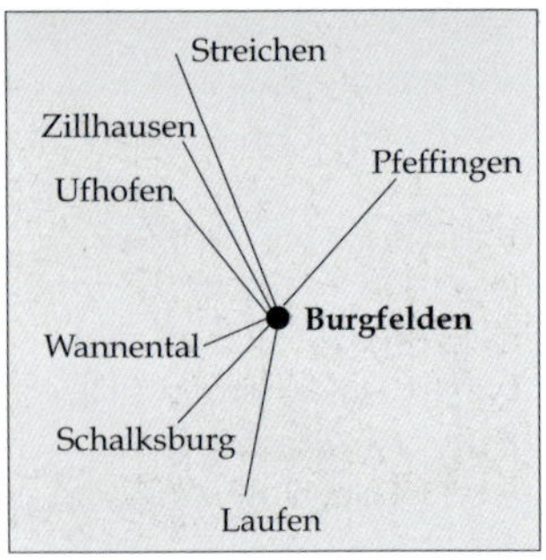

Michaelskirche Burgfelden (Zollernalbkreis) aus der 2. Hälfte des 11. Jh. mit den zugehörigen Kapellen in den Dörfern und Weilern der Umgebung.

die zehn Gebote, vermittelt. Jeder Getaufte sollte das Vaterunser und das Glaubensbekenntnis in seiner eigenen Sprache aufsagen können. Diese Bindung der religiösen Vorstellungen an bestimmte Texte und an feste Riten, die innerhalb eines eigens dafür errichteten Gebäudes vollzogen wurden, gehörte zu den mit dem Christentum aus dem Mittelmeerraum nach Alemannien übertragenen religiösen Traditionen. Als selbstverständlich muss man annehmen, dass neben diesen Grundelementen christlicher Lehre krasser vor- und unchristlicher Aber- und Geisterglaube das ganze Mittelalter hindurch fortbestand.

Pfarreien

Zu den Pfarreien gehörten alle Einwohner der Weiler und Dörfer, die in der Umgebung der Pfarrkirchen lagen. Um den Unterhalt der Pfarrer und der Kirchenbauten sowie um die Versorgung der Armen zu sichern, führte Karl der Große nach alttestamentlichem Vorbild um 800 den Zehnten, die Kirchensteuer des Mittelalters, ein. Vom 8. bis in das 19. Jahrhundert hinein zog derjenige Herr, dem der Zehnt zustand, von allen Erträgen eines Bauernhofs und der dazugehörigen Felder und Wiesen den zehnten Teil ein: von allem Getreide und Wein den Großen Zehnt, von allen übrigen Feld- und Gartenfrüchten den Kleinen Zehnt und von allen neugeborenen Nutztieren den Blutzehnt. Nur der Hof, der unmittelbar zur Kirche gehörte und zusätzlich zum Unterhalt des Pfarrers beitrug, die sog. Widem, blieb zehnt- und abgabenfrei. Um die Zehnteinkünfte zu sichern, wurde alles landwirtschaftlich genutzte Land flächendeckend bestimmten Pfarreien zugewiesen, die seitdem nicht mehr ausschließlich Personenverbände, sondern auch territoriale Einheiten darstellten. In dem Maße, in dem die Besiedlung des Landes fortschritt, entstanden neue Pfarrsprengel und neue Pfarrkirchen. Verpflichtungen zu Prozessionen von der neuen zur alten Pfarrkirche oder bestimmte Abgabeverpflichtungen erinnerten oft noch nach Jahrhunderten daran, welcher Bau die Mutter- und welche die Tochterkirche gewesen war. Genaue Übersichten über alle kirchlichen Stellen einer Diözese entstanden in den bischöflichen Kanzleien erst im Spätmittelalter. Zu den frühesten Verzeichnissen dieser Art gehört eine Schätzung der Einkünfte aller Pfarreien der Diözese Konstanz aus dem Jahr 1275. Aber nicht nur kirchliche Empfänger profitierten von den Zehntabgaben, sondern auch die adeligen und klösterlichen Grundherren, die die Kirchherrschaft, später auch Patronat genannt, ausübten. Sie erweiterten ihre Einkünfte oft auf Kosten der Pfarrer, denen dann nur noch die Erträge der Pfarrgüter und die Gebühren blieben, die die Gläubigen für Taufen, Beerdigungen und andere geistliche Dienstleistungen zu entrichten hatten. Die Pfarrkirche bildete also einen Teil der Kirchherrschaft, die oft in engem Zusammenhang mit der Grundherrschaft stand. Der Kirchherr verlieh die Pfarrkirche in ähnlicher Weise, wie der Grundherr Bauernhöfe, Mühlen oder Keltern weitergab. Immer wieder mussten Missdeutungen dieses Lehensverhältnisses bekämpft werden. So gab es weltliche Kirch- und Grundherren, die für die Übertragung von Pfarrstellen Geldzahlungen verlangten oder die ihre Pfarrer als Schreiber, Güterverwalter oder als Halter ihrer Jagdhunde einsetzten.

Zehnt. Der zehnte Teil aller auf bewirtschaftetem Land erzielten Erträge. Kleiner Zehnt: der zehnte Teil aller Feld- und Gartenfrüchte, mit Ausnahme des Getreides. Großer Zehnt: der zehnte Teil der Getreide- und Weinerträge.

Blutzehnt. Der zehnte Teil aller auf dem Bauernhof geborenen Jungtiere.

Patronat. Recht des Kirchenstifters oder seiner Rechtsnachfolger, eine kirchliche Stelle zu besetzen und deren Besitz zu kontrollieren.

Pfarrer

Die enge Verbindung der Pfarrkirchen mit der adeligen und klösterlichen Grundherrschaft ließ den Bischöfen nicht viel Einfluss auf die Besetzung dieser Stellen. Ihre wichtigste Aufgabe bildete die Auswahl der Kandidaten für die Priesterweihe. Die Bewerber sollten auf ihren Kenntnisstand und auf ihren Lebenswandel hin befragt und überprüft werden, bevor sie ordiniert wurden. Über die Inhalte der Glaubens- und Wissensprüfung, die der Weihe vorausgingen, weiß man nur wenig. Die Mehrzahl konnte wohl lesen und schreiben und beherrschte auswendig das Vaterunser, das Glaubensbekenntnis und die wichtigsten Messtexte. Hinzukommen sollten Grundkenntnisse im Bereich der Heiligenlegenden und der Bußvorschriften. Eine geregelte Pfarrerausbildung gab es das ganze Mittelalter hindurch nicht. Die meisten Kandidaten lernten ihren Beruf wie ein Handwerk bei einem älteren Priester aus der Verwandtschaft oder aus derselben Herrschaft. Nach der sozialen Herkunft wurden die zukünftigen Kleriker gleichfalls gefragt. Sie sollten keine Sklavenkinder sein, unfreie Angehörige der eigenen Herrschaft hingegen wurden von den Grund- und Kirchherren zum Empfang der Weihe vorgeschlagen. Was den Lebenswandel der Priester angeht, so begann schon in der Spätantike der Kampf für die Askese und die sexuelle Enthaltsamkeit der Priester. Der Dienst am Altar und am Sakrament

Die St. Candidus-Kirche in Kentheim (Kreis Calw). Die ältesten Teile im Osten stammen aus dem 10. Jh. Die Kirche wurde im 11. Jh. nach Westen verlängert.

Das Konstanzer Münster, die ehemalige Kathedrale (Bischofskirche) des Bistums Konstanz.

Archidiakon, Archidiakonat. Seit dem 9. Jh. werden Bistümer in Archidiakonate eingeteilt. Der Archidiakon übernahm in seinem Teil bischöfliche Aufgaben, z. B. die Einsetzung und Beaufsichtigung der Pfarrer.

Die Kapelle des Heiligen Grabes im Konstanzer Münster Unserer Lieben Frau wurde zwischen 1250 und 1300 errichtet und erinnert an Jerusalem.

sollte mit »reinen Händen« geschehen. Beim niederen Klerus dürfte diese Forderung kaum durchsetzbar gewesen sein. Er lebte wohl in mehr oder weniger geduldetem Konkubinat.

Die Diözese Konstanz

Seit dem frühen 9. Jahrhundert bestand an der Bischofskirche in Konstanz das Domkapitel. Mit diesem Begriff bezeichnet man die Gruppe von Priestern und Diakonen, die Gottesdienst an der Domkirche abhielten und die den Bischof bei der Verwaltung der Diözese unterstützten. Anfangs lebten die Angehörigen des Domkapitels in klosterähnlichen Gemeinschaften zusammen. Im Lauf der Jahrhunderte entwickelte es sich zu einer Gemeinschaft von getrennt in der Stadt wohnenden adeligen Domherren, die den Bischof wählten und wichtige Ämter in der Verwaltung von Domkirche und Diözese bekleideten.

Seit dem 12. Jahrhundert war die Diözese in 10 Archidiakonate und 64 Landdekanate eingeteilt. Die Archidiakone erlangten nur geringe Bedeutung, weil die Bischöfe seit dem 13. Jahrhundert die Verwaltung ihrer Diözese sehr zentralistisch auf ihren Hof hin ausrichteten. Die Landdekanate wurden zur eigentlichen Instanz zwischen Bischof und Pfarrer. Der Klerus im Dekanat wählte einen der Ihren zum Dekan. Der Dekanssitz wechselte also immer wieder je nach Wohnort des Amtsinhabers. Die Dekane setzten die einzelnen Geistlichen in ihre Pfarreien und Pfründe ein. Sie entschieden auch kleinere Streitigkeiten zwischen Pfarreien, Pfarrern und Gläubigen und zogen für den Bischof bestimmte Abgaben ein.

Die Bischofsstadt Konstanz

Die Bischofsstadt Konstanz hatte ihren römischen Umfang noch wenig überschritten, als um 900 ein Markt, eine Münzprägestätte und ein Hafen angelegt wurden. Erst unter den Bischöfen Konrad (934–976) und Gebhard II. (979–995) kam es zu einer wesentlichen Erweiterung der Siedlung. Sie stifteten weitere Kirchen, denen sie die Heiligennamen der römischen Hauptkirchen St. Johann, St. Lorenz und St. Paul verliehen. Nimmt man das 983 jenseits des Rheins gegründete Petershausen (St. Peter/St. Gregor) hinzu, so stellt Konstanz ein Abbild der Stadt Rom mit ihren Kirchen dar. Eine Rotunde mit Heiligem Grab erinnerte an Jerusalem. Die Heiligsprechung Bischof Konrads 1123 und die seit 1134 mögliche Verehrung der Gebeine Bischof Gebhards II. erhöhte die sakrale Bedeutung der Bischofsstadt noch weiter. Eine Dombibliothek bestand schon seit dem 9. Jahrhundert; seit Mitte des 11. Jahrhunderts nahm die Domschule in der Nachfolge der Klosterschulen von St. Gallen und Reichenau einen bedeutenden Aufschwung. »Felix Mater Constantia« (die glückliche Mutter Konstanz) wurde zur kulturellen Hauptstadt des Herzogtums Schwaben.

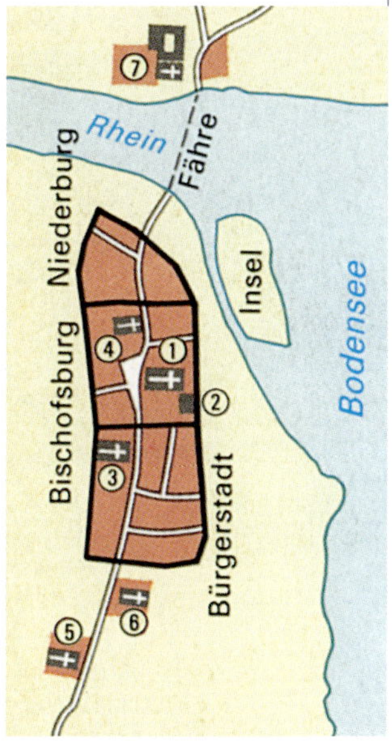

Konstanz um 1150.
Kirchen in Konstanz (Kirchen in Rom): 1 Bischofskirche – Münster – St. Maria (Santa Maria Maggiore), 2 Bischofspfalz, 3 St. Stephan (San Stefano), 4 St. Johann (St. Johannes im Lateran), 5 St. Paul (St. Paul vor den Mauern), 6 St. Lorenz (San Lorenzo), 7 Kloster Petershausen – jenseits des Rheins (St. Peter im Vatikan – jenseits des Tiber)

Schwaben im 10./11. Jahrhundert

Nach der Beseitigung der Herzogswürde 746 sandten Pippin III. und Karl der Große einige Adelige aus dem moselfränkischen Raum nach Alemannien. Sie verwalteten hier das Königsgut, erwarben aber auch eigene Besitzungen. Außerdem sorgten sie dafür, dass den Karolingern politische und militärische Unterstützung aus dem Land zukam. Als die Enkel Karls des Großen 843 das Reich ihres Vaters und Großvaters unter sich aufteilten, gehörte Alemannien als Teilreich (regnum) zu Ostfranken. Weder den ost- noch den westfränkischen Karolingern gelang eine Verteidigung ihrer Länder gegen einfallende Wikinger und Ungarn. Die in den einzelnen ostfränkischen Teilreichen ansässigen Adeligen griffen deshalb zur Selbsthilfe und riefen einen der Ihren zum Herzog aus. So geschah es auch in Schwaben. Nach längeren Kämpfen mit rivalisierenden Familien gelang es 916 Burkhard I., seine Ausrufung zum Herzog zu erreichen. Er anerkannte 919 den von Franken und Sachsen gewählten Heinrich I. als König. Nach Burkhards Tod 926 wurde die schwäbische Herzogswürde eine politische Spitzenposition im Reich, die die Könige an Hochadelige aus ihrem Verwandtenkreis verliehen. Die Inhaber des Herzogsamtes mussten allerdings aus dem Land stammen oder über eine politische Gefolgschaft unter dem Adel des Herzogtums verfügen. Seit dem 10. Jahrhundert wurde fast nur noch der Begriff »Schwaben« verwendet, während »Alemannien« verschwand.

Die Christusscheibe wurde um 1000 auf der Reichenau hergestellt. Sie war bis 1923 außen am Konstanzer Münster angebracht und befindet sich heute in der Krypta (Unterkirche).

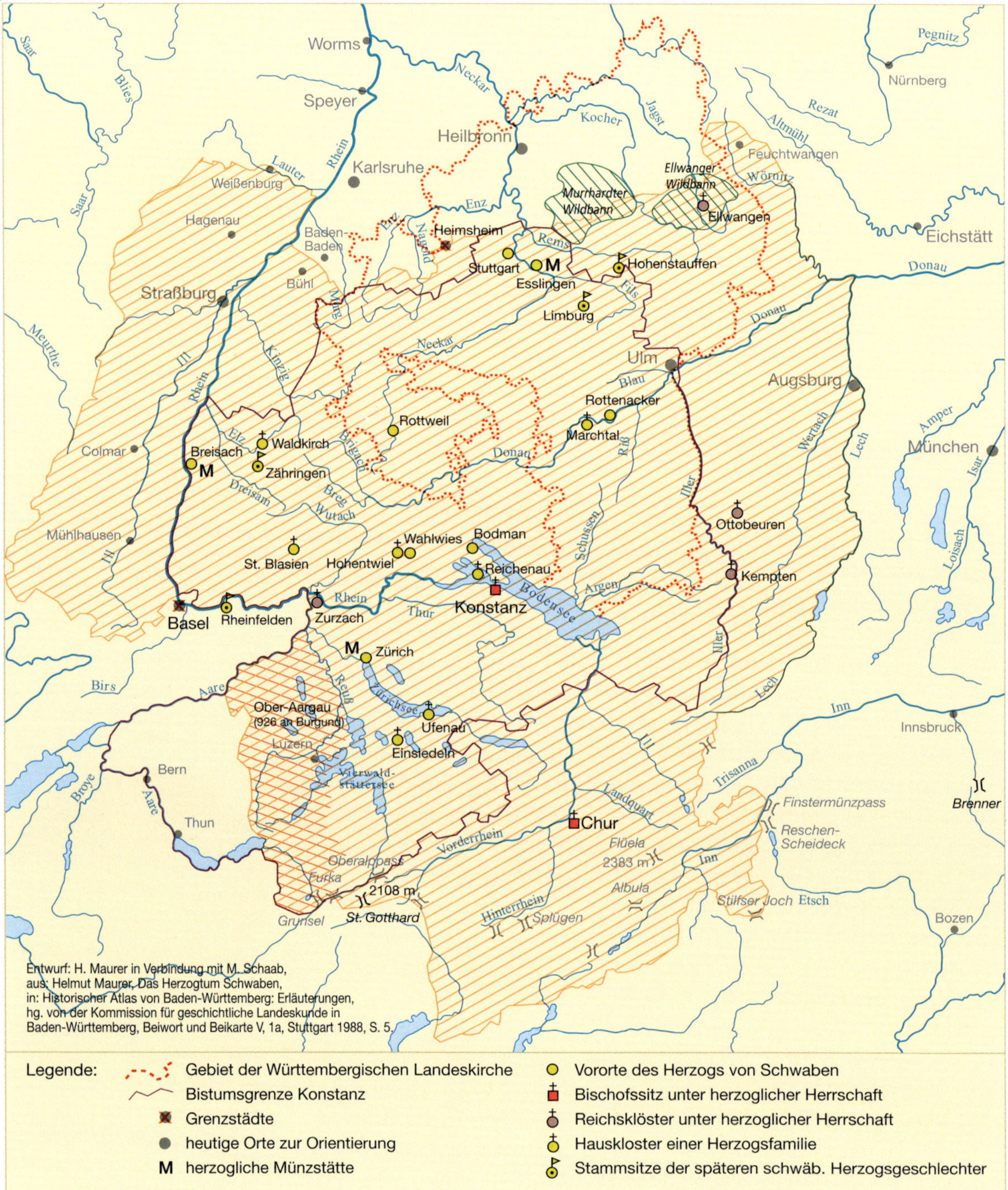

Das Herzogtum Schwaben.

Reformen in der Kirche

Die Jahrzehnte um 900 bedeuteten für viele Kirchen und Klöster eine Zeit des Niedergangs. Wikinger und Ungarn bedrohten Westeuropa. Vor allem in Frankreich kamen viele Abteien in die Hand von Adeligen, die sich nur für die Einkünfte der Konvente interessierten. Die um 910 in Cluny in Burgund gegründete Abtei setzte sich dagegen zur Wehr und forderte die völlige Freiheit der Klöster von allen geistlichen und weltlichen Gewalten. Freie Wahl des Abtes und des Vogtes, der das Kloster nach außen schützen sollte, lautete die Forderung der Cluniazenser. Diese Freiheit verlangten sie auch für andere geistliche Institutionen, wie etwa Bistümer. Nicht einmal der König sollte den Bischöfen die Symbole ihres Amts, wie Ring und Stab, überreichen dürfen. Auch andere kirchliche Missstände trug das reformierte Mönchtum erneut in die europäische Öffentlichkeit, nämlich die Vergabe kirchlicher Stellen gegen Geld (Simonie) und die Priesterehe – beides uralte Kritikpunkte mönchischer Reformer.

Laieninvestitur: Anno von Steußlingen (das heutige Altsteußlingen bei Ehingen) wird durch Kaiser Heinrich III. zum Erzbischof von Köln eingesetzt.

Vogt, Vogtei. Adeliger, der im Auftrag des Königs kirchlichen Einrichtungen (Bistümer, Klöster) Schutz nach außen gewährt und über deren Untertanen Gericht hält.

König, Papst und Adel im Streit

Seit 1046 hatten sich auch die Päpste die Forderungen der klösterlichen Reformer zu eigen gemacht. Insbesondere Papst Leo IX. (1049–1054) erneuerte sie auf vielen Synoden, die er während seiner Amtszeit in Frankreich, Deutschland, Ungarn und Italien abhielt. Dieser Stärkung des Papsttums stand eine Schwächung des Kaisertums gegenüber. 1056 starb Kaiser Heinrich III., sein Sohn Heinrich IV. war erst 6 Jahre alt. In den folgenden Jahren gewann der Hochadel wachsende politische Bedeutung im Reich. Insbesondere die großen süddeutschen Hochadelsfamilien errangen Machtpositionen, die sich zuvor lange in der Hand des Königs befunden hatten: Rudolf von Rheinfelden wurde Herzog von Schwaben und bekam zudem eine Schwester des Königs zur Frau. Welf IV. übernahm das Herzogtum Bayern und der Zähringer Berthold I. wirkte einige Jahre als Herzog in Kärnten. Allgemein ging der Hochadel in der zweiten Hälfte des 11. Jahrhunderts dazu über, seine Herrschaft mit Hilfe von uneinnehmbaren Höhenburgen zu sichern und sich auch nach diesen Burgen zu benennen, wobei das Befestigungsrecht eigentlich ein Königsrecht war. An diesen festen Sitzen entstanden in der Folgezeit die ersten adeligen Hofhaltungen mit Hofämtern und berittenen Dienstleuten.

Der Dom in Speyer aus dem 12. Jh., in dem die deutschen Könige Konrad II. († 1039), Heinrich III. († 1056), Heinrich IV. († 1106) und Heinrich V. († 1125) beigesetzt wurden.

Grabplatte Rudolfs, Herzog von Schwaben († 1080), im Dom zu Merseburg.

Diözesansynode. Versammlung der innerhalb einer Diözese tätigen Geistlichen.

Reichsvogtei Zürich. Dem Reich gehörige Rechte in der Umgebung von Zürich.

Bürgerkrieg im Südwesten

König Heinrich IV. und Papst Gregor VII. gerieten 1076/77 wegen der Einsetzung von Bischöfen in heftige Auseinandersetzungen. Der König und eine deutsche Bischofssynode forderten den Papst zum Rücktritt auf. Dieser reagierte mit der Bannung Heinrichs IV. Das hatte es noch nie gegeben, dass ein gesalbter und gekrönter König wie ein gewöhnlicher Mensch aus der Gemeinschaft der Kirche ausgeschlossen wurde. Heinrich IV. tat zwar in Canossa Buße und wurde vom Bann befreit; die deutschen Fürsten wählten jedoch im März 1077 Herzog Rudolf von Schwaben zum Gegenkönig. Er überließ seine Herzogswürde sofort seinem Sohn Berthold († 1090). Daraufhin setzte Heinrich IV. den Gegenkönig als Herzog ab und übertrug diese Würde seinem zukünftigen Schwiegersohn Friedrich von Staufen. Ein jahrelanger Bürgerkrieg folgte vor allem im Südwesten, weil hier die Gegner Heinrichs IV. ihre Machtschwerpunkte hatten. Adel und Kirche, aber auch die Bevölkerung wurden zur Parteinahme gezwungen. Auf Seiten des Königs standen Bischof Otto von Konstanz und große Teile des niederen Klerus, der sich mit dem Verbot der Priesterehe nicht abfinden wollte. Domkapitel und Domschule hingegen hielten zu Gegenkönig und Papst. Erst 1084 setzte die päpstliche Partei mit dem ehemaligen Hirsauer Mönch Gebhard von Zähringen, dem Bruder des Herzogs Berthold II. von Zähringen, einen neuen Bischof durch. Seine Wahl durch das Domkapitel leitete ein päpstlicher Gesandter, und die zu einem Landtag versammelten Adeligen und andere »Getreue Christi« erteilten ihre Zustimmung. Auf einer Diözesansynode von 1092, die zugleich als schwäbischer Landtag galt, wurde Berthold II. von Zähringen zum Herzog gewählt. Erst 1098 kam es zu einem Friedensschluss. Berthold II. verzichtete zugunsten des Staufers Friedrich auf Schwaben insgesamt, behielt aber den Titel Herzog bei. Er wurde außerdem von Heinrich IV. mit der Reichsvogtei Zürich entschädigt. Diese Regelung bedeutete eine Aufteilung des schwäbischen Herzogtums zwischen Staufern und Zähringern, ja sogar eine Dreiteilung, weil die Welfen in Oberschwaben ebenfalls eine herzogsgleiche Herrschaft ausübten.

Hirsau und die Hirsauer

Abt Wilhelm von Hirsau († 1091) in einer Darstellung aus dem 12. Jh.

Schwaben wurde zum Zentrum der Königsgegner: Nicht nur ihr politischer Schwerpunkt befand sich hier, sondern auch ihr geistlicher, nämlich das Kloster Hirsau. Papst Leo IX. hatte 1049 seinen Neffen, den Grafen Adalbert von Calw dazu gebracht, das um 830 gegründete, aber längst zerfallene Kloster Hirsau wiederherzustellen. Mönche aus Einsiedeln (Schweiz) bildeten den neuen Konvent und 1069 kam Wilhelm, der bisherige Prior von St. Emmeram in Regensburg, als Abt in das Schwarzwaldkloster. Schon bei seiner Ankunft eilte ihm der Ruf eines bedeutenden Astronomen und Musikers voraus. Unter seiner Leitung entwickelte sich Hirsau zum wichtigsten Zentrum der Kirchenreform in Deutschland. Hier wurde klösterliche Freiheit praktiziert: Graf Adalbert verzichtete freiwillig auf alle seine Rechte als Vogt, wurde aber von den Mönchen wieder für dieses Amt bestellt. Er sollte nur auf Bitten des Abts aktiv werden, etwa wenn es den Konvent nach außen zu verteidigen galt oder wenn klösterliche Untertanen bestraft werden mussten. Diese Vollmacht, Gericht zu halten, sollte sich der Graf vom König verleihen lassen. Selbstver-

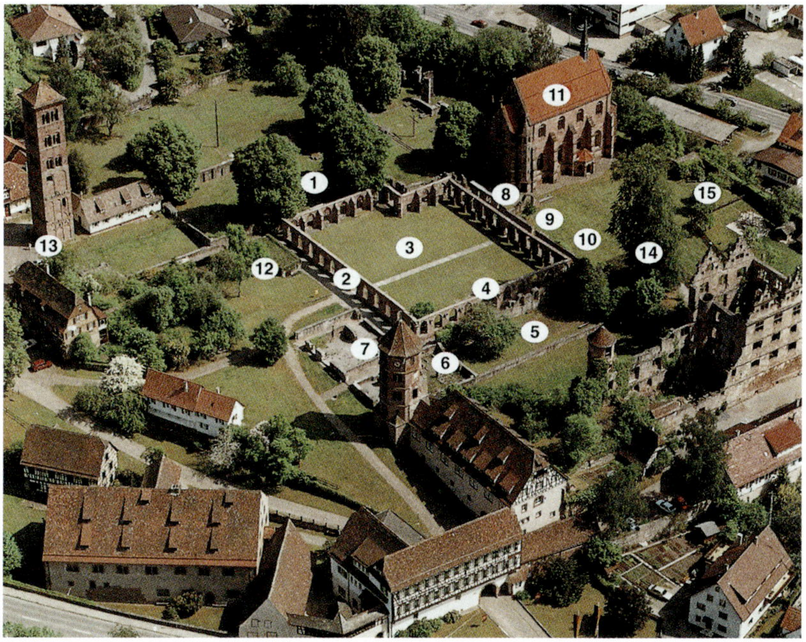

Luftaufnahme des Klosters St. Peter und Paul in Hirsau. Die Anlage wurde 1082 bis 1092 gemäß den Vorstellungen der Mönche von Cluny errichtet. 1693 brannte sie ab und liegt seither in Trümmern.

1 Klosterkirche. 2 Kreuzgang. 3 Kreuzgarten. 4 Brunnenhaus. 5 Refektorium (Speisesaal). 6 Küche. 7 Winterrefektorium. 8 Kapitelsaal (Versammlungsraum). 9 Parlatorium (Sprechraum). 10 Arbeitsraum der Mönche. 11 Marienkapelle und Bibliothek. 12 Abtshaus. 13 Eulenturm (ehemaliger Turm der Klosterkirche). 14 Novizenhaus. 15 Krankenhaus.

Hirsau und die von ihm beeinflussten Klostergründungen.

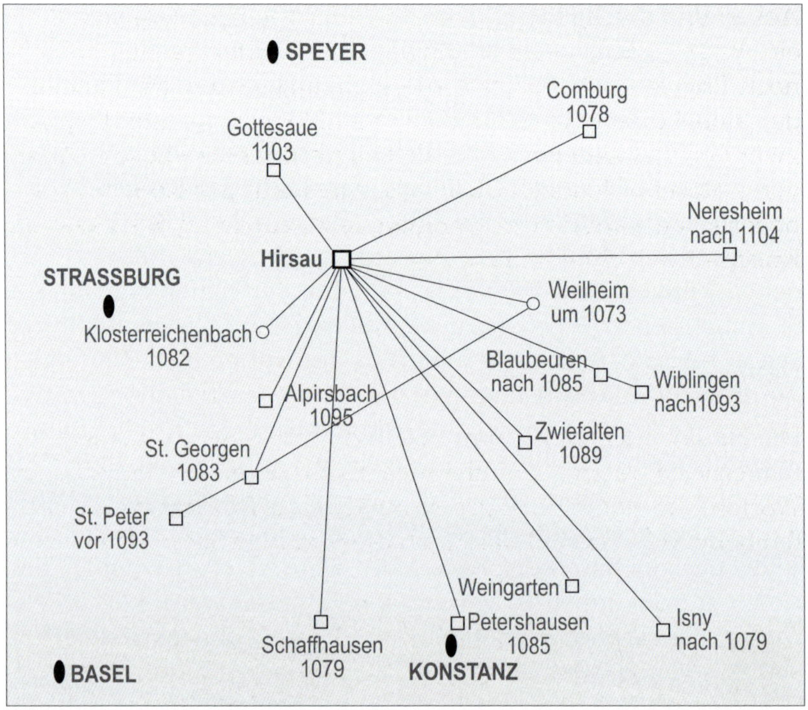

Mittelteil des Antependiums (Altarvorsatz) aus der Klosterkirche Comburg bei Schwäbisch Hall, frühes 12. Jh.

ständlich durften die Hirsauer Mönche ihren Abt frei wählen, die Weihe übernahm der zuständige Bischof von Speyer. Das Kloster wurde dem Papst unterstellt, der, wie auch der König, dessen Unabhängigkeit garantieren sollte. Seit 1079 richtete sich das Leben in Hirsau ganz genau nach dem Vorbild von Cluny. Tagesablauf, Körperpflege, das völlige Schweigen, das zur Verständigung nur Zeichensprache zuließ – alles unterlag detaillierten und genau überwachten Vorschriften. Am Vorbild des Schwarzwaldklosters orientierten sich mehr als 120 Konvente in Mitteleuropa, auch wenn das selbstgerechte Auftreten der Hirsauer anderswo oft auf Widerspruch und Kritik stieß. Die Zahl der um Aufnahme bittenden Personen stieg so stark an, dass ein völlig neues, größeres Kloster gebaut werden musste, dessen Weihe Abt Wilhelm 1091 gerade noch erlebte. Die Reformklöster standen nicht nur Adeligen, sondern auch anderen sozialen Gruppen offen, die alle am »engelgleichen Leben« der Konventualen teilhaben wollten. Neben Vollmönchen, von denen eine zunehmende Zahl die Priesterweihe empfing, gab es auch die Gruppe der Konversen oder Laienbrüder. Ihr Platz war im Stall, in der Werkstatt oder auf dem

Acker: Vom Ertrag ihrer Arbeit lebte das Kloster. Sie leisteten nur ein Versprechen, keine Gelübde, und durften weder Mönche noch Priester werden. Über die soziale Herkunft der Laienbrüder sind keine Urteile möglich. Bernold von Konstanz spricht zwar von Hochadeligen, die als Laienbrüder knechtische Arbeit verrichteten – dennoch dürfte die Mehrzahl der Konversen aus bäuerlichen Familien gekommen sein, zu deren Schicksal die Knechtsarbeit ohnehin gehörte.

Das Kirchenfenster aus der Klosterkirche Alpirsbach (um 1160/1170) zeigt Simson mit den Toren der Stadt Gaza (Richter 16,3).

Neue Klöster

Die Hirsauer lebten nicht nur in frommer Askese hinter Klostermauern, sie traten auch öffentlich als Prediger auf. Mit scharfen Worten wandten sie sich gegen verheiratete Priester und erweckten beim Volk Zweifel daran, ob diese gültige Sakramente spen-

Kloster Blaubeuren, gegründet 1085.

Innenraum der Klosterkirche Lorch, 1. Hälfte 12. Jh. Hier wurden einige Mitglieder der Familie der Staufer beigesetzt.

den könnten. Die Mönche verurteilten die Vergabe kirchlicher Ämter durch Laien und unterstützten mit ihren Predigten die politischen Positionen der Gegner Heinrichs IV. Nur durch den Eintritt ins Kloster – so ihre Botschaft – könnten die Menschen »dem Schiffbruch der Welt« entfliehen. Als Folge dieser mönchischen Aussagen bildeten sich Laiengemeinschaften außerhalb der Klöster, die versuchten, nach urchristlichem Vorbild in Gütergemeinschaft zu leben. Diesen Gruppen gehörten auch Frauen an, denen damit ein Weg zu Heiligung und zu asketischem Leben offenstand. Auch im Adel gab es Anhänger solcher Vorstellungen. Davon zeugt die eindrucksvolle Zahl der von ihnen gestifteten Klöster, die alle den Bräuchen von Hirsau oder St. Blasien folgten: 1073 Weilheim/Teck, seit 1093 in St. Peter im Schwarzwald, 1078 Comburg, 1082 Klosterreichenbach, 1083 St. Georgen (Schwarzwald), 1085 Blaubeuren, 1089 Zwiefalten, 1093 Wiblingen, 1095 Alpirsbach und Neresheim, vor 1096 Isny, um 1100

Anhausen/Brenz und Lorch. Die Mehrzahl dieser Klöster umfasste über einige Jahrzehnte hinweg einen Männer- und einen Frauenkonvent. Sie garantierten ihren adeligen Stiftern ein standesgemäßes Begräbnis und außerdem fürbittendes Gedenken für die Verstorbenen und rühmende Hervorhebung ihres frommen Wirkens in der Geschichtsschreibung.

Der Legende nach umarmte Jesus vom Kreuz herab Bernhard von Clairvaux (1090–1153). Altarbild aus dem Kloster Bebenhausen, um 1470/90.

Die Zisterzienser

Das Mönchtum Hirsauer Prägung befand sich im Südwesten gerade auf dem Höhepunkt seiner Entwicklung, als in Burgund eine neue asketische Lebensform ihren Siegeszug durch Europa begann: die Zisterzienser. Auch für sie hieß Mönchtum mehr Abkehr von der Welt, verstärkte Handarbeit, größte Einfachheit und Bedürfnislosigkeit. Reform bedeutete also Rückkehr zum bewährten Vorbild der Benediktsregel. Luxus sollte es nirgends geben, weder in der Kleidung noch bei den Bauten. Die reformierten

Klostergründungen der Zisterzienser im südwestdeutschen Raum, 12./13. Jh.

Klosterkirche Maulbronn, erbaut 1147 bis 1178. Die gewölbte Decke wurde 1424 eingezogen. Die Mönche im Chor waren von den Laienbrüdern im Kirchenschiff getrennt. Das steinerne Kruzifix stammt von 1473; die Ordensregel erlaubte ursprünglich nur bemalte Holzkreuze.

Benediktiner nahmen ihren Ausgang 1098 von Citeaux (Cistercium) in Burgund; um die Mitte des 12. Jahrhunderts gab es schon etwa 300 Zisterzienserklöster in Europa. Die Persönlichkeit Bernhards von Clairvaux, des bedeutendsten Kanzelredners und Mystikers seiner Zeit, trug maßgebend zu dieser Entwicklung bei. An der Spitze dieses ersten fest organisierten Mönchsordens der Kirche stand der Generalabt in Citeaux und das jährliche Treffen der Äbte, das Generalkapitel. Zur zisterziensischen Askese gehörte ebenfalls das Bestreben, nur von eigener Arbeit zu leben. Weil an Gebetszeiten gebundene Mönche ein solches Ziel kaum erreichen können, nahmen die Zisterzienser nach hirsauischem Vorbild Konversen und Lohnarbeiter zur Bestellung der Felder an. Die rationelle Bewirtschaftung der großen Klosterhöfe, der sog. Grangien, brachte große Überschüsse, die neuen Landerwerb ermöglichten und die Zisterzienser rasch sehr reich werden ließen. Im Gegensatz zu Mittel- und Ostdeutschland haben sich die Zisterzienser im Südwesten nur wenig an der Rodung und Erschließung von Ödland und Grenzböden beteiligt.

Als eine der ersten rechtsrheinischen Niederlassungen des neuen Mönchsordens entstand 1134 Salem, dem Maulbronn 1147 und Herrenalb 1149/50 folgten. Als Tochterklöster von Maulbronn wurden um 1150 Bronnbach und 1157 Schöntal errichtet. Erst während der zweiten Gründungswelle kam 1187/90 Bebenhausen hinzu und endlich 1303 Königsbronn als letztes männliches Zisterzienserkloster im Land.

Der Elfinger Hof, ein Hof (Grangie) des Klosters Maulbronn seit dem 12. Jh. Ansicht von 1684.

Der weibliche Zweig des Ordens entwickelte sich wesentlich langsamer. Zwar erfolgte die erste Gründung eines Zisterzienserinnenklosters schon etwa 1120 in Tart nahe bei Citeaux. Sie fand aber zunächst wenig Nachfolge. Erst eine verstärkte Hinwendung von Frauen zum Leben in geistlichen Gemeinschaften während des 13. Jahrhunderts ließ die Zahl der weiblichen Konvente im deutschen Sprachraum auf ca. 285 steigen. Zu den wichtigsten Gründungen im Südwesten zählen: 1212 Wald bei Sigmaringen, 1217 Rottenmünster, 1227 Heiligkreuztal, 1231 Heggbach und Baindt, 1232 Frauental, 1237/45 Gnadental, 1238 Gutenzell, 1238/42 Frauenzimmern, 1240 Rechentshofen, 1242 Lichtenstern und 1243/45 das heute noch bestehende Kloster Lichtental bei Baden-Baden.

Innenraum des Zisterzienserinnenklosters Gnadental bei Schwäbisch Hall, Mitte 13. Jh.

Die Prämonstratenser

Ähnlich wie bei den Zisterziensern steht auch bei den »Weißen Mönchen« am Anfang eine bedeutende Persönlichkeit, der Weltpriester Norbert von Xanten (ca. 1080–1134). Wiewohl adeliger Herkunft, zog er seit 1115 predigend als Armer unter Armen durch Europa und sammelte eine große Anhängerschaft um sich. In Prémontré bei Laon (Nordfrankreich) gründete er ein Kloster, setzte aber seine Predigertätigkeit fort. Immer wieder entstanden an seinen Wirkungsorten neue Klöster, deren Abt er wurde. Er stand also einem auf mehrere Standorte verteilten Großkonvent vor. Gemäß der Augustinerregel leisteten die Anhänger Norberts Handarbeit, hielten Stundengebete und übten sich im Stillschweigen. Dem Vorbild der Urgemeinde entsprechend, entstanden viele Prämonstratenserabteien als Doppelklöster, in denen Männer und Frauen in getrennten Konventen lebten. Aber wie bei Hirsauern und Zisterziensern gab es auch bei den Prämonstratensern schon früh Bestrebungen, die Frauenkonvente wegzuverlegen oder ganz aufzulösen. Dieser Vorgang dauerte sehr lange. Erst 1476 wurde mit der Verlegung der Nonnen von Adelberg nach Lauffen am Neckar das letzte prämonstratensische Doppelkloster aufgelöst. Getreu dem Vorbild Norberts blieben die Prämonstratenser ein Priesterorden, der in Predigt und Seelsorge eine seiner Hauptaufgaben sah. Die ältesten süddeutschen Niederlassungen reichen noch in die Lebenszeit Norberts zurück, beispielsweise 1126 Rot an der Rot. Später folgten 1145 Weißenau, 1171 Obermarchtal, 1178 Adelberg, 1183 Schussenried.

So stellte man sich im frühen 16. Jh. die Gründung von Kloster Adelberg (Kreis Göppingen) vor. Der staufische Dienstmann Volknand von Ebersbach empfängt die Prämonstratenser in ihrer weißen Ordenstracht. Fresko in der Ulrichskapelle Adelberg.

Modell des Zisterzienserklosters Bebenhausen (Kreis Tübingen), gegründet um 1183/84. Es gehört zu den besterhaltenen Klosteranlagen. Das Bild zeigt die vorgeschriebene Abgeschiedenheit in einer Rodungsinsel des Schönbuch.

Württemberg gewinnt Gestalt

Das Erbe der Staufer

Die Württemberger waren kein sehr bedeutendes Grafengeschlecht, obwohl sie zu den Nachfahren des salischen Kaiserhauses gehörten. Ursprünglich war ihr Name »Wirtemberg« – die heutige vornehmere Schreibweise legten sie sich erst als Königreich im 19. Jahrhundert zu. Sie hatten ihren Stammsitz auf dem Rotenberg über Stuttgart-Untertürkheim. Die Grabkapelle für die Frau König Wilhelms I., die heute dort zu sehen ist, wurde 1820 an der Stelle der abgebrochenen Burg errichtet. Die Württemberger besaßen die Städte Waiblingen, Schorndorf und Marbach. Der Mittelpunkt ihres Besitzes lag in Beutelsbach im Remstal, wo sie in der Stiftskirche auch ihre Grablege hatten. Die Württemberger waren anfänglich treue Dienstleute der Staufer, von denen sie Ländereien als Lehen bekommen hatten. Als die Staufer jedoch immer mächtiger wurden, rechneten sich die württembergischen Grafen keine guten Chancen mehr aus, im Gefolge der Staufer ihren Besitz zu vergrößern. So ging Ulrich von Württemberg (1241–1265) in der Zeit des Stauferkaisers Friedrich II. zu dessen Gegnern über – und seine Rechnung ging auf! Wo immer es möglich war, suchte er staufischen oder anderen Besitz an sich zu bringen. Damit machte er sich zwar nirgends beliebt, aber es gelang

Stiftskirche. Durch Stiftungen wurden neben der Pfarrstelle weitere Stellen für Geistliche geschaffen. Die Inhaber dieser meist gut ausgestatteten Pfründen bildeten eine Gemeinschaft von Weltgeistlichen, die zu gemeinsamen Gottesdiensten und Chorgebet verpflichtet waren.

Burg Wirtemberg, die Stammburg der Württemberger auf dem Rotenberg über Stuttgart-Untertürkheim. Gemälde von Johann Jakob Müller, 1806.

Die spätromanische Johanneskirche in Schwäbisch Gmünd, um 1220 erbaut.

Turnierdarstellung aus der Manessischen Liederhandschrift (frühes 14. Jh.).

ihm, sein kleines Stammgebiet beträchtlich zu erweitern. Als er das bis dahin badische Stuttgart geerbt hatte, erhob er es zur Stadt, verlieh ihr das Marktrecht und ließ sie befestigen. Anstelle einer Kapelle veranlasste er den Bau einer dreischiffigen Basilika, die in Teilen heute noch in der Stuttgarter Stiftskirche erhalten ist. Trotzdem blieb Stuttgart noch lange eine Kleinstadt mit ein paar hundert Einwohnern, die als Bauern und Weingärtner ihren Lebensunterhalt verdienten. Ein großer Erfolg war für den Grafen, dass er die Schutzvogtei über das Kloster Denkendorf und das Stauferkloster Lorch bekommen konnte, womit sichere Einkünfte verbunden waren. Weil Württemberg mit Graf Ulrich in die Landesgeschichte eingetreten ist, bekam er den Namen »der Stifter« und den Beinamen »mit dem Daumen«; so ist er auf seiner Grabplatte in der Stuttgarter Stiftskirche auch mit einem besonders ausgeprägten Daumen abgebildet.

In diese Zeit fällt die Blüte des Minnesangs. Die Minnesänger priesen in ihren Liedern in idealisierender Weise die Liebe (Minne), griffen aber auch politische Fragen auf. So zogen sie von einer Burg zur anderen. Es ist auffallend, dass gerade in Schwaben der Minnesang besonders verbreitet war. Mehr als vierzig Sänger aus dieser Gegend sind bekannt. Die berühmte »Manessische Liederhandschrift« ist das erste große Zeugnis einer Dichtkunst, die sich aus dem kirchlichen Rahmen gelöst und weltlichen Themen zugewandt hat.

Das Jahrhundert der Eberharde

Von den Grafen, die von 1279 an die nächsten 140 Jahre in Württemberg regierten, hießen drei Eberhard. Sie brachten es zusammen auf 120 Regierungsjahre. Deshalb spricht man vom Jahrhundert der Eberharde. Für das aufstrebende Land war es ein großer Glücksfall, dass seine Regenten so lange Regierungszeiten hatten und zielstrebig den Ausbau des Landes betrieben. Als Eberhard der Milde 1417 starb, war Württemberg im Wesentlichen zu der Gestalt gelangt, die es bis zur Reformation behalten sollte (vgl. die Karte S. 62).

Graf Eberhard »der Erlauchte« regierte 46 Jahre lang von 1279 bis 1325. Er war so vehement auf Landerwerb aus, dass er sogar einen Konflikt mit Kaiser Heinrich VII. riskierte, bei dem er sein ganzes Land verlor. Sein Glück war der überraschende Tod des

Kaisers. Eberhard konnte sich mit dessen Nachfolger aussöhnen und erhielt sein Land zurück. Das Verhältnis zum Kaiser wurde so gut, dass dieser den württembergischen Grafen sogar als Vermittler zum Papst sandte. Der Papst residierte damals im Exil im französischen Avignon. Eberhard verfolgte bei dieser Gelegenheit auch eigene Anliegen. So erwirkte er, dass er das Chorherrenstift von Beutelsbach nach Stuttgart verlegen konnte, weil Beutelsbach zu unsicher war. Damit wurde die Stuttgarter Kirche zur »Stiftskirche« und der Chor der Kirche zur Grablege vieler Generationen aus dem Hause Württemberg. Eberhard bekam auch die Erlaubnis, während des Kirchenbanns in seinem Land Gottesdienst, wenn auch bei verschlossenen Türen, abhalten zu lassen. Da der Papst vielfach im Streit mit den deutschen Kaisern und Königen lebte, hatte er als Kampfmaßnahme und Druckmittel das Interdikt, den Kirchenbann, ausgesprochen. Deswegen war es manchmal jahrelang verboten, die Glocken zu läuten und Gottesdienste abzuhalten. Unter dieser Maßnahme litten die Menschen damals sehr schwer. – Bei seinem Tod hatte Eberhard seinen Besitz verdoppelt.

Stadtrecht. Die Verleihung des Stadtrechts war eine Maßnahme, die zur Förderung des wirtschaftlichen Wachstums eines Ortes dienen sollte. Stadtrecht bedeutete vor allem Ummauerung, Marktrecht, Handwerk, eigene Rechtsformen.

Avignon. Stadt in Südfrankreich. Sitz der Päpste von 1309 bis 1377. Man sprach von der »babylonischen Gefangenschaft der Kirche«, da das Papsttum ganz von der Macht Frankreichs abhängig war.

Interdikt. Ein Kampf- und Druckmittel der Päpste. In einem Gebiet unter Interdikt gab es keinerlei kirchliche Amtshandlung, bis die strittigen Fragen geklärt waren.

Im 15./16. Jh. blühte das Handwerk in vielen Zweigen: Schmied, Bäcker, Metzger, Zimmermann, Müller, Fischer u. a. Holzschnitt aus dem Jahr 1502.

Graf Eberhard der Milde im Kreis seiner Räte. Der gräfliche Rat setzte sich aus hohen Beamten und adligen Lehensleuten zusammen. Die Darstellung übertreibt allerdings zugunsten des Grafen: Die Bischöfe von Konstanz und Augsburg (links und rechts von ihm) gehörten nie zu den gräflichen Räten.

Graf Eberhard der Greiner (1344–1392), »der alte Rauschebart«, ist der Nachwelt durch die Balladen im Gedächtnis geblieben, die Ludwig Uhland ihm 1815 gewidmet hat: mit »Der Überfall im Wildbad«, »Die Schlacht bei Reutlingen« und »Die Döffinger Schlacht« hat er die Ereignisse um den streitbaren Grafen unvergesslich gemacht. Eberhard führte in den 48 Jahren seiner Regierung nicht nur viele Kriege, er gab dem Land auch eine wirkungsvolle Verwaltung. In seiner Zeit kam der Gebrauch des Schießpulvers auf.

Unter Graf Eberhard dem Milden (1392–1417) hatte Württemberg schon so hohes Ansehen im Reich gewonnen, dass man Eberhard sogar als Kandidaten bei der Kaiserwahl ins Spiel bringen konnte. Eindrucksvoll ist das Bild nach einer zeitgenössischen Vorlage, das den Grafen im Kreis seiner Räte zeigt. Wenn das Bild auch übertreibt, weil zum Beispiel die Bischöfe von Konstanz und

Augsburg nie zu den gräflichen Räten gehört haben, so vermittelt es doch einen Eindruck von der Würde Eberhards und dem Einfluss, der von ihm ausging.

Mittelalterliche Bautechnik: Turmbau Ende des 14. Jh.

Stadt und Land

Württemberg war noch eine ziemlich dünn besiedelte Landschaft. Aber bis 1350 nahm die Bevölkerung stetig zu, so dass immer mehr Land in intensivere Bewirtschaftung genommen werden musste. Die meisten Menschen lebten von der Landwirtschaft. Es wurde Getreide und Wein angebaut, Viehzucht und Holzeinschlag in den Wäldern ergänzten den Feldanbau. Grundlage der Grafschaft war eine ausreichend große und sorgsam gehütete Bauernschaft. Auch wenn die Bauern meist auf Eigenbesitz saßen, hatten sie doch hohe Abgaben an die Herrschaft und die Kirche zu entrichten. Etwas leichter gestaltete sich das Leben in der Stadt. Die württembergischen Landstädte waren zwar alle noch von der Landwirtschaft geprägt, aber hier gab es auch Handwerk. Die Handwerker hatten einen besseren Verdienst und mehr Freiheit. Sie organisierten sich in den Zünften und konnten damit zum Teil selber über ihre Geschicke entscheiden. Als Meister boten sie jungen Menschen Gelegenheit zu einer Ausbildung, was es sonst kaum gab. Denn die spärlich vorhandenen Schulen standen unter kirchlicher Leitung und bildeten hauptsächlich den kirchlichen Nachwuchs aus. Württemberg hatte etwa fünfzig Landstädte. Teilweise waren sie die Hauptorte früherer Grafschaften gewesen, die Württemberg übernommen hatte, so etwa Urach, Tübingen, Calw, Vaihingen an der Enz und Neuffen. Kaum eine dieser Städte hatte mehr als 1200 Einwohner. Bis 1300 wurden auch neue Städte gegründet, was der wirtschaftlichen Belebung dienen sollte. Manchen gelang der Aufschwung, andere blieben klein, wie etwa Zavelstein, und wieder andere sanken auf den Rang eines Dorfes zurück wie Horrheim bei Vaihingen. Die württembergischen Städte konnten keinem Vergleich mit den benachbarten Reichsstädten standhalten, die rasch zu wirtschaftlicher und geistiger Blüte aufstiegen. Das musste zu Spannungen zwischen Württemberg und den Reichsstädten führen.

Ein Dorf im 17. Jh.: Kornwestheim.

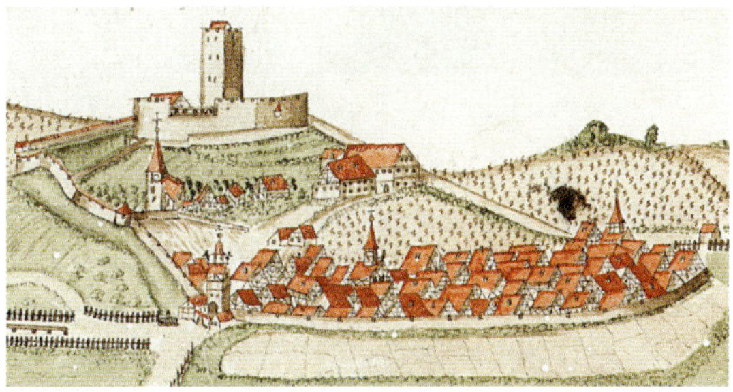

Die Stadt Beilstein. Um die Burg herum entstand ein Städtchen, mit Stadtmauer und Tortürmen und Amtsgebäuden auf halber Höhe.

Eine neue Klosterbewegung: die Bettelorden

Franz von Assisi, dargestellt in der Armutstracht der Franziskaner. Seine weltlichen Kleider hat er abgelegt.

Ehemalige Dominikanerkirche St. Paul in Esslingen.

Chor der Klosterkirche des Franziskanerordens in Esslingen.

Das kirchliche Leben veränderte sich nachhaltig durch eine neue Klosterbewegung. Sie war in Italien ausgelöst worden durch Franz von Assisi, in Südfrankreich durch den Spanier Dominikus. Beide Männer waren geprägt vom Ideal der Armut: Christus und die Apostel hatten nach Gottes Willen gelebt und nicht nach weltlichen Gütern gefragt. Dem entsprechend sollte die Kirche leben. In dieser Forderung einer »apostolischen Armut« lag viel Kritik am Erscheinungsbild der Kirche und der Klöster. Ein frommes Leben sollte sich nicht an Macht und Reichtum orientieren, sondern an den Evangelien und dem einfachen Leben Jesu. Diese Botschaft fand einen bis dahin noch nie dagewesenen Widerhall. Die neuen Orden der Franziskaner und Dominikaner hatten Zulauf aus allen Ständen und verbreiteten sich in kurzer Zeit über alle europäischen Länder. Die Franziskaner gingen barfuß in ihren braunen Kutten, weshalb man sie auch »Barfüßer« nannte. Die Dominikaner erhielten den Zunamen »Predigerorden«, weil sie sich die Volkspredigt zur besonderen Aufgabe gemacht hatten. Mit der Armut sollte auch dadurch Ernst gemacht werden, dass die Mönche nur von dem lebten, was ihnen geschenkt wurde, also vom Betteln. Während frühere Ordensgründungen sich durch Mauern von ihrer Umwelt abschirmten oder an entlegenen Orten erfolgten, mussten die Bettelorden sich in den Städten niederlassen, wo sie Gaben erbitten konnten. Hier konnten sie aber auch ihre »Gegenleistung« erbringen: Sie widmeten sich der Predigt und der Seelsorge. So wurden die Bettelklöster in den Städten mit Freuden aufgenommen. Bald waren sie die beliebtesten kirchlichen Einrichtungen; sie übten einen großen Einfluss aus. Am Beispiel von Esslingen soll dies gezeigt werden. Um 1230/1240 wurden hier fast gleichzeitig mehrere Klöster gegründet. Zuerst kamen die Dominikaner. Sie konnten ihr Kloster in unmittelbarer Nachbarschaft zur zentralen Kirche St. Dionys bauen. Die ehemalige Klosterkirche St. Paul ist heute noch als katholische Pfarrkirche in Gebrauch. Sie ist äußerlich sehr einfach, mit mäßiger Höhe und ohne Turm. Auch im Inneren bedurfte sie keiner besonderen Ausstattung. Sie überzeugt durch ihre klare Gliederung und gilt als bestes Beispiel einer frühgotischen Kirche in Württemberg. Diese Gestalt entsprach dem Willen der Gründer. Sie sollte bescheiden und ohne Prunk gebaut sein. Aber innen sollte es viel Platz geben für die Menschen, die zu den Predigten in großer Zahl kamen. Zur Einweihung der Klosterkirche 1268 kam hoher Besuch: Albertus Magnus, Dominikaner und Bischof, galt seiner Zeit als der umfassendste Gelehrte, er wurde später heiliggesprochen.

Etwa 1276 vollendeten die Franziskaner ihre Klosterkirche. Die Kirche der »Barfüßer« zeigt ebenfalls äußerlich einfache Formen. Aber sie war von einer überwältigenden Schönheit: hoch aufragend, mit den Proportionen einer mächtigen Basilika. Im 19. Jahrhundert wurde das Kirchenschiff abgerissen. Heute ist nur noch der Chor von der »Hinteren Kirche« erhalten, doch auch er legt noch Zeugnis ab von dem Meisterwerk, das die Franziskaner hier geschaffen hatten. – Schließlich kam es in denselben Jahren zum Bau des Dominikanerinnenklosters in Sirnau. Wenn man noch die Klöster der Augustiner-Eremiten (seit 1282) und der Karmeliter (seit 1281) mitzählt, die ebenfalls Bettelorden sind, das Klarakloster (des weiblichen Zweigs der Franziskaner) und ein weiteres Dominikanerinnenkloster in Weil, entstanden allein in und um Esslingen sieben Klöster der Armutsbewegung in weniger als 70 Jahren! Das vermittelt einen Eindruck davon,

Bettelmönch als Wetterfahne. Entstanden im Franziskanerkloster Heilbronn Anfang 16. Jh.

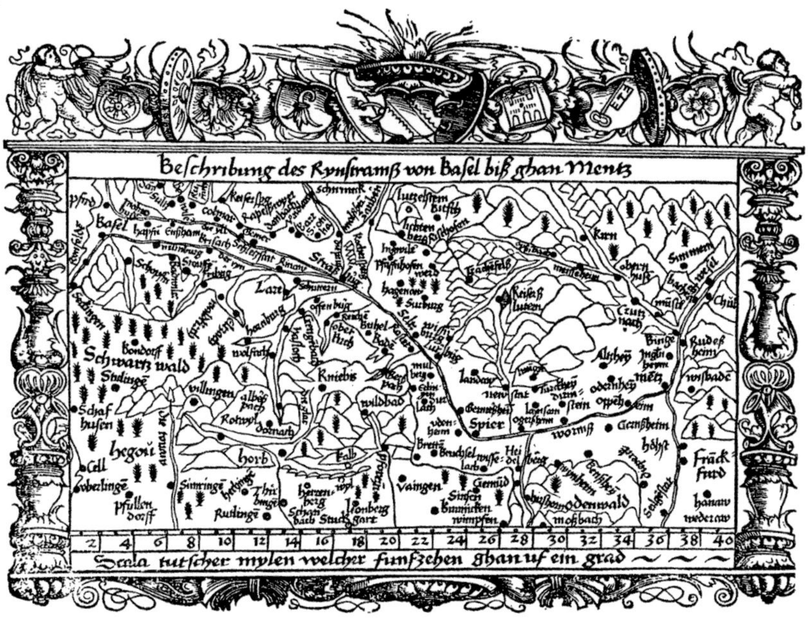

Beschreibung des Rheins von Basel bis Mainz. Die Karte (um 1500) liest sich von links (Basel) nach rechts (Mentzs = Mainz), der Norden ist also rechts. Von rechts unten kommt der Main. Die linke Seite zeigt, welche württembergischen Landstädte der Erwähnung wert waren.

mit welcher Begeisterung diese Bewegung aufgenommen wurde, deutet aber auch an, dass mit einer solchen Menge von Betteleinrichtungen in einer Stadt Probleme auftauchen mussten. Das Beispiel Esslingen ist typisch. Es gab fast keine Stadt von Bedeutung, in der sich nicht mehrere Bettelorden niedergelassen hatten.

Der Beitrag der Frauen

Das Leben in der Kirche wurde von Männern bestimmt und geprägt. Auch die Väter der Armutsbewegung waren zwei Männer. Die Kirche wurde nun völlig durch die Tatsache überrascht, dass sich plötzlich die Frauen zu Wort meldeten, und das mit einer Intensität, wie sie zuvor nie da war und wie sie auch niemand für möglich gehalten hätte.

Das ehemalige Dominikanerinnenkloster Reuthin bei Wildberg (um 1800) ist 1822 abgebrannt.

Die Botschaft von der »evangelischen Armut« ergriff in besonderer Weise die Frauen. Sie wollten ihren Besitz zurücklassen, vielleicht auch die Familien, beisammen wohnen, gemeinsam beten und für ihren bescheidenen Lebensunterhalt nähen, waschen, putzen, Körbe flechten. Die Kirche hielt sie für Ketzerinnen und hat sie verfolgt, vor allem in Frankreich und Italien. Aber die Bewegung wuchs stetig, vor allem in den Niederlanden. Von hier griff sie nach Deutschland über und kam so auch nach Württemberg. Die Kirche machte den Frauen zur Auflage, in einen Orden einzutreten und nach kontrollierbaren Klosterregeln zu leben. Jedes Frauenkloster musste dabei vom Abt eines Männerklosters beaufsichtigt werden. Die Äbte verschlossen sich dem jedoch weitgehend. So wurden zunächst die Zisterzienser, dann die Dominikaner zu dieser Aufgabe verpflichtet. Und damit strömten die Frauen in die Klöster der Dominikanerinnen. Auf ein Männerkloster kamen zehn neue Frauenklöster, und bald gab es Neugründungen nur noch bei den Frauen. In der Reformation wurden alle Nonnenklöster aufgelöst. Ansehnliche Teile der alten Anlagen sind heute noch erhalten, etwa in Lichtenstern, Gnadental, Reuthin und Offenhausen.

Pietà aus dem ehemaligen Dominikanerinnenkloster Weil bei Esslingen, 1471.

In diesen Frauenklöstern bildete sich eine Frömmigkeit besonderer Art heraus, die gerade in den schwäbischen Klöstern weit verbreitet war. Es war eine »mystische« Art zu glauben. In der Mystik möchte der Glaube eins werden mit Gott, in den er sich meditierend versenkt. Die Frauen sahen dazu zwei Wege, im Leiden mit Christus und in der Liebe zu ihm. Vor Bildern des Gekreuzigten vertieften sich die Klosterfrauen in das Leiden Christi, bis sie die Schmerzen am eigenen Leib spürten. Aus dem Dominikanerinnenkloster in Weil ist eine Darstellung des Leichnams Jesu auf dem Schoß seiner Mutter, eine sog. Pietà, erhalten, die heute im Landesmuseum Stuttgart zu sehen ist. Die Pietà im Kloster Kirchberg bei Sulz im Schwarzwald steht noch an ihrem ursprünglichen Ort, ebenso wie die Christus-Johannes-Gruppe im ehemaligen Zisterzienserinnenkloster Heiligkreuztal bei Riedlingen. Im Betrachten der Liebe zwischen Christus und seinem Lieblingsjünger Johannes erfuhren die Frauen ihre eigene Einbindung in die Liebe Jesu. Sie erlebten Liebe und Leid so tief, dass sie das auch immer wieder in Visionen neu erfuhren. In den »Vitae«, Lebensbeschreibungen der Nonnen aus schwäbischen Frauenklöstern, sind uns Zeugnisse erhalten geblieben, die von dieser tiefen und ungewöhnlichen Frömmigkeit berichten. Bei weitem nicht alle Frauen dieser Frömmigkeitsbewegung haben sich in den Klosterweg zwingen lassen, den sie eigentlich nicht wollten. Sie wählten einen eigenen Weg, den der »Beginen«. In den Beginenhäusern lebten Frauen zusammen, die eine religiöse Gemeinschaft bildeten und auch eine eigene gemeinsame Tracht hatten. Sie verdienten ihren bescheidenen Lebensunterhalt durch Arbeiten im Haus oder in der Krankenpflege. Damit erfüllten sie eine wichtige Funktion im Sozialgefüge der mittelalterlichen Städte. Beginenhäuser gab es auch in Württemberg fast in jeder Stadt. Beispiele schöner Beginenhäuser gibt es heute noch in Bad Urach und Bad Cannstatt (»Klösterle«) zu sehen. Mit der Reformation hat diese Bewegung aufgehört.

Christus und sein Jünger Johannes. Figurengruppe aus dem ehemaligen Zisterzienserinnenkloster Heiligkreuztal bei Riedlingen, entstanden um 1310. Heute beherbergt das Kloster eine Tagungsstätte.

Pest, Geißler und Judenmord

Dem Jahr 1347 waren Erdbeben, Stürme und Hungersnot vorausgegangen. Die erschrockenen Menschen sahen darin Vorboten eines noch schrecklicheren Gottesgerichts, das folgen sollte. Auch wenn diese Zeichen nichts mit dem Kommenden zu tun hatten, nahm doch die verheerendste Katastrophe des Mittelalters damit ihren Anfang. Es war der »schwarze Tod«, die indische Pest, die vom Schwarzen Meer her nach Dalmatien, Oberitalien und Südfrankreich eingeschleppt worden war. Sie griff auf ganz Europa über und raffte die Menschen dahin, die ihr hilflos

Das »Klösterle« in Bad Cannstatt, ein ehemaliges Beginenhaus.

Geißlerzug des Jahres 1348. Darstellung aus einer zeitgenössischen Chronik.

ausgeliefert waren. In den nächsten beiden Jahren starb ein Drittel der Bevölkerung. Dem Sterben ging ein schauriges Schauspiel voraus: die Züge der Geißler. Von Ungarn aus überfluteten sie alle Länder als Vorboten des Todes. Ihre Bußzüge wollten zur Umkehr aufrufen, um so vielleicht das drohende Gericht abzuwenden. Obwohl die Kirche die Geißlerzüge scharf ablehnte, konnte sie diese nicht aufhalten. Mehrere Züge waren in unterschiedlichen Richtungen unterwegs. Der größte Zug in Württemberg kam von Würzburg her nach Schwäbisch Hall, zog weiter nach Esslingen, Calw, Herrenberg und Tübingen und gelangte schließlich über Rottenburg und den Schwarzwald nach Straßburg. Die Geißler trugen weiße Unterkleider, dazu Mäntel und Hüte, die mit roten Kreuzen gezeichnet waren. Sie gingen im Zug zwei und zwei, führten kostbare Fahnen und Baldachine mit sich und sangen bis dahin nie gehörte Lieder. Wenn sie in eine Stadt kamen, läuteten die Glocken. Auf dem Marktplatz legten sie die Oberkleider ab und schlugen sich selbst mit ihren Geißeln blutig. Dann

Alte Bilder zum Zauber oder zur Abwehr des Bösen: Diese esoterischen Darstellungen fand man unter einem Christusbild in Mötzingen bei Herrenberg.

warfen sie sich auf die Erde, während ein »Brief Christi« verlesen wurde, der in Jerusalem vom Himmel gefallen sei; unter Androhung furchtbarer Strafgerichte forderte er zur Buße auf. Die Geißler durften nirgends verweilen und keine Gaben annehmen. Viele schlossen sich ihnen an, zutiefst erschüttert. Aber die Bewegung erlosch so plötzlich, wie sie begonnen hatte.

Das Peststerben war trostlos. Die Krankheit kam plötzlich, fast ohne Vorzeichen. Man brach mitten in einer Tätigkeit zusammen. Es traf alle Familien und alle Stände. Die Pest sprengte alle Bindungen und alle Sicherheit, sie vernichtete alle Ordnung. Die Bestattungen glichen einer Beseitigung. Ganze Ortschaften starben aus. Eine ratlose Wut erhob sich und wandte sich gegen die im Lande wohnenden Juden. Ihnen gab man Schuld an der Pest, weil sie die Brunnen verseucht hätten. Selbst der Kaiser, der sie hätte schützen sollen, gab sie auf. Soweit sie nicht entkommen konnten, wurden sie verbrannt. Die Scheiterhaufen loderten überall, so auch in Stuttgart, Rottweil, Horb, Reutlingen, Nagold und Ravensburg. In Esslingen schlossen sich die Juden, den sicheren Tod vor Augen, in der Synagoge ein und steckten sie selber in Brand. Allein die Stadt Ulm schonte ihre jüdischen Mitbürger. Erst nach Jahrzehnten wagten Juden es wieder, sich in Württemberg oder den Reichsstädten niederzulassen. Ein wesentlicher Gesichtspunkt beim Judenmord war, dass damit die namhafte Geldverschuldung weiter Kreise der Bevölkerung bei den Juden gegenstandslos wurde, ja, man konnte sogar noch aus dem zurückgebliebenen Vermögen profitieren. So ließ etwa Graf Eberhard der Greiner die Hinterlassenschaft der Esslinger Juden sich selbst zusprechen.

Unter Folter werden Juden zu ihrer Hinrichtung geschleppt. Zur Verurteilung dienten fadenscheinigste Vorwände. Der mittelalterliche Künstler macht sie durch die spitzen Hüte als Juden kenntlich.

Machtkampf zwischen Württemberg und den Reichsstädten

Die Reichsstädte in der Nachbarschaft Württembergs waren wirtschaftlich aufgeblüht und hatten sich zu militärischen und kulturellen Zentren entwickelt. Nun versuchte die Grafschaft Württemberg, die über ein viel größeres Hinterland verfügte, ihre Vormachtstellung in diesem Gebiet durchzusetzen. So musste es zwischen den beiden Parteien zu Auseinandersetzungen kommen. Dies geschah in den Städtekriegen, in denen beide Seiten jahrelang gegenseitig ihre Gebiete verwüsteten.

Die Entscheidung brachte im Jahre 1388 die Schlacht von Döffingen. Vorausgegangen war ein Treffen vor den Toren Reutlingens, bei welchem die Reutlinger eine württembergische Truppe unter der Führung des Grafen Ulrich geschlagen hatten. Als sich bei Döffingen nun beide Seiten wieder gegenüberstanden, stürzte sich Ulrich in vorderster Linie in die Schlacht, um seine Schande wieder gut zu machen. Er fiel sofort. Aber sein Vater, Graf Eberhard der Greiner, trieb seine Leute unermüdlich an und konnte schließlich den Kampf für sich entscheiden. Döffingen gilt als die verlustreichste und blutigste Schlacht des 14. Jahrhunderts. Die Städter verloren 1000 Mann, und die Württemberger fuhren ihre Gefallenen auf vierzig Wagen weg. Am nördlichen Rand von Grafenau-Döffingen steht seit 110 Jahren ein Gedenkstein, der an den gefallenen Grafen Ulrich erinnert.

Der Tag von Döffingen war einschneidend. Der Macht der Städte war damit die Spitze gebrochen. Der Landesfürst war Sieger über die Städte geblieben. Die Entwicklung zur Landesherrschaft konnte weitergehen. Der Weg zur Selbstständigkeit der Städte, den die Schweizer Kantone gingen und der sich auch für unseren Raum schon angedeutet hatte, war damit abgewendet.

Panorama von Ulm von Matthäus Merian, um 1650. Noch zeigt sich das Münster mit dem stumpfen Turm, der erst 1890 zum »höchsten Kirchturm der Welt« ausgebaut wurde.

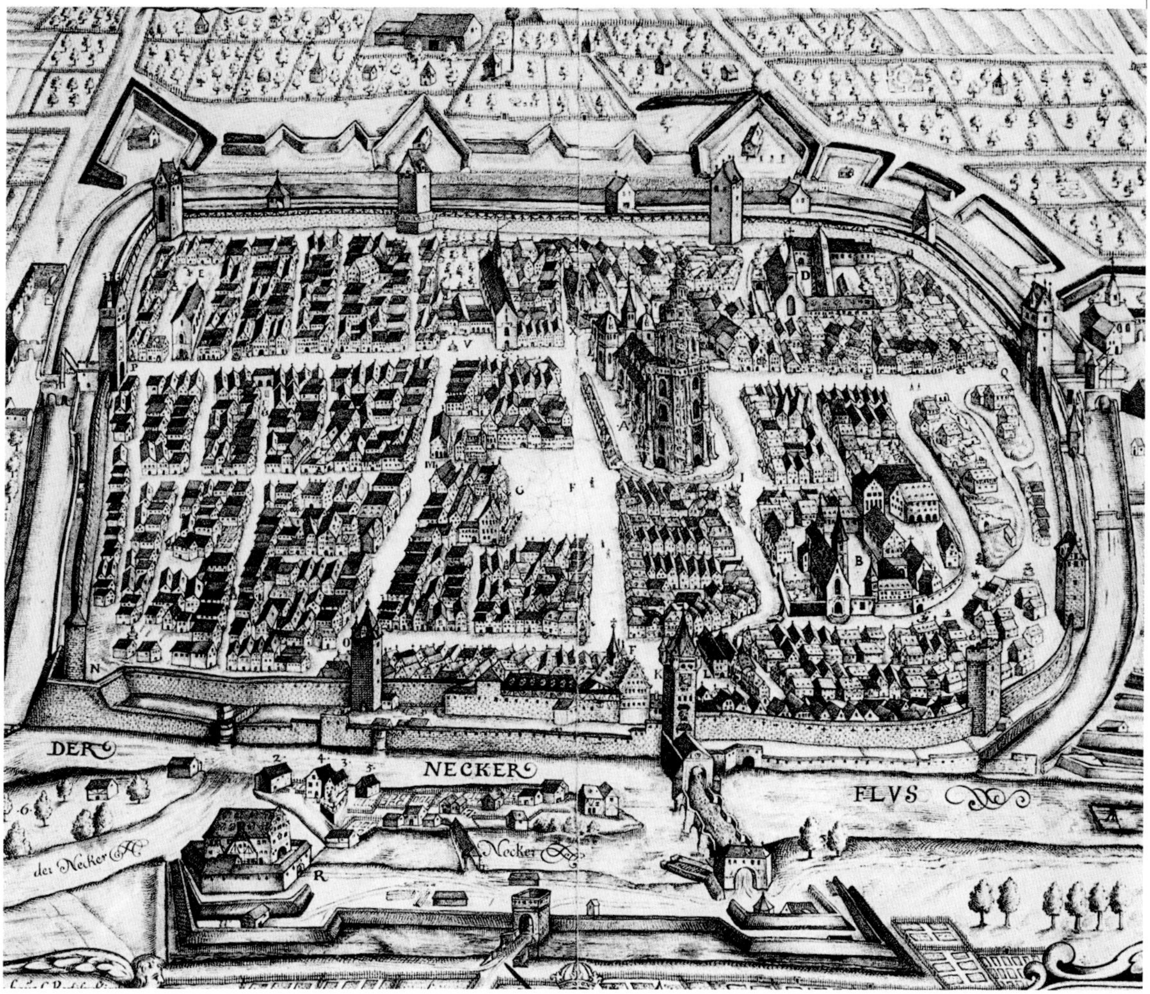

Die Reichsstadt Heilbronn mit der mächtigen Kilianskirche in ihrer Mitte. Neben ihr können vier weitere Kirchen und Klöster gezählt werden.
Für die starke Befestigung der Stadt wurde sogar der Neckar an die Stadtmauer heran geleitet.

Hochaltar von Hans Seyffer in der Heilbronner Kilianskirche. Der reiche Schnitzaltar spiegelt das Selbstbewusstsein der Bürger der Reichsstadt.

Die Blüte der Reichsstädte

Die Niederlage von Döffingen änderte nichts an der Tatsache, dass sich die schwäbischen Reichsstädte in der erfolgreichsten Phase ihrer Geschichte befanden. Schon von ihrer Größe her gab es nichts Vergleichbares. Ulm stand mit 9000 Einwohnern an der Spitze, gefolgt von Esslingen mit 6000, während die württembergische Hauptstadt Stuttgart noch bei 2000 Einwohnern lag. Auch die Reichsstädte Heilbronn, Reutlingen und Schwäbisch Hall zeichneten sich durch starke Befestigung, blühenden Handel und wachsenden Wohlstand aus. So konnte Ulm durch Kauf die ehemals angesehene Grafschaft Helfenstein (b. Geislingen) erwerben, als die Helfensteiner wirtschaftlich am Ende waren. Der Wohlstand erlaubte es den Städten, im Sozialbereich Vorbildliches zu schaffen. Dem Esslinger Spital gehörten zwei Dörfer auf den Fildern. Aus deren Abgaben wurde die Kranken- und Armenpflege der Stadt finanziert. Die Städte stellten Schulmeister ein und boten damit den Kindern der Stadt die Möglichkeit, lesen, schreiben und rechnen zu lernen. Die Handwerker waren in Zünften zusammengefasst, deren Bedeutung ständig wuchs. Sie bekamen Anteil an der städtischen Verwaltung, indem sie zu Mitgliedern in den Ratsversammlungen aufrückten. Dieser Weg war nicht ohne Spannungen zwischen Adelsfamilien und Zünften. Aber es wurden Lösungen erkämpft, die für Stadt- und Landesverfassungen wichtige Schritte darstellten. Architektur und Kunst erreichten einen Stand, den keine spätere Zeit mehr erreichen konnte. Wieder sei Ulm das Beispiel. Obwohl die Stadt innerhalb ihrer starken Ummauerung an Raumnot litt, machten sie eine Fläche frei, auf der die größte Kirche des Landes erbaut werden sollte. Bürgerstolz und Frömmigkeit wirkten in gleicher Weise zusammen, und so entstand seit 1377 in Jahrzehnten intensivsten Einsatzes das Münster als bleibendes Zeugnis für die Entfaltungsmöglichkeiten dieser Reichsstadt. Die Bürger stifteten Altäre, von denen in der Reformationszeit über sechzig in der Kirche gewesen sein sollen. Angefertigt wurden Altäre und Schnitzwerke von Handwerkern und Künstlern aus der so genannten »Ulmer Schule«, deren Meisterwerke heute noch im Chorgestühl des Münsters, im Blaubeurer Hochaltar oder auch in dem kleinen Altar in der Kirche von Scharenstetten, einem ehemals ulmischen Dorf auf der Alb, bewundert werden können.

Reichsstadt. Eine Stadt, die direkt dem Kaiser unterstellt war. Damit hatte sie eine große Selbstständigkeit, die sich in eigener Verfassung und eigener Stadtregierung ausprägte.

Das Konzil in Konstanz

Das herausragende kirchliche Ereignis vor der Reformation war das Konzil in Konstanz, das auf Veranlassung Kaiser Sigismunds von 1414 bis 1418 abgehalten wurde. Sein wichtigstes Ziel war die Beseitigung des größten Ärgernisses der Zeit: dass es seit 1378 gleichzeitig zwei, seit 1406 sogar drei Päpste gab. Diese bekriegten sich gegenseitig und schlossen jeweils die Anhängerschaft des anderen aus der Kirche aus. Damit war ein geordnetes kirchliches Leben nicht mehr möglich. Da Württemberg zu seinem größeren Teil zum Bistum Konstanz gehörte, war es Graf Eberhard dem Milden wichtig, bei der Eröffnung des Konzils anwesend zu sein. Dem Konzil, der glänzendsten Versammlung dieser Art des Mittelalters, war in der Papstfrage Erfolg beschieden. Die drei konkurrierenden Päpste wurden abgesetzt und mit Martin V. wurde ein neuer Papst gewählt, der allgemeine Anerkennung fand. Schlimme Folgen hatte dagegen eine ungerechtfertigte Maßnahme des Konzils. Der böhmische Theologe Johannes Hus aus Prag war nach Konstanz vorgeladen worden, um sich wegen seiner Lehren zu verantworten. Obwohl ihm der Kaiser freies Geleit zugesichert hatte, wurde Hus gefangengesetzt, verurteilt und verbrannt. Das löste in seiner böhmischen Heimat eine solche Erbitterung aus, dass sich die »Hussiten« erhoben und einen mehr als 100-jährigen Krieg gegen Kirche und Reich führten. Da manche der Lehren von Hus denen von Martin Luther ähnelten,

Der böhmische Theologe Johannes Hus wird auf dem Konzil von Konstanz verbrannt.

Das Bild zeigt einen der Päpste, die auf dem Konzil von Konstanz abgesetzt wurden, wie er mit seinem Wagen auf der Fahrt über die Alpen umstürzt. Aus der Konstanzer Konzilschronik.

Konzil. Versammlung von Bischöfen und anderen hohen Vertretern der Kirche zur Klärung wichtiger kirchlicher Angelegenheiten. Im Mittelalter konnte auch der Kaiser Konzilien einberufen.

wurde er später als einer der »Vorreformatoren« bezeichnet; so ist er z. B. auch auf dem Lutherdenkmal in Worms abgebildet. Graf Eberhard der Milde erlebte das Ende des Konzils nicht mehr. Er starb 1417 in Göppingen, wo er im Sauerbrunnen Erholung gesucht hatte. Bei seinem Tod gehörte Württemberg zu den angesehensten Gebieten im deutschen Reich.

Die Chronik der Herren von Zimmern

Die Grabplatte des Grafen Gottfried Werner von Zimmern in der St.-Martinskirche Messkirch.

Wenn man nach dem Alltagsleben der Menschen im Jahrhundert vor der Reformation fragt, erweist sich die »Zimmernsche Chronik« als eine unerschöpfliche Fundgrube. Wir verdanken sie den Herren von Zimmern, die um 1550 diese Chronik zur Belehrung ihrer Familie verfassten. Sie sammelten alle Geschichten, von denen sie meinten, sie seien für die Nachfahren nützlich. So vermittelt keine andere Quelle ein so reichhaltiges und farbiges Bild des spätmittelalterlichen Lebens. Da die Zimmern, die in Zimmern bei Rottweil ihren Stammsitz hatten, zu jener Zeit in Messkirch residierten, spielt ein Großteil der von ihnen berichteten Geschichten im Raum der oberen Donau und des sogenannten jungen Neckar. Wir sehen in das Leben der Adligen, ihre Geburt und ihr Sterben, wie sie Ehen schlossen, ihr Vermögen vergrößerten oder verschleuderten, wie sie in dauernden Fehden lagen und sich wieder versöhnten. Ihr Gegenüber waren die Bauern; die meisten besaßen selbst nur wenig, und doch waren sie es, die die Herren ernährten. Hinzu kamen die Handwerker, die Gastwirte, die Landsknechte. Alle kommen ausführlich in der Chronik vor, mit ihren Festen, mit ihrem Glauben und ihrem Aberglauben, aber auch mit ihrem Humor, den sie trotz Missernten und Naturkatastrophen behielten. So bekommen wir ein anschauliches Bild von der Frömmigkeit, wie sie damals im Volk verbreitet war. Das Leben war fest eingebettet in den Rhythmus der Kirche, man nahm an dem teil, was sie bot, und erwarb sich so das Heil für Zeit und Ewigkeit. Eine Begebenheit von vielen: An Ostern war in der Kirche das »Ostergelächter« üblich. Man lachte über den betrogenen Teufel. Der Pfarrer erzählte das mit kräftigen Worten und Bildern. Und dann wusste er noch ähnliche Geschichten von Menschen, das gab das große Gelächter. So war es auch in Messkirch. Der Pfarrer nahm sich in seinen Geschichten einen Mann vor, der im Gottesdienst anwesend war. Dieser wurde verständlicherweise darüber so böse, dass er auf die Kanzel lief, um den Pfarrer zu verprügeln. Der rief um Hilfe, die Gemeinde spaltete sich in zwei Gruppen und es kam zu einer gewaltigen Kirchenprügelei. Als der Graf davon hörte, verbot er das »Osterlachen« in Messkirch.

Wallfahrt nach Niklashausen im Taubertal 1476. Im Fenster predigt der Hirte Hans Böhm (rechts), genannt Pfeifer von Niklashausen. Die riesigen Wallfahrtskerzen lehnen an der Kirche.

Das Bild, das die Kirche bot, war zwiespältig. Einerseits prägte sie die Sonntage, die Festtage und den Alltag. Oft erwuchs daraus bei den Gläubigen eine tiefe Frömmigkeit. So wuchs einer der Grafen von Zimmern bei einem Edelmann auf, der in jeder Nacht eine Stunde lang in der Burgkapelle kniete und betete. Das machte dem Knaben großen Eindruck und erweckte den Wunsch, selber auch so fromm zu werden. Andererseits waren Pfarrer und Mönche oft sehr verachtet, zum Teil wohl nicht ohne Grund. So berichtet die Chronik vom »Pfaff Weingeber« in Messkirch: »Saufen und Fressen liebte er genau so sehr wie das Besuchen ehrsamer Bürgerhäuser, wenn er wusste, dass der Hausherr abwesend war.«

Beispiele mittelalterlicher Frömmigkeit

Der Alltag war ganz durch die kirchliche Frömmigkeit geprägt. Die Menschen besuchten die vielen Gottesdienste, verrichteten zuhause ihre Gebete, verehrten die Heiligen und spendeten, soviel ihre Verhältnisse erlaubten. Weit verbreitet waren die Wallfahrten. Man pilgerte, zu Fuß natürlich, zu bestimmten Orten, an denen man von einem Heiligen Hilfe für Leib und Seele erhoffen durfte. In der Nähe von Schwäbisch Hall gab es gleich zwei berühmte Wallfahrtsorte. In Rieden wurde auf wunderbare Weise im Jahre 1436 ein Splitter vom Kreuz Jesu entdeckt. Zumindest damals waren sich die Leute sicher, dass er echt war. Damit war die Wallfahrt nach Rieden begründet und brachte bis zur Reformation ungezählte Menschen dorthin, die am Segen des Kreuzes Christi teilhaben wollten. Nur wenige Kilometer entfernt davon, auf dem Berg Einkorn, entstand 1472 eine Kapelle zu den 14 Nothelfern. Diese »14 Nothelfer« waren eine für Hilfesuchende sehr brauchbare Zusammenstellung von Heiligen. Jeder Nothelfer, darunter drei Frauen, half gegen bestimmte Nöte des Leibes oder der Seele. Der beliebteste war Christophorus. Er schützte alle vor einem plötzlichen Tod ohne Sterbesakramente, die sein Bild an diesem Tag gesehen hatten. Deshalb war es groß und weithin

Der heilige Christophorus, einer der 14 »Nothelfer«, in einer Darstellung von Hans Baldung Grien.

Der Anfang des zeitgenössischen Gedichts über »das Wunder von Leidringen«, die seltsame Erkrankung und wunderbare Heilung der Margret Bruch (1503).

Im Dorff Lideringen, ein Myl von der Stat
Rotwyl sich warlich begeben hat,
das uff ein Jungfrawen, Margret Bruch genannt,
fünfzehn Jar alt meniglich wol erkant,
gefallen sind Zeichen in menger Gestalt,
als denn solchs die Figur eigentlich inhalt
an bloßem Lyb, Bein, Arm, Hend und Hertz
deßhalb erlitten groß Pyn und Schmerz
und in schnelle seltzame Krankheit gefallen.
Doch unter disen Zeichen und Krützen allen
kein Krütz noch Zeychen nit so weh gethan,
als das Krütz mit schwartzer Farb gezeichnet an.
Mensch, nit erfrag oder zuwyt betracht,
ob's Gott, der Teufel oder die Natur hab gemacht.

sichtbar in vielen Kirchen angebracht. Der Berg Einkorn, bei Schwäbisch Hall gelegen, wurde einer der bedeutendsten Wallfahrtsorte des Landes. Die Kapelle, die in der Barockzeit erneuert wurde, ist 1814 abgebrannt. Die Ruine ist, um einen Aussichtsturm erweitert, bis heute erhalten.

Eine andere Wallfahrtsbewegung hatte europäische Ausmaße. In Nordspanien verehrten die Gläubigen die Grabstätte des heiligen Jakobus. Er war der Bruder des Jüngers Johannes und zählte selbst zu den Jüngern Jesu und den Aposteln. Der König Herodes Agrippa hatte ihn in Jerusalem enthaupten lassen. Seine Gebeine kamen auf geheimnisvolle Weise nach Spanien und wurden hier 840 in Compostela aufgefunden. Von da an begann die Wallfahrt nach Santiago (= Sankt Jakob) de Compostela. Jakobus wurde der wichtigste Heilige. Aus allen Ländern Europas zogen die Pilger mit dem Zeichen der »Jakobsmuschel« an ihrer Mütze zu ihm. Auch durch Württemberg führten zwei Pilgerwege; man kann sie heute noch nachverfolgen an Kirchen und Kreuzen, die Jakobus gewidmet sind. Die eine Pilgerstraße führte von Ulm über Biberach nach Lindau, und dann weiter nach Kloster Einsiedeln in der Schweiz. Die andere führte die Pilger von Rothenburg ob der Tauber nach Hohenberg bei Ellwangen, dann nach Winnenden, Cannstatt, Tübingen, Horb und weiter Richtung Basel. In der Schlosskirche von Winnenden zeigt ein schönes altes Holzbild, wie Jakobus die Pilger segnet.

Eine ganz andere Ursache führte zur Wallfahrt nach Leidringen, heute Stadt Rosenfeld, Kreis Balingen. 1503 war dort ein 15-jähriges Mädchen plötzlich mit den Wundmalen Christi an ihrem Körper gezeichnet: An ihrem Leib waren die Blutspuren der Wunden zu erkennen, wie Jesus sie am Kopf, an Händen und Füßen und an der Seite erlitten hatte. Diese so genannte Stigmatisierung erregte großes Aufsehen. Es kamen Menschen zu Tausenden, um das Wunder zu sehen und anzubeten. Das Mädchen litt große Schmerzen, starb bald und wurde in der Kirche begraben. Die Wallfahrt aber ging weiter – zu ihrem Grab.

Eindrucksvolle Zeugnisse für die Frömmigkeit jener Zeit sind ihre Bauwerke, besonders die spätgotischen Hallenkirchen. Die Nebenschiffe wurden zur gleichen Höhe mit dem Hauptschiff hochgezogen, so dass eine weite Halle entstand, die durch zwei Reihen von Säulen gegliedert war. Vor allem aber öffneten große Fenster die Wände, so dass das einströmende Licht den Blick nach oben lenkte, Ausdruck der Sehnsucht nach dem Ewigen, die durch die Zeit ging. Der Chor der Kirche Sankt Michael in Schwäbisch Hall ist ein eindrucksvolles Zeugnis dafür. Die älteste Hallenkirche in unserem Land ist das Heilig-Kreuz-Münster in Schwäbisch Gmünd. Seine Baumeister stammten aus der bekannten Familie der Parler. Über 200 Jahre wurde an der Kirche gebaut. Besonders kunstvoll ist die Einwölbung der Decke, die wie ein feines Gewebe aus Stein einen Himmel über dem Gotteshaus abbildet. Noch bevor die Kirche fertig war, stürzten 1497 die beiden alten, vom Vorgängerbau übernommenen Türme ein. Sie wurden nicht wieder aufgebaut.

Auch Hans Schweiner, der Baumeister des Turmes der Kilianskirche in Heilbronn, hatte zunächst Probleme mit der Fundamentierung des Kirchturms. Er löste seine Aufgabe so gut, dass der Turm der Kilianskirche als einziges Bauwerk den verheerenden Bombenangriff auf Heilbronns Altstadt 1944 unversehrt überstand. Hans Schweiners Turm weist bereits in die Zeit der Renaissance. Neue Bauformen tauchten auf, Menschen mit neuen Ideen lösten sich langsam aus den Vorstellungen der mittelalterlichen Welt. Dazu gehört auch eine kritische Haltung gegenüber der alten Kirche. Obwohl die Kirche sein Auftraggeber war, ließ Hans Schweiner am Kiliansturm von den Steinmetzen Gestalten anbringen, mit denen man sich über Priester und Mönche lustig machte.

Chor der St.-Michaelskirche in Schwäbisch Hall.

Spottbild von Nonne und Mönch am Turm der Kilianskirche in Heilbronn.

Graf Eberhard im Bart

Graf Eberhard im Bart war der bedeutendste Herrscher Württembergs der älteren Zeit.

Nach dem Tod seines Vaters kam Eberhard früh an die Regierung und ließ in Urach die Bauwerke ausführen, die der Stadt bis in die Gegenwart ihr Gepräge geben. Wer heute durch Urach geht, stößt überall auf seine Spuren: im Schloss, in der Amanduskirche, im daran sich anschließenden Stift und im Haus am Gorisbrunnen, das der Graf damals für seine Gemahlin Barbara von Mantua hatte errichten lassen. Graf Eberhard war 1445 im Uracher Schloss geboren worden, weil Württemberg aufgeteilt und Urach die Residenz des südlichen Landesteils war: »Landeshauptstadt Urach«. Sein wichtigster Erfolg war, dass er die beiden Landesteile wieder vereinigen konnte. Er ließ im Münsinger Vertrag 1482 verbindlich festlegen, dass »Württemberg auf

Der reichste Fürst

Preisend mit viel schönen Reden
Ihrer Länder Wert und Zahl
Saßen viele deutsche Fürsten
Einst zu Worms im Kaisersaal.

»Herrlich«, sprach der Fürst von
Sachsen,
»Ist mein Land und seine Macht,
Silber hegen seine Berge
Wohl in manchem tiefen Schacht.«

»Seht mein Land in üpp'ger Fülle«,
Sprach der Kurfürst von dem Rhein,
»Goldne Saaten in den Tälern,
Auf den Bergen edlen Wein!«

»Große Städte, reiche Klöster«,
Ludwig, Herr zu Bayern, sprach,
»Schaffen, dass mein Land dem
euren
Wohl nicht steht an Schätzen
nach.«

Eberhard, der mit dem Barte,
Württembergs geliebter Herr,
Sprach: »Mein Land hat kleine
Städte,
Trägt nicht Berge silberschwer;

Doch ein Kleinod hält's verborgen,
Dass in Wäldern, noch so groß,
Ich mein Haupt kann kühnlich legen
Jedem Untertan in Schoß.«

Und es rief der Herr von Sachsen,
Der von Bayern, der vom Rhein:
»Graf im Bart! Ihr seid der reichste,
Euer Land trägt Edelstein!«

Justinus Kerner, 1819

ewige Zeiten ungeteilt« bleiben soll, damit sich eine so unglückliche Teilung nie mehr wiederholen konnte. Eberhard war nicht nur für sein eigenes Land wichtig, er genoss im ganzen Reich großes Ansehen als weitsichtiger Politiker, guter Ratgeber und uneigennütziger Schlichter bei Streitigkeiten. Kaiser Maximilian, der Eberhard zu seiner Hochzeit eingeladen hatte, ehrte ihn auch durch die Aufnahme in die burgundische Ordensgemeinschaft vom »Goldenen Vlies«. Er erhob den Grafen 1495 zum Herzog und machte damit Württemberg zum Herzogtum. Bekannt wurde die Geschichte, die sich auf dem Reichstag zu Worms ereignet haben soll. Danach lagen die deutschen Fürsten miteinander im Wettstreit, wer das reichste Land besitze. Der Württemberger bekam den Preis, weil er jedem Untertanen bedenkenlos sein Haupt in den Schoß legen könnte. Die Anekdote zeugt vom Ansehen Eberhards, das bis heute anhält. Der Dichter Justinus Kerner hat aus ihr den Text zu dem vielgesungenen Lied »Der reichste Fürst« gemacht. Eberhard starb, gerade erst 50 Jahre alt, im Jahre 1496.

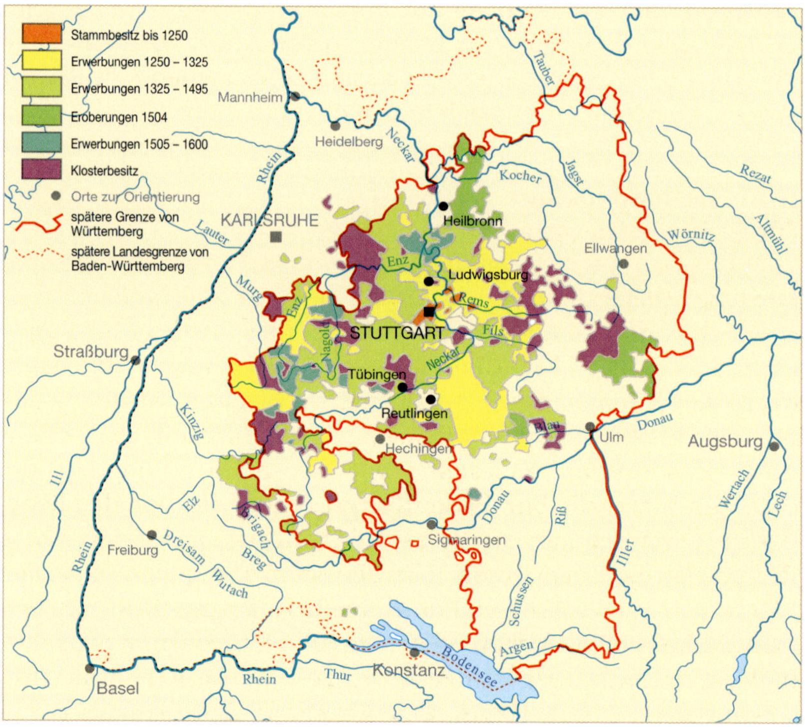

Entwicklung des Landes Württemberg bis etwa 1600.

Graf Eberhards Reise nach Jerusalem

Mit 23 Jahren unternahm Graf Eberhard eine Reise nach Jerusalem. Viele Adlige unterzogen sich damals dieser nicht ungefährlichen Wallfahrt, weil sie sich in Jerusalem gerne zum »Ritter vom Heiligen Grab« schlagen lassen wollten. Der ausführliche Bericht von Eberhards Reise ist noch erhalten. Mit fast hundert Begleitpersonen zog er zunächst nach Venedig. Von dort ging es mit dem Schiff bis Jaffa, und schließlich erreichten sie nach einer abenteuerlichen Landreise Jerusalem. In der Grabeskirche empfing Eberhard den ersehnten Ritterschlag zum »Ritter vom Heiligen Grab«. An allen wichtigen Orten aus dem Leben Jesu ließ er sich den Segen geben, der dort zu holen war, zusammen mit dem damit verbundenen Sündenablass. Nach einem halben Jahr war er wieder zuhause. Die Reise hat Eberhard tief geprägt. Er war von jetzt an der zuverlässige und umsichtige Herrscher, den die Geschichte rühmt. Vom Heiligen Land brachte er nicht nur den namengebenden Bart mit, den er von nun an trug, sondern auch als Erinnerung das Symbol des aufsteigenden Palmbaums, das er als sein persönliches Wappen überall anbringen ließ. Trotz dieses Erfolgs antwortete er später auf die Frage, ob er zu dieser Reise zuraten könne: »Es gibt drei Dinge, zu denen ich weder zu- noch abrate, weil man nicht weiß, wie sie ausgehen: einen Krieg anzufangen, zu heiraten und nach Jerusalem zu pilgern.«

Eberhard »im Bart«, dem als erstem Regenten Württembergs die Herzogswürde verliehen wurde.

Die Brüder vom gemeinsamen Leben

Die Kirche befand sich zu dieser Zeit in einer tiefen inneren Krise. Ihre Schwäche zeigte sich auch darin, dass sie die Missstände nicht aus eigener Kraft beheben konnte. So wurde allgemein nach einer Erneuerung des Klosterlebens verlangt. Verbreitet waren hier die Bemühungen um mehr Verinnerlichung bei den Augustinerchorherren in Gestalt der Windesheimer Kongregation. Daneben gab es die Bursfelder Kongregation, die, von den Benediktinern ausgehend, die Reform der Klöster vorantrieb. Diese Reformbewegungen waren teilweise sehr erfolgreich. In vielen Klöstern aber konnten sich Reformen nicht durchsetzen. Um den Widerstand von Mönchen oder Nonnen zu brechen, wurde deshalb die staatliche Macht angerufen; sie sollte diese Reformen mit Gewalt erzwingen. So leitete Graf Eberhard eine Neuordnung in

Münze mit dem Zeichen und dem Wahlspruch Eberhards, dem Palmbaum, der an seine Pilgerreise nach Jerusalem erinnert, und mit seiner Devise »Attempto« (ich wag's).

Das Stift Einsiedel, einsam am Rande des Schönbuch gelegen, beherbergte für 40 Jahre die »Brüder vom gemeinsamen Leben«. Das »Schlösslin Schönbuch«, wie es diese Darstellung von 1482 nennt, hatte Herzog Eberhard zu seiner Grabstätte ausersehen.

solchen Klöstern seines Landes ein, die in schlechtem Ruf standen. In den Pfarreien achtete er darauf, dass die Gottesdienste geregelt durchgeführt wurden, die Pfarrstellen ordnungsgemäß besetzt waren und die Pfarrer ein ordentliches Leben führten. Dies zeigt, wie sehr schon vor der Reformation ein Landesherr in die Verantwortung für das kirchliche Leben seines Landes einbezogen werden konnte.

Der wichtigste Schritt zur Erneuerung des geistlichen Lebens in seinem Land war für Eberhard, dass er die »Brüder vom gemeinsamen Leben« nach Württemberg holte. Diese Brüderbewegung stammte aus den Niederlanden und hatte sich langsam über den Norden und Westen auch in Deutschland verbreitet. In Heidelberg war Eberhard dem Brüder-Theologen Gabriel Biel begegnet. Er holte ihn nach Urach, um hier neben der im Bau befindlichen Amanduskirche auch ein Brüderhaus, das heutige Stift Urach, zu errichten. Die Brüderbewegung war dem Grafen so wichtig, dass er sie in der Residenzstadt in nächster Nähe haben wollte. Er sorgte auch für einige weitere Ansiedlungen der Brüder im Land, das Stift Einsiedel im Schönbuch und das Bruderhaus in Herrenberg waren die wichtigsten. Die Brüder vom gemeinsamen Leben verstanden sich als Vertreter einer neuen, der Zeit gemäßen Frömmigkeit. Sie lebten zwar nach frommen Ordnungen, schlossen sich aber nicht in Klöster ein. Ihre Gemeinschaft war aus Priestern und Laien gemischt, und sie lebten von ihrer Arbeit. Die Ordnung für das Stift Einsiedel soll Eberhard selber verfasst haben. Danach waren für dieses Haus zwölf Priester und dazu zwölf adlige und zwölf bürgerliche Mitglieder vorgesehen. Sie standen unter der Leitung eines (geistlichen) Propstes und eines (weltlichen) Meisters. In dieser Gemeinschaft, die auf Standesunterschiede verzichtete, wollten sie beiden, Gott und der Welt, dienen, das eigene Leben bessern und zugleich für ihre Mitmenschen da sein. Dieser Anspruch war groß. Er hatte zur Folge, dass die »Brüder vom gemeinsamen Leben« in religiöser und geistiger Hinsicht neue Maßstäbe setzten. So verschrieben sie sich zum Beispiel dem gerade erst aufgekommenen Buchdruck. Graf Eberhard holte 1481 den Drucker Conrad Fyner aus Esslingen nach Urach. Hier konnte sogar hebräisch gedruckt werden, was sonst noch nirgends möglich war. In Tübingen begann erst 17 Jahre später der Buchdruck mit dem Meister Johann Ottmar.

Laienbruder des Stifts Einsiedel. Das aufgeschlagene Buch zeigt die lateinischen Worte »verbum Dei manet in aeternum« (Gottes Wort bleibt in Ewigkeit). Herzog Ulrich hat den Satz später als Wahlspruch der Reformation aufgegriffen.

Wegen ihrer Kleidung und ihrer auffallenden Kopfbedeckung hießen die Brüder vom gemeinsamen Leben die »blauen Mönche« oder die »Kappenherren«. Aber sie waren trotz ihrer Verdienste beim Volk nicht sehr beliebt, wahrscheinlich weil sie nicht aus dem Land stammten. Die Mönche und die Geistlichkeit standen ihnen ohnehin kritisch gegenüber, weil die Brüder ihnen stets als Beispiel vorgehalten wurden. Schon vierzig Jahre nach ihrer Gründung wurde in einer Aktion von Herzog und Papst die Gemeinschaft aufgehoben und die Gebäude anderen Zwecken zugeführt. Eberhard hatte den Einsiedel zu seiner Grablege bestimmt. Herzog Ulrich aber ließ seinen Sarg nach Tübingen bringen, wo er den Chor der Stiftskirche zur letzten Ruhestätte des Herzogshauses bestimmte.

Druckerwerkstatt. Die neu erfundene Kunst des Buchdrucks wurde zur Grundlage des geistigen Lebens.

Die Gründung der Universität Tübingen

Glanzpunkt der Wirksamkeit Graf Eberhards war die Gründung der Tübinger Universität im Jahre 1477. Seinen Wahlspruch »Attempto« (»Ich wag's«) hat die Universität bis heute festgehalten. Das Geld für die neue Einrichtung wurde aus dem Kirchengut genommen. Der Graf verlegte dazu einfach fast das ganze

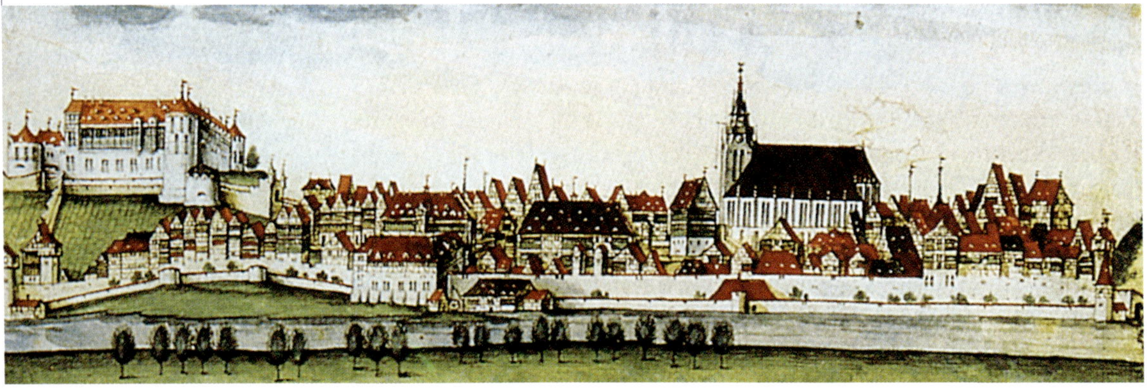

Tübingen. Links die Burg, in der Bildmitte Stift und Bursa; das hohe, schmale Haus links von der Stiftskirche war das Universitätsgebäude, heute Alte Aula.

Die Alte Bursa in Tübingen. Sie war Wohnheim für jüngere Studenten.

Chorherrenstift Sindelfingen nach Tübingen. Mit den reichen Pfründen der Chorherren konnten die Gehälter der künftigen Professoren bezahlt werden. Außerdem stiftete er noch die Einkünfte einiger Pfarrstellen, über die er verfügte. Zum Aufbau der Universität verpflichtete Eberhard vertraute Helfer und Ratgeber. Da war vor allem Abt Heinrich Fabri vom Kloster Blaubeuren. Er war mit Eberhard befreundet und beförderte die Gründung im päpstlichen Auftrag, der damals für ein solches Vorhaben Voraussetzung war. Am Blaubeurer Hochaltar sind links und rechts oben die Köpfe der beiden abgebildet. Den Propst Gabriel Biel aus Urach berief er als theologischen Lehrer nach Tübingen und bekam damit einen anerkannten Theologen für den wichtigsten Lehrstuhl. Eine Universität war damals vor allem auch eine Bildungsstätte der Kirche. Der erste Rektor wurde Johann Vergenhans. Er war Eberhards Lehrer gewesen und für diese Aufgabe geeignet wie kaum ein anderer. Der Gelehrte besaß ein umfassendes Wissen; zugleich war er ein weltkundiger Verwaltungsmann und leitete für ein Menschalter die Geschicke der jungen Universität. So blühte die Einrichtung auf und hatte bald den Ruhm, eine führende Hohe Schule in Deutschland zu sein.

In Tübingen fand auch der Humanismus sogleich eine, wenn auch bescheidene, Heimat. Der Humanismus brachte die damalige gebildete Welt in Bewegung. Diese neuartige Geistesströmung lenkte den Blick auf die Geschichte und die Bildungsideale des griechischen und lateinischen Altertums und wollte damit eine neue Bildung des menschlichen Geistes und Charakters herbeiführen. Eberhard selber hatte zu seinem Bedauern nie Latein gelernt. Aber er förderte die Anliegen der Humanisten. Er kam gerne nach Tübingen, stieg in dem einfachen Haus seines Kanzlers ab und war im Kreis der Gelehrten ein selbstloser Diener an einem großen Werk. Zu den Vertretern des Humanismus gehörten der Dichter und Rhetorikprofessor Heinrich Bebel aus Justingen, Johannes Reuchlin, der aus Pforzheim stammte und zu den Ratgebern Eberhards gehörte, sowie der junge Philipp Melanchthon aus Bretten, der von Tübingen nach Wittenberg berufen wurde, wo er seine Lebensaufgabe fand. Von Reuchlin stammte die erste hebräische Grammatik. Er hatte große Achtung vor dem jüdischen Schrifttum und bewahrte viele jüdische Werke in einem berühmt gewordenen Streit mit den Dominikanern vor der Vernichtung.

Die Reichsstädte am Vorabend der Reformation

In den Reichsstädten lebte eine selbstbewusste Bevölkerung, die mit dem kirchlichen Angebot durchaus unzufrieden war. Es gab Kirchen, Kapellen und Klöster in großer Zahl. Sie waren alle reichlich ausgestattet mit Altären, Bildern, Kelchen und Messgewändern. Geistliche Personen beiderlei Geschlechts stellten einen beachtlichen Teil der Bevölkerung. So war in Esslingen jeder hundertste Einwohner Pfarrer, Mönch oder Nonne, in Ulm sogar jeder sechzigste. Trotzdem fühlten sich die Bürger von der Kirche vernachlässigt. Das kam u.a. daher, dass viele Pfarrer nicht selber

Eberhard im Bart (links) und sein Vertrauter, der Abt Heinrich Fabri. Darstellung vom Hochaltar des Klosters Blaubeuren.

Darstellung des Ptolemäus im Ulmer Münster. Das Chorgestühl wurde von Jörg Syrlin geschaffen. Neben biblischen Gestalten zeigt es auch bedeutende Frauen und Männer aus der Antike, so hier den Geografen Ptolemäus mit einem Modell der Himmelssphären.
Hier zeigt sich der christliche Humanismus in seiner Verbindung von Antike und Christentum.

ihren Dienst versahen, sondern gegen eine kleine Bezahlung einen Stellvertreter einstellten. Es wurde nur wenig gepredigt, und die Messen wurden nur allzu oft »still« gefeiert, so dass die Teilnehmenden überhaupt nichts mitbekamen. Eine ganz herausgehobene Rolle spielten die Totenmessen. Sie wurden gegen gutes Geld als Fürbittgottesdienste für die Verstorbenen abgehalten, um ihnen die Fegefeuerqualen zu verkürzen. Diese Totenmessen nahmen ein solches Ausmaß an, dass sie zeitlich oft kaum mehr bewältigt werden konnten. Von nachdenklichen und wirklich gläubigen Menschen musste das als geistlicher Missbrauch empfunden werden. Die geistlichen Personen führten oft ein sehr anstößiges Leben. Man bekam den Eindruck, dass es ihnen nur um Geld und um ein angenehmes Leben ging. Gegen Geld konnte man bei der Kirche alles haben, sogar den »Ablass«. Der Ablass war eigentlich als eine Verkürzung der Strafzeit im Fegefeuer gedacht, die einem reuigen Sünder zuteil werden konnte. Gegen diese Missstände regte sich Widerstand bei den vielen Menschen, denen es ernst war mit den Fragen des Glaubens. Sie wollten vor allem das Wort Gottes hören. Durch Stiftungen unterstützt oder aus städtischen Mitteln bezahlt, richtete der Rat in vielen Städten Predigtstellen ein, auf welche »Prädikanten« berufen wurden. Das waren Theologen, die in der Lage waren, die Bibel auszulegen, was damals eher selten war. Obwohl die Wortgottesdienste nachmittags abgehalten wurden, waren sie gut besucht. Die Prädikanten wurden zu einflussreichen Persönlichkeiten in der Stadt. Eine wahre Volksbewegung lösten in Ulm die Predigten des Eberlin von Günzburg aus. Er stammte aus dem Franziskanerorden und war nach seiner Tätigkeit in Heilbronn und Tübingen als Prädikant nach Ulm berufen worden. Eberlin war ein eifriger Vertreter des Ideals der apostolischen Armut und übte freimütig Kritik am Zustand von Kirche und Welt: »Die Büberei ist so groß, dass um ihretwillen die Sonne nicht mehr in Ulm scheinen und kein Laub und Gras mehr wachsen sollte.« Solche Kritik wurde an höherer Stelle ungern gehört. Der Franziskanerorden musste auf päpstliche Weisung Eberlin von seiner Prädikantenstelle in Ulm abberufen. – Durch die Prädikanten war in den Reichsstädten der Boden für das Evangelium vorbereitet worden. Es war kein Zufall, dass hier wenige Jahre später die Reformation freudig begrüßt und angenommen wurde.

Prädikantengottesdienst. »Prädikant« heißt auf deutsch »Prediger«. Der Prädikantengottesdienst musste im Unterschied zur Messe nicht von einem Priester gehalten werden. Er umfasste Schriftlesung, Auslegung und Gebet.

Soziale Unruhen

Bauern hängen einen Ablasshändler. Holzschnitt aus dem 16. Jh.

In Württemberg war der soziale Friede gestört. Schon Eberhard im Bart hatte dem Volk große Opfer abverlangt. Mit Herzog Ulrich, der 1504 im Alter von 16 Jahren die Regierung übernahm, riss jedoch eine maßlose Verschwendung ein, die durch immer neue Abgaben finanziert werden musste. Das Maß war voll, als der Herzog die Gewichte verringern ließ, um damit bei gleichbleibenden Preisen eine erneute Verteuerung zu verschleiern. Das führte zu einem Aufruhr der Untertanen im ganzen Land, vor allem im Remstal. Sie nannten sich »Armer Konrad« und zogen in Beutelsbach mit den neuen Gewichten an die Rems, um ein Gottesurteil herauszufordern. Sie warfen die neuen Gewichte ins Wasser: Wenn Gott sie in Ordnung findet, soll er sie schwimmen lassen! Als sie untergingen, fühlten sich die Bauern von Gott bestätigt und zum Aufstand ermutigt. Aber sie wurden vom Herzog blutig niedergeschlagen. Das Land blieb in großer Unruhe zurück und hoffte auf eine grundlegende Veränderung.

Weitere Unruhe brachte eine Maßnahme, die noch auf Eberhard im Bart zurückging. In seinem Testament hatte er geschrieben, dass »zur Ehre Gottes« die Juden aus Württemberg vertrieben werden sollen. Knapp zwei Jahre nach Eberhards Tod, 1497, wurde diese Bestimmung durchgesetzt. Alle jüdischen Bürger mussten das Land verlassen. Ihren Besitz gaben sie zu Preisen ab, wie sie in einer solchen Notlage zu bekommen waren. Für viele wurde es ein Auszug ins Elend. Es war ein Unrecht, das auch dem Land großen Schaden brachte.

Aus dem Testament des Grafen Eberhard im Bart von Württemberg vom 26. Dezember 1492.

> Es ist auch unsere Ordnung und letzter Wille, dass unsere Erben in Zukunft in unserer Herrschaft keinen Juden sesshaft wohnen noch ein Gewerbe treiben lassen.

Reformation – der große Aufbruch

Die Zeit der Veränderungen

Das 16. Jahrhundert begann in ganz Europa mit Veränderungen auf vielen Gebieten. Große technische Erfindungen wurden gemacht. So ermöglichten verbesserte nautische Instrumente erstmals überseeische Entdeckungsfahrten wie die des Kolumbus 1492 oder die erste Weltumsegelung 1522. Feuerwaffen ersetzten Pfeil und Bogen und machten die gepanzerten Ritter arbeitslos. Als die weitreichendste technische Entwicklung sollte sich jedoch der Buchdruck erweisen. Bilder und Texte konnten nun schnell und in hohen Auflagen reproduziert werden. Es war die Geburtsstunde der Massenmedien. Für die kommenden Ereignisse sollte dies von ausschlaggebender Bedeutung werden.

Veränderungen gab es aber auch auf ganz anderen Gebieten, beispielsweise beim Wetter. In den Jahren zuvor war es sehr schlecht gewesen. Langen, strengen Wintern folgten kühle und feuchte Sommer. Das Ergebnis waren dürftige Ernten und Hungersnöte. Nun aber stiegen die Temperaturen und die Niederschläge ließen nach. Die Ernteerträge in Deutschland verbesserten sich. Dadurch verringerte sich das Hungerproblem. Die Menschen konnten jetzt ihren Blick über den alltäglichen Überlebenskampf hinaus auch auf andere Dinge richten. Eine ausreichende Lebensmittelversorgung bedeutete ja noch nicht, dass die Menschen nun völlig sorglos leben konnten. Die durchschnittliche Lebenserwartung war weiterhin niedrig. Sie lag bei ungefähr 32 bis 36 Jahren. Vor allem Infektionskrankheiten wie Tuberkulose, Pocken, Pest und Grippe, gegen die es noch keine Heilmittel gab, führten schnell zum Tod. Die Frage, was nach dem Tod kommen würde, lag den Menschen daher sehr nahe. Könnte die Seele im Jüngsten Gericht vor Gottes strengem Angesicht bestehen oder verfiel sie ewiger Verdammnis? Die Kirche versuchte darauf Antworten und Hilfen zu geben. Wer seine Taten in der Beichte bereute und stattdessen gute Werke vollbrachte, erlangte Vergebung. Auch durch Geldzahlungen konnte man von der Kirche einen Ablass erhalten, der künftige göttliche Strafen verringern half. Aber reichte dies alles wirklich aus, um nicht von Gott verworfen zu werden? Der als Theologieprofessor an der Universität Wittenberg lehrende Mönch Martin Luther hatte seine ganz persönlichen Zweifel daran.

»B« aus Totentanzalphabet. Selbst der Papst (damals »Babst« geschrieben) unterliegt dem Tod: Totentanzalphabete buchstabieren anschaulich die Erkenntnis durch, dass keiner dem Tod entrinnen kann.

Christus als Weltenrichter. Bevorzugte Themen der mittelalterlichen Prediger waren das Gericht am Ende der Zeit, die Schrecken der Hölle und die Freuden der Ewigkeit.

Luthers Entdeckung

Auch Luther war zunächst von großer Angst gegenüber einem strengen, auf Einhaltung aller seiner Gesetze pochenden Gott erfüllt. Nach langem Bibelstudium kam Luther aber zu der Erkenntnis, dass der Mensch gar nicht aus eigenem Antrieb und eigener Leistung vor Gott bestehen kann, sondern umgekehrt ganz alleine durch Gott gerettet wird. Dieses in Jesus Christus geoffenbarte Geschenk der Gnade wird vom Menschen im Glauben ergriffen, aber eben nicht durch eigene gute Werke verdient.

Luthers Erkenntnis stellte große Teile der bisher üblichen Vorstellungen über das Verhältnis des Menschen zu Gott förmlich auf den Kopf. Wenn Gott im Grunde ein liebender Gott ist, der den Menschen gnädig sein will, dann ist meine Angst unnötig. Bislang hatte aber die Macht der Kirche über die Gläubigen auch darin bestanden, dass nur über die Einrichtungen der Kirche und die Vermittlung ihrer Priester das Heil zu erlangen war. Luthers neue Auslegung der biblischen Texte kam dagegen zu dem Schluss, dass durch Christus jeder Mensch einen direkten Zugang zu Gott bekommen habe. Das bedeutete einen solchen Umsturz der bisherigen kirchlichen Lehre, dass eine Reformation der ganzen Kirche unumgänglich wurde.

Luther fasste seine Lehre in einer Reihe von grundlegenden Schriften zusammen. Der noch junge Buchdruck sorgte für ihre rasche Verbreitung in ganz Deutschland. Der Papst eröffnete nun einen Prozess gegen Luther, weil er Luthers Denken als Ketzerei

Das Altarbild von Lucas Cranach in der Wittenberger Stadtkirche zeigt nicht nur Martin Luther auf der Kanzel, sondern macht auch den Inhalt seiner Predigt deutlich: Die reformatorische Predigt stellt den gekreuzigten Christus in den Mittelpunkt des Glaubens.

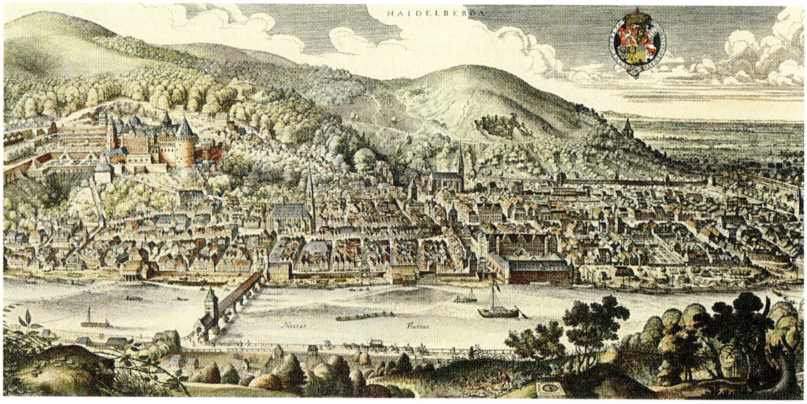

Heidelberg. Hier gewann Luther bei einem Besuch 1518 viele junge Theologen für seine Auffassungen, darunter Johannes Brenz und Martin Bucer.

Herzog Ulrich von Württemberg (1504–1550). Ölbild aus dem späten 16. Jahrhundert.

ansah. Auch der deutsche Kaiser Karl V. suchte die Kirche gegen die Kritik Luthers zu schützen. 1521 verbot er auf dem Reichstag in Worms im »Wormser Edikt« Luthers Lehre, was einem Todesurteil gegen ihn gleichkam. Luther blieb jedoch in Freiheit und kämpfte weiter für die Sache des Evangeliums.

Die Ausbreitung der Reformation nach Süddeutschland

Persönlich ist Luther nie nach Württemberg gekommen, wohl aber seine Schriften, darunter jene berühmten Thesen gegen den Ablass, die er 1517 an die Tür der Wittenberger Schlosskirche angeschlagen hatte. 1518 stellte Luther auf einer Versammlung seines Ordens der Augustiner-Eremiten in Heidelberg die Kernsätze der neuen Lehre vor. Nicht nur Mitbrüder des Ordens nahmen an dieser Diskussion teil, sondern auch andere Interessierte. Vor allem die junge Generation zeigte sich von Luther begeistert. Bald bildeten sich an verschiedenen süddeutschen Universitäten Kreise von Anhängern Luthers, die seine Lehre weiterverbreiteten. Das Gleiche wiederholte sich in den Bürgerschaften der Reichsstädte Straßburg, Ulm, Esslingen, Schwäbisch Hall, Ravensburg und Konstanz. Im Herzogtum Württemberg sah die Lage freilich anders aus. 1519 war Herzog Ulrich von Württemberg als gefährlicher Unruhestifter von einem Bündnis benachbarter Fürsten und Städte, dem »Schwäbischen Bund«, aus seinem Land vertrieben worden. Das Herzogtum wurde nun von einer österreichischen Regierung unter Erzherzog Ferdinand, dem jüngeren Bruder Kaiser Karls V., verwaltet. Ferdinand nahm es natürlich mit der Einhaltung des »Wormser Ediktes« sehr genau. So kam die Sache Luthers im Herzogtum selber kaum voran, dafür aber umso mehr in den Reichsstädten, die als selbstständige kleine Stadtstaaten mitten im Herzogtum oder an seinem Rande verstreut lagen und über die der Erzherzog keine Macht hatte.

Die Reichsstadt Reutlingen machte den Anfang

Die Reutlinger beriefen 1521 Matthäus Alber zum Prediger. Alber stammte aus Reutlingen, deshalb kannten und vertrauten ihm viele Bewohner, besonders als er nun auf neue, reformatorische Weise predigte. Empört warf die Regierung Erzherzog Ferdinands den Reutlingern vor, den Willen des Kaisers zu missachten. Während der Reutlinger Rat noch unschlüssig über das weitere Vorgehen war, stellte ihn seine eigene Bürgerschaft vor vollendete Tatsachen. An Pfingsten 1524 brannte es in Reutlingen, weshalb sich die Bürgerschaft zum Feuerlöschen versammelte. Anschließend blieb man aber auf dem Marktplatz zusammen und beriet gleich die Sache mit Alber weiter. Der Rat der Stadt sollte Alber und das von ihm gepredigte Gotteswort schützen. Dieser Beschluss wurde im »Reutlinger Markteid« feierlich besiegelt. Mit solchem Rückhalt in der Bevölkerung wagte Alber weitere Schritte. Er hielt nun den Gottesdienst in einer neuen Form, nämlich mit dem Abendmahl in »beiderlei Gestalt«. Das bedeutete, dass der Pfarrer nicht nur das Brot, sondern beides, Brot und Wein, als Zeichen der Gegenwart Christi an die feiernde Gemeinde austeilte. Die Gemeinde empfing damit ein Recht, das bislang nur die Priester besessen hatten.

Matthäus Alber (1495–1570). Ausschnitt aus dem Epitaph (Totengedenktafel) in der Stadtkirche in Blaubeuren.

Da auch viele Württemberger Albers Gottesdienste besuchten, begann Erzherzog Ferdinand zu handeln. Er befahl Alber zu einem Verhör vor eine hochrangige Kommission des Reiches. Andere Reichsstädte stellten sich aber schützend auf die Seite Reutlingens. Die Städte waren zwar militärisch nicht sehr mächtig, aber sie waren wichtige und einflussreiche Wirtschaftsplätze. Deshalb wollte es sich die Reichskommission wegen eines einzelnen Predigers nicht mit den Städten verderben. Alber wurde wieder nach Hause geschickt. Er erarbeitete nun die Ordnung für ein neues Kirchenwesen, die von Luther schriftlich gebilligt wurde. Damit konnte die Reformation in Reutlingen weitergehen. Alber führte in Reutlingen die Gottesdienstform ein, die später auch in Württemberg übernommen wurde. Sie geht zurück auf den spätmittelalterlichen Predigtgottesdienst, nicht auf die Messe wie in anderen Gegenden.

Ähnlich wie in Reutlingen ging es in anderen Reichsstädten im heutigen Württemberg zu. Eine erste, noch kleine Gruppe von Lutheranhängern unter den Bürgern sorgte für die Berufung eines evangelischen Predigers. Dessen Predigt führte zu praktischen Veränderungen: Bisherige kirchliche Sitten und Gebräuche wurden zurückgedrängt oder ganz abgeschafft, beispielsweise die Verehrung der Heiligen, das Fasten, Wallfahrten und die seither übliche Form der Beichte. Im Gottesdienst wurden immer mehr Teile in deutscher Sprache gehalten, die Austeilung des Abendmahls erfolgte unter »beiderlei Gestalt«. Freilich gab es auch lokale Unterschiede: In Städten wie Reutlingen drängte die Bürgerschaft den Rat der Stadt dazu, die kirchlichen Reformen zu unterstützen. In Ulm und Esslingen dagegen bestimmte der Rat das Tempo und ließ – schon aus Rücksichtnahme gegenüber dem Kaiser und den Vertretern der bisherigen Kirche – die reformatorische Bewegung nur zögernd gewähren. Hier kam die Reformation dann auch sehr viel später zum Erfolg. In anderen Reichsstädten wie Rottweil, Schwäbisch Gmünd und Weil der Stadt konnte sich die Reformation dagegen nicht durchsetzen.

Ulrich Zwingli (1484–1531), der Reformator Zürichs.

Die Reformation gerät in die Krise

Inzwischen warfen andere Ereignisse große Schatten auf die weitere Entwicklung der lutherischen Reformation. Im schweizerischen Zürich hatte 1522 Ulrich Zwingli mit einer eigenen und von Luther unabhängigen Reformation begonnen. Natürlich kannte Zwingli die Schriften Luthers, an vielen Punkten hatte er aber andere Ansichten. Zwingli und seine Anhänger legten weniger Wert auf die theologische Lehre, sondern erstrebten den Aufbau einer christlichen Gemeinde, in der Gottes Gebote streng befolgt werden sollten. Zudem gab es Unterschiede in der Bewertung des Abendmahls. Während für Luther im Abendmahl Christus anwesend war, feierte es Zwingli im Sinne einer bloßen Erinnerung an das Heilshandeln Christi am Kreuz.

Wie Luther, so suchte jetzt auch Zwingli nach Unterstützung im süddeutschen Raum. Manche der neuen evangelischen Predi-

Bauern plündern das Kloster Weißenau. Zeichnung aus der zeitgenössischen Chronik des Abtes Jakob Murer.

ger in den Städten erkannten die jeweiligen Vorzüge der beiden reformatorischen Programme und versuchten, sie miteinander zu verbinden. So entstand neben Luther und Zwingli eine dritte, vermittelnde Richtung; man nannte sie »Oberdeutsche Theologie«, weil sie sich vor allem in den Reichsstädten im oberdeutschen, also dem süddeutschen Raum und in Straßburg ausbreitete.

Der Bauernkrieg

Die neue evangelische Lehre beschäftigte bald alle Schichten der Bevölkerung, nicht nur die Bürger oder die Fürsten. In Süddeutschland hatten die Bauern schon seit langer Zeit immer wieder Freiheitsforderungen erhoben. Sie verlangten die Aufhebung

Das grausame Strafgericht der Sieger über die Bauern. Hinrichtung des Bauernführers Jäcklein Rohrbach am 21. Mai 1525 in Neckargartach durch langsames Verbrennen. Zeichnung aus Peter Harers »Beschreibung des Bauernkriegs« 1551.

der Leibeigenschaft, eine Verringerung der Fronarbeit und der vielen Abgaben, sowie die freie Verkündigung des Evangeliums. Die Bauern hofften auf die Unterstützung Luthers, der ja von der Freiheit des Christen gesprochen hatte. Doch die Bauern begannen ihre Forderungen mit Gewalt durchzusetzen. 1524 erhoben sich die Bauern im Südschwarzwald gegen ihre Herrschaften. 1525 griff die Bewegung auf Oberschwaben über und breitete sich als Bauernkrieg wie ein Flächenbrand über den ganzen süddeutschen Raum aus. Auch in Thüringen und anderen Orten begannen Bauernaufstände. Die süddeutschen Bauern riefen Luther und andere Reformatoren zu Schiedsrichtern über ihre Forderungen auf. Luther anerkannte viel Richtiges in den Wünschen der Bauern, aber er lehnte es ab, dass die Bauern politische Forderungen mit dem Evangelium rechtfertigten und gewaltsam durchzusetzen versuchten. Auch andere Reformatoren distanzierten sich von den Bauern. Für sie, die meistens die bäuerlichen Verhältnisse gar nicht kannten, war ein Aufstand gegen Fürsten mit dem Zusammenbruch aller Ordnung gleichzusetzen. Davon wollten sie nichts wissen. Nach einigen Anfangserfolgen traf die Bauern in Württemberg der militärische Gegenschlag der überlegenen Truppen des Schwäbischen Bundes. In der Schlacht bei Böblingen wurden sie am 12. Mai 1525 vernichtend geschlagen. Fast dreitausend Bauern kamen dabei ums Leben. Flüchtende Bauernführer und auch 40 evangelische Prediger, die auf der Seite der Bauern gestanden hatten, wurden aufgespürt, verurteilt und hingerichtet. Den Bauern an den anderen Brennpunkten des Bauernkrieges ging es nicht besser. Überall triumphierten auf blutige Weise die Regierenden.

Weil die Bauern ihre Forderungen mit dem Evangelium begründeten, wurde der Bauernkrieg von vielen Zeitgenossen als Folge der Reformation Luthers aufgefasst. Dass Luther sich schließlich von den Bauern distanziert hatte, konnte diesen Eindruck nicht entkräften. Gegner Luthers fühlten sich vielmehr in ihrer Ablehnung der lutherischen Lehre bestätigt, weil diese nur den Umsturz der alten Werte zum Ziel habe. Auch manche wohlwollend zu Luther stehenden städtischen Räte und Fürsten bekamen es mit der Angst zu tun, als sie sahen, dass sich ihre Untertanen aus der Bibel und den reformatorischen Lehren Argumente zu Forderungen nach mehr Freiheit besorgten. Man beschloss, den Verlauf der Reformation künftig besser von »oben« her, also von Seiten der Regierenden, zu kontrollieren und womöglich zu bremsen.

Das Augsburger Bekenntnis

Mittlerweile wurden auch die Gräben zwischen den Anhängern der Reformation und denen der alten, der katholischen Kirche immer tiefer. Vergeblich versuchte man auf höchster politischer Ebene, auf den Reichstagen, zu einem Ausgleich zu kommen. Die katholische Seite beharrte auf der Durchführung des Wormser Edikts. Dagegen protestierten die Evangelischen 1529 auf dem Reichstag zu Speyer. Seitdem wurden sie deshalb auch »Protestanten« genannt. Auf dem Reichstag zu Augsburg 1530 legten die Evangelischen dem Kaiser ihr Glaubensbekenntnis vor, das »Augsburger Bekenntnis«. Kaiser Karl V. aber ging nicht darauf ein. Allmählich drohte sogar eine militärische Auseinandersetzung zwischen beiden Lagern. In dieser Situation suchte natürlich jede Seite nach Verbündeten, um die eigene Position zu stärken. Das kam auch dem aus seinem Lande verjagten Herzog Ulrich von Württemberg zugute. Während der Zeit in der Fremde hatte er sich der Reformation zugewandt. Mit Hilfe des ebenfalls auf Seiten der Reformation stehenden Landgrafen Philipp von Hessen riskierte der Herzog 1534 die Rückeroberung seines Landes. Nach einer siegreichen Schlacht gegen österreichische Soldaten und Truppen des Schwäbischen Bundes bei Lauffen a.N. konnte er wieder in Stuttgart einziehen. Ferdinand, inzwischen zum König von Böhmen gewählt, musste im böhmischen Kaaden mit Ulrich Frieden schließen und gab ihm nun auch offiziell sein Land wieder zurück.

Ausschnitt aus einem »Konfessionsbild«, das an die Übergabe der Augsburger Konfession an Kaiser Karl V. erinnert. Gezeigt werden neben Luther (der auf dem Reichstag gar nicht anwesend war) die Vertreter der Reichsstädte, die das Bekenntnis unterzeichneten, darunter auch Reutlingen.

Die Reformation in Württemberg

Herzog Ulrich stand vor einem Problem. Im Norden Württembergs überwog der lutherische Einfluss, im Süden der Zwinglis. Ulrich beauftragte deshalb gleich zwei bedeutende Theologen mit der Durchführung der Reformation: Erhard Schnepf war Lutheraner. Er sollte sich um den Norden des Herzogtums kümmern. Ambrosius Blarer, der Reformator von Konstanz, gehörte zum oberdeutschen Lager und stand der Richtung Zwinglis nahe. Er war für den südlichen Landesteil verantwortlich. Die Grenze wurde durch die Stuttgarter »Weinsteige« markiert. Das Gebiet »unter der Steig« gehörte zu Schnepfs Bereich, im Gebiet »ob der Steig« amtierte Blarer.

Erhard Schnepf (1495–1558). Epitaph von Peter Gotland in der Stadtkirche zu Jena. Schnepf ist auf der linken Seite dargestellt, hinter ihm seine Söhne. Rechts seine Frau mit den drei Töchtern.

Ambrosius Blarer (1492–1564). Zeitgenössischer Holzschnitt.

Blarer und Schnepf gingen zunächst daran, sich über den Stand der Reformation in Württemberg zu informieren. Jeder Pfarrer wurde befragt, ob er künftig evangelisch predigen wolle oder nicht. Eine große Mehrheit der Pfarrer lehnte das rundweg ab und musste das Land verlassen. Andere zeigten sich zwar willig, waren aber überhaupt nicht fähig, ordentlich zu predigen. Das Fehlen geeigneter Pfarrer machte sich daher bald schmerzhaft bemerkbar. Um diesem Mangel auf Dauer abzuhelfen, wurde 1536 in Tübingen eine besondere Ausbildungsstätte für angehende Theologen gegründet, das »Herzogliche Stipendium«. Es ermöglichte begabten männlichen Landeskindern ein Studium auf Staatskosten. Die jeweilige soziale Herkunft spielte dabei keine Rolle, sondern allein die Befähigung für den künftigen Pfarrdienst. Da sich dieses System bewährte, besteht die Bildungseinrichtung des »Tübinger Stifts« bis heute. Freilich zahlt das Stipendium inzwischen nicht mehr der Staat, sondern die Württembergische Landeskirche.

Was aber war nun eigentlich der Inhalt einer »richtigen« evangelischen Predigt, was mussten die Württemberger von der reformatorischen Lehre wissen? Um Klarheit zu schaffen, arbeiteten Blarer und Schnepf deshalb für die künftige evangelische Landeskirche eine neue Ordnung aus. Zu ihrer Unterstützung berief Herzog Ulrich auch zeitweise den Reformator der Reichsstadt Schwäbisch Hall, Johannes Brenz. Dieser war eine herausragende Persönlichkeit: ein überzeugender Prediger, ein begabter Gelehrter und ein für die damalige Zeit sehr toleranter Mann. Theologisch stand er Luther nahe. Nach gemeinsamer Anstrengung erschien 1536 die erste »Württembergische Kirchenordnung«. Sie legte fest, dass allein die Bibel Maß und Richtschnur für Kirche und Gottesdienst sein sollte. Dann regelte sie den Ablauf des Gottesdienstes, die Zahl der Feiertage, die Form der Abendmahlsfeiern, Taufen, Trauungen und Tröstung der Sterbenden. In den äußeren Abläufen konnte sich häufig Blarer mit den oft sehr nüchternen oberdeutschen Vorstellungen durchsetzen, die bis heute charakteristisch sind für den Ablauf der Sonntagsgottesdienste in Württemberg. Inhaltlich freilich kamen meistens die lutherischen Vorstellungen von Brenz und Schnepf zum Tragen.

Die Kirchenordnung regelte jedoch nicht alles. Für den Unterricht der Kinder in der neuen kirchlichen Lehre brauchte man beispielsweise ein geeignetes Lehrbuch, einen sogenannten »Katechismus«. Luther hatte einen solchen geschrieben, aber den

Gemein kirchen ordnung / wie die diser zeit allenthalb im Fürstenthumb Wirtemberg gehalten soll werden.

Anno M. D. XXXVI.

Titelblatt der württembergischen Kirchenordnung 1536.

Das Tübinger Stift heute. Der Grundriss des ehemaligen Augustinerklosters ist noch gut zu erkennen.

Katechismus. Lehrbuch, in dem die christlichen Glaubensinhalte in Frage- und Antwortform dargestellt werden.

wollte man nicht einführen, um die Anhänger Zwinglis und der oberdeutschen Richtung in Württemberg nicht zu verärgern. Als glänzender Ersatz bot sich stattdessen ein Katechismus an, den Johannes Brenz bereits für die Schwäbisch Haller Kinder verfasst hatte. Der Brenzsche Katechismus behandelte die sechs grundlegenden Glaubensstücke (Taufe, Glaubensbekenntnis, Vaterunser, Zehn Gebote, Abendmahl, Schlüssel des Himmels) knapp und präzise in 15 Fragen und Antworten.

Jedermann soll das heilige Wort Gottes und die Predigten jeden Sonn- und Feiertag besuchen und besonders sollen alle Hausväter und -mütter ihre Kinder, Knechte und Mägde samt den anderen Hausgenossen an den genannten Tagen anhalten, dass sie wenigstens einmal die Predigt hören. Denn wer hierin auf fahrlässige Weise selbst oder durch sein Hausgesinde säumig wird, soll das erste Mal um 10 Schilling, das andere Mal um einen Gulden, das dritte Mal um zwei Gulden und so fort, jedesmal einen Gulden mehr, gestraft werden. Wer das Geld nicht geben kann, soll für einen Gulden vier Tage und vier Nächte bei Wasser und Brot im Turm unweigerlich gestraft werden.

Aus Herzog Ulrichs Württembergischer Landesordnung vom 1. Juni 1536.

Das Verhältnis von Kirche und Staat

Die vielen theologischen Gespräche und fruchtbaren Arbeiten der Reformatoren konnten freilich nicht darüber hinwegtäuschen, dass der Staat, also Herzog Ulrich und seine Regierung, sehr stark in die Ausgestaltung der neuen Kirche und auch in das Leben der Gläubigen selber eingriff. Im Gegensatz zur katholischen Kirche gab es in den evangelischen Kirchen keine Bischöfe, auch keine zentrale Gesamtleitung wie den Papst in Rom, der für die Gesamtheit der katholischen Weltkirche verbindliche Anordnungen erlassen konnte. Stattdessen handelten nun die Fürsten als »Notbischöfe«. Sie sorgten für die Ausbreitung und Festigung der Reformation in ihren Ländern und Gebieten, aber sie beanspruchten dafür auch die Leitung der Kirche. Die meisten Menschen hielten das damals für durchaus richtig, auch wenn es uns heute befremdet, wie sehr der Staat das Alltagsleben seiner Untertanen kontrollierte. So erließ Herzog Ulrich 1536 eine besondere »Landesordnung«. Neben Artikeln, die kriminelle Vergehen betrafen, enthielt sie eine Reihe von Vorschriften, die das moralische Verhalten der Untertanen regelten. So wurde zum regelmäßigen Gottesdienstbesuch aufgefordert und das Spazierengehen oder der Wirtshausbesuch während der Gottesdienstzeiten streng verboten. Verboten war auch das Fluchen, Gotteslästern, überhöhter Luxus bei Hochzeiten und sogar das Sich-Verkleiden, was das Ende des traditionellen Fastnachtsbrauchtums in Württemberg bedeutete. Über die Einhaltung dieser und vieler weiterer Vorschriften wachten nun nicht nur die herzoglichen Beamten, sondern auch die Pfarrer. Sie mussten künftig solche offiziellen Ermahnungen und Regelungen von der Kanzel aus verlesen und den Behörden melden, wenn ein Gemeindeglied gegen die staatlichen Ordnungen verstieß. Damit wurden die Pfarrer zum ver-

Konfessionsbild aus Ulm-Jungingen. Das Bild zeigt die verschiedenen gottesdienstlichen Handlungen in der Evangelischen Kirche: Im Vordergrund die Austeilung des Abendmahls in beiderlei Gestalt, es folgen Taufe, Beichte, Predigt, Trauung, Katechismusunterricht und Kirchenmusik. Oben rechts ist die Übergabe des Augsburger Bekenntnisses an Kaiser Karl V. 1530 dargestellt. Die einzelnen Handlungen werden durch biblische Zitate erläutert.

längerten Arm des Staates, was das Verhältnis zwischen ihnen und ihren Gemeinden sehr oft belastete.

Ein weiteres Problemfeld, auf dem sich der Staat große Mitspracherechte sicherte, betraf die wirtschaftliche Situation der Kirche. Bisher hatte sich das Vermögen der Kirche und der einzelnen Pfarreien aus vielen Quellen gespeist. Dazu gehörten die Abgabe des Zehnten, fromme Stiftungen und Opfer sowie Erträge aus Grundbesitz. Von diesen Einnahmen wurden die Pfarrer bezahlt, die Kirchengebäude unterhalten, aber auch sehr viele soziale Aufgaben finanziert, denn eine staatliche Sozialfürsorge gab es noch nicht. Ab 1536 regelte nun eine entsprechende »Kastenordnung« die Verwaltung und Verwendung der bisherigen kirchlichen Vermögenswerte. Die Pfarrer wurden jetzt vom Staat bezahlt. Die Gemeinden mussten für die Armenfürsorge, die Schulen und den Erhalt der Kirchengebäude aufkommen. Überschüsse flossen in die Staatskassen.

Der heilige Antolianus von Plattenhardt. Die Bürger von Plattenhardt wollten »ihren« Heiligen nicht hergeben. Sie mauerten ihn in der Kirchenmauer ein, wo er erst 1964 entdeckt wurde.

> Du sollst dir kein Bildnis noch irgendein Abbild machen. … Bete sie nicht an und diene ihnen nicht.
>
> 2. Mose 20,4–5

Um die Einhaltung aller dieser Ordnungen zu überprüfen, wurden im ganzen Land »Visitationen« durchgeführt. Dabei besuchte eine hohe Regierungskommission jede Gemeinde. Dieser Kommission gehörten in der ersten Zeit entweder Blarer oder Schnepf als Theologen an, dazu von staatlicher Seite ein adliger Beamter mit Verwaltungserfahrung. Sie untersuchten jeden Ort ganz genau. War der Pfarrer für sein Amt geeignet, waren es die herzoglichen Beamten? Öffnete sich die Gemeinde der neuen reformatorischen Lehre oder hing sie immer noch der alten katholischen Kirche an? Wie stimmte es mit der Moral und den Finanzen? Diese später regelmäßig durchgeführten Visitationen entwickelten sich zu einem gut funktionierenden Aufsichtssystem über die Gemeinden.

Der Uracher »Götzentag«

Trotz dieser ersten Ordnungsversuche gab es für die noch junge evangelische Landeskirche keine Ruhe. Das scheinbar konstruktive Miteinander von Schnepf und Blarer, also von Lutheranern und Oberdeutschen, zerbrach sehr schnell. Jede Partei unterstellte der anderen, Württemberg doch ganz auf die eigene Seite bringen zu wollen. Ein Streitpunkt war beispielsweise die »Bilderfrage«. Blarer hatte entsprechend der oberdeutschen und zwinglischen Überzeugung in seinem Reformationsgebiet die Altäre und Heiligenbilder aus den Kirchen entfernen lassen. Er berief sich dabei auf das alttestamentliche Bilderverbot. Das Göttliche sei allein geistig vorstellbar und nur die fremden Götter, die Götzen, ließen sich in der Gestalt von Bildern und Statuen anbeten. Die Lutheraner konnten sich natürlich auch nicht mehr mit den Bildern von Heiligen anfreunden, aber sie wollten die Altäre in den Kirchen behalten. Auch gegen Bilder mit unverfänglichen Darstellungen biblischer Geschichten hatten sie nichts einzuwenden. Deshalb verhandelten die Theologen beider Seiten 1537 auf dem »Götzentag« in Urach über die Bilderfrage. Sie konnten sich jedoch nicht einigen und überließen schließlich dem Herzog die letzte Entscheidung darüber. Die Entscheidung fiel erst 1540 zugunsten Blarers aus, ohne dass sie freilich ganz durchgeführt wurde. In vielen Fällen blieben zumindest Emporenschmuck und Deckengemälde erhalten.

Die Niederlage der Protestanten

Blarer konnte sich über seinen Erfolg im Bilderstreit nicht mehr freuen. Gegen die Lutheraner verlor er immer mehr an Einfluss. 1538 wurde er entlassen. Auch Schnepf blieb nicht auf seinem Posten. Der Streit zwischen den Theologen und den herzoglichen Beamten um den jeweiligen Einfluss in der Kirche zermürbte ihn. 1544 übernahm er eine Theologieprofessur in Tübingen. Dafür aber geriet das Herzogtum nun in den Sog der großen Reichspolitik. 1546 nämlich versuchte Kaiser Karl V., die Reformation mit militärischen Mitteln zurückzudrängen. Die Protestanten verloren den Krieg und mussten sich dem Kaiser unterwerfen. Dessen Truppen besetzten auch Württemberg. Viele evangelische Pfarrer flohen, an ihre Stelle traten wieder katholische Priester. Der Kaiser erließ eine vorläufige Kirchenordnung, das »Interim«, das auf eine weitgehende Wiederherstellung der Verhältnisse vor der Reformation hinauslief. Der Kaiser kam mit seinen Maßnahmen dennoch zu spät. Die katholische Kirche besaß nicht mehr die Möglichkeiten, um alle Pfarreien neu zu besetzen; die Mehrheit der Bevölkerung wollte sich auch nicht mehr von ihrem evangelischen Glauben abbringen lassen. Im Augsburger Religionsfrieden von 1555 wurde schließlich die gleichberechtigte Stellung von katholischer und evangelisch-lutherischer Kirche im Deutschen Reich endgültig anerkannt. Die Reformierten blieben davon ausgeschlossen.

Interim. Das Interim (lateinisch »inzwischen, vorläufig«) sollte bis zum Beschluss eines Konzils gelten. Unter anderem wurde die katholische Messe wieder eingeführt. Den Evangelischen wurde lediglich das Abendmahl in Brot und Wein und die Ehe der Geistlichen zugestanden.

Augsburger Religionsfrieden. Mit der Formel cuius regio, eius religio (Wes die Herrschaft, des die Religion) wurde ausgedrückt, dass die Landesherrschaft die Konfession ihrer Untertanen bestimmt.

Der kirchliche Neubeginn unter Herzog Christoph

Herzog Ulrich erlebte den Augsburger Religionsfrieden nicht mehr. Er starb 1550. Sein Sohn und Nachfolger Herzog Christoph stand nun vor der schwierigen Situation, nach der Zeit des Interims die evangelische Kirche in Württemberg neu zu ordnen. Er war jedoch ein sehr kluger und weitblickender Fürst. So traf Christoph gleich zu Beginn eine wichtige Personalentscheidung. Er berief Johannes Brenz zum führenden evangelischen Geistlichen des Herzogtums. Brenz hatte sich bereits in Schwäbisch Hall als fähiger Reformator und als ein hervorragender Organisator erwiesen, zudem kannte er die Verhältnisse in Württemberg sehr gut. Die gemeinsame Aufgabe führte bald zu einem vertrauensvollen Miteinander zwischen Herzog Christoph und Brenz.

Herzog Christoph von Württemberg (1550–1568).

Mainz
Rhein
Nahe
Glan
Main
Würzburg
Worms
Tauber
Heidelberg
Neckar
Speyer
Rezat
Kocher
Jagst
Schwäbisch Hall
Heilbronn
Altmühl
Rhein
Lauter
Enz
Wörnitz
Ellwangen
Murg
Rems
Enz
Schwäbisch Gmünd
Esslingen
STUTTGART
Nagold
Fils
Straßburg
Neckar
Tübingen
Reutlingen
Ill
Kinzig
Ulm
Donau
Augsburg
Blau
Rottweil
Wertach
Elz
Brigach
Donau
Biberach
Dreisam
Buchau
Breg
Riß
Iller
Rhein
Wutach
Leutkirch
Schussen
Ravensburg
Lech
Isny
Argen
Bodensee
Konstanz
Basel
Rhein
Thur
Legende:
Bistumsgrenzen
evangelisch
katholisch
gemischt
Aare
Reuß
Zürichsee
Ill

Vieles, was unter Herzog Ulrich organisatorisch nur in Ansätzen eingerichtet worden war, erhielt nun seine endgültige Form. Die württembergische Kirche wurde jetzt hierarchisch von oben nach unten gegliedert. Im Namen und im Auftrag des Herzogs wurde die Landeskirche durch den Kirchenrat, der später Konsistorium genannt wurde, geleitet und verwaltet. An der Spitze des Kirchenrats, der Theologen und Juristen umfasste, standen der Direktor, ein hoher weltlicher Beamter, und der Propst der Stuttgarter Stiftskirche. Das Instrument der Kirchenleitung war die Visitation. Dies waren die einmal jährlich stattfindenden Besuche in den Gemeinden, die die Spezialsuperintendenten (Dekane) zu machen hatten. Über diese Besuche mussten sie den Generalsuperintendenten (Prälaten) berichten, die ihrerseits zusammen mit dem Kirchenrat im sogenannten Synodus über diese Berichte berieten. So war man im Kirchenrat stets über die Entwicklungen in der ganzen Landeskirche unterrichtet. Die Beschlüsse, die der Synodus jeweils fasste, gingen dann als herzogliche Befehle an Pfarrer und Gemeinden. Auch die kirchliche Finanzverwaltung wurde neu geordnet. Unter Herzog Ulrich war hier viel Missbrauch getrieben worden, da der Herzog oft seine Schulden aus Mitteln des Kirchengutes bezahlt hatte. Diesen Übergriffen wurde ein Riegel vorgeschoben, indem das Kirchengut von den weltlichen Kassen getrennt und selbstständig verwaltet wurde. Dies war um so wichtiger, als nun nach dem Augsburger Religionsfrieden auch die Zukunft der noch bestehenden Mönchs- und Nonnenklöster im Lande endgültig geregelt werden konnte. Hier ging es ebenfalls um ganz erhebliche Vermögenswerte. Dabei trafen Herzog Christoph und Brenz eine wichtige Entscheidung. Die Klöster wurden nicht aufgehoben, sondern zu Klosterschulen umgewandelt. Hier erhielten die künftigen evangelischen Pfarrer ihre schulische Ausbildung. In Maulbronn und Blaubeuren haben sich zwei dieser Klosterschulen bis heute erhalten. Zu ihrer Leitung wurden von Herzog Christoph evangelische Theologen eingesetzt, die den Titel »Prälat« erhielten. Sie führten die Aufsicht über die jeweilige Klosterschule und vertraten das dazu gehörende Klosteramt im Landtag.

Auch das übrige Schulwesen wurde erneuert und großzügig ausgebaut; es diente bald als Vorbild für andere deutsche Länder. Neben den Klosterschulen eröffneten Lateinschulen den Weg zur Universität. In den Dörfern gab es »Deutsche Schulen«, die auch

Johannes Brenz (1499–1570). Aus dem Epitaph in der Stuttgarter Stiftskirche.

Ein Alpirsbacher Klosterschüler zeichnete einen Mitschüler um 1580. Im Kloster Alpirsbach war von 1556 bis 1595 eine Klosterschule eingerichtet.

Gegenüberliegende Seite: Konfessionen um 1580 auf dem Gebiet der heutigen Landeskirche.

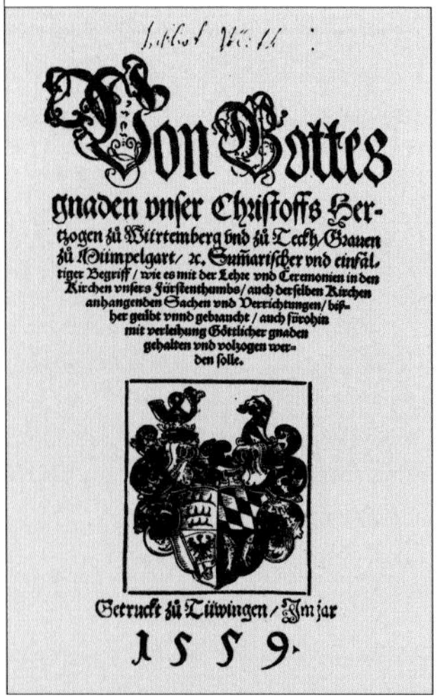

Von Gottes gnaden vnser Christoffs Hertzogen zů Würtemberg vnd zů Teckh/Grauen zů Mümpelgart/ ꝛc. Sumarischer vnd einfältiger Begriff / wie es mit der Lehre vnd Ceremonien in den Kirchen vnsers Fürstenthumbs/ auch derselben Kirchen anhangenden Sachen vnd Verrichtungen/ bißher geübt vnnd gebraucht / auch fürohin mit verleihung Göttlicher gnaden gehalten vnd volzogen werden solle.

Getruckt zů Tüwingen / Im jar 1559.

Große Württembergische Kirchenordnung 1559.

von Mädchen besucht wurden. Mit Hilfe des Katechismus und regelmäßiger Bibellektüre wurden die Schüler zu bewusst evangelischen Christen erzogen.

1559, am 25. Jahrestag der Einführung der Reformation in Württemberg, konnte schließlich die »Große Württembergische Kirchenordnung« erscheinen. In ihr wurden alle seit Einführung der Reformation in Württemberg erlassenen Ordnungen zusammengefasst, welche Kirche, Glauben, Gottesdienst, Schulen, Ehe, Armen- und Medizinalwesen betrafen. Diese Ordnung bedeutete für die neue evangelische Landeskirche eine feste und in die Zukunft weisende Grundlage. Die Epoche der Reformation in Württemberg war damit abgeschlossen.

Die Luftaufnahme vom Zentrum Stuttgarts (1923) zeigt die enge Verbindung von Kirche und Staat im alten Württemberg.

1 Altes Schloss. Älteste Teile mit der Stadtmauer zusammen erbaut etwa 1320–1340.
2 Stiftskirche. Älteste Teile aus dem 13. Jh., nach 1329 Erweiterung um den gotischen Chor. Unter dem Chor wurden seit 1321 die Angehörigen der Grafenfamilie begraben (Erbbegräbnis). Die Grablege war vorher im 15 km entfernten Beutelsbach im Remstal.
3 Alte Kanzlei. Erbaut um 1460, im 16. Jh. erweitert.
4 Propstei. Dienstwohnung des Stiftspropstes (Brenz und seine Nachfolger) als oberste Geistliche des Landes.
5 Stiftsfruchtkasten. Speicher für Naturaleinkünfte des Stifts Stuttgart, vor allem für das Getreide.

Aus der Zeit des Großen Krieges

Friedensjahre

50 Jahre nach dem Augsburger Reichstag von 1530 gelang es dem württembergischen Theologen Jakob Andreae, eine gemeinsame Grundlage für die Lehre in allen lutherischen Kirchen des Deutschen Reiches zu schaffen. Sein Konkordienwerk enthielt u. a. die altkirchlichen Symbole, das Augsburger Bekenntnis sowie Luthers Großen und Kleinen Katechismus. Weltliche wie kirchliche Angestellte und Beamte im Herzogtum wurden fortan auf dieses Werk eidlich verpflichtet.

Symbole. Glaubensbekenntnisse.

Auch in Württemberg gehörte es zum »Markenzeichen« der Evangelischen, dass viel gesungen wurde. Die evangelischen Choräle für Kirche, Schule und Haus entnahm man wie selbstverständlich den Gesangbüchern der großen Liedzentren wie z. B. Konstanz und Straßburg. Erst 1583 erschien in Tübingen das sogenannte Kernliederbuch »Auserlesne, reine geistliche Lieder und Psalmen, auch lehrhafte und trostreiche christliche Gesäng«. Das Werk enthielt 108 Lieder mit 92 Melodien und wurde zum »Gesangbuch der lutherischen Orthodoxie« des Herzogtums.

Aus dem Straßburger Gesangbuch von 1525.

Seit der Jahrhundertwende entfalteten die südwestdeutschen Fürsten in ihren Territorien einen fast absolutistischen Herrscherwillen. Beispielhaft zeigte sich das an dem energischen Herzog Friedrich I. von Württemberg. Das Landesväterliche hatte er gänzlich abgestreift. Er förderte die Textil- und Eisenerzeugung (z. B. Urach, Calw, Freudenstadt). Wegen der sich verschärfenden konfessionellen Gegensätze verzichtete er auf die bisherige Loyalität gegenüber dem – katholischen – Kaiser und schloss sich der kurpfälzischen antikaiserlichen Bündnispolitik teilweise an.

1599 gründete der Herzog Freudenstadt am östlichen Schwarzwaldrand. Er siedelte dort evangelische Österreicher an, die man aus Kärnten und der Steiermark vertrieben hatte. Doch entsprangen die Gründe weniger religiösem als vielmehr wirtschaftlichem und allgemeinpolitischem Interesse: Förderung des Silberbergbaus und Verbindung zu den linksrheinischen Besitzungen Horburg, Reichenweiher und Mömpelgard. Die von Friedrichs Baumeister Heinrich Schickhardt regelmäßig angelegte Stadt mit drei mühlbrettartigen Häuserzeilen um einen riesigen Marktplatz, in dessen Mitte ein Schloss stehen sollte, wurde nach und nach zur Festung ausgebaut, war aber als solche bald überholt.

Konkordienwerk. Im Konkordienbuch von 1580 wurden die nach Luthers Tod entstandenen Streitigkeiten beigelegt. Es ist Grundlage der lutherischen Orthodoxie.

Protestantische Union und katholische Liga

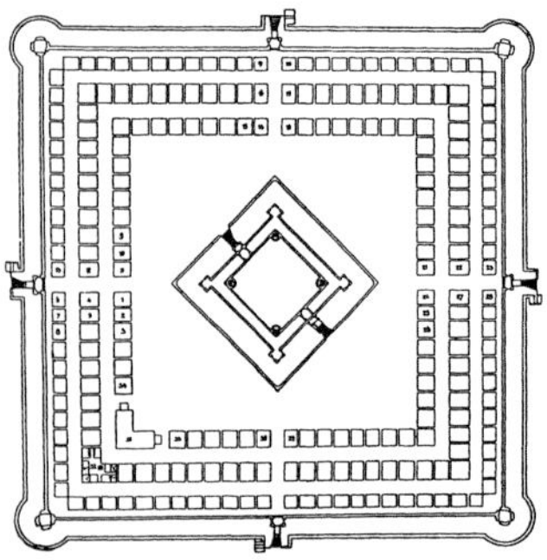

Stadtgrundriss von Freudenstadt 1599. Das in der Mitte geplante Schloss wurde nie errichtet.

Im Todesjahr Friedrichs (1608) schlossen sich, durch die Initiative der Kurpfalz veranlasst, süd- und westdeutsche evangelische Reichsstände zur »Union« zusammen. Ziel dieses Bündnisses war die Abwehr von Rechtswidrigkeiten und Gewalttaten, die sie vor allem von katholischer Seite befürchteten. Streitigkeiten zwischen Calvinisten und Lutheranern, der Nichtbeitritt norddeutscher Fürsten und v. a. Kursachsens sowie ständiger Geldmangel behinderten von Anfang an die politischen Handlungsmöglichkeiten der Union. Trotzdem blieb sie der Mittelpunkt für alle antikatholischen und antihabsburgischen Bestrebungen.

Im Gegenzug schlossen sich ein Jahr später die katholischen Reichsstände mit Ausnahme von Habsburg und Salzburg zur »Liga« zusammen, die zur entscheidenden Machtstütze des Kaisertums bis 1635 werden sollte. Unter Führung Bayerns war die Verteidigung der römisch-katholischen Religion und des Landfriedens das eigentliche Ziel.

Johann Valentin Andreae

Johann Valentin Andreae (1586–1654), einer der bedeutendsten Theologen seines Jahrhunderts.

Ein Enkel von Jakob Andreae, der 1586 in Herrenberg geborene Johann Valentin Andreae, hatte schon mit 19 Jahren den akademischen Grad eines Magisters an der Landesuniversität erworben, musste aber 1606 sein weiteres Studium der Theologie wegen eines missverstandenen Studentenstreichs abbrechen. Von 1607 bis 1614 wirkte er als Privatlehrer und unternahm in dieser Zeit Reisen, die ihn nach Straßburg, Frankfurt am Main, Genf, Lyon, Österreich und Italien führten. Als hochbegabter Student hatte er neben Latein auch Französisch und Italienisch gelernt. 1614 wurde er zweiter Pfarrer in Vaihingen an der Enz, wo er die Stadtkirche St. Marien mit biblischen Bildern ausschmücken ließ. Hier entstanden wichtige lateinische Werke. Im Drama »Turbo«, das man den »Faust« des 17. Jahrhunderts genannt hat, werden in fünf Akten die Lebensstadien eines Ritters dargestellt, der die Wahrheit sucht. Er findet sie schließlich, indem er von der angeblichen Erlösung durch die Wissenschaft in die Einfalt des Glaubens zurückkehrt.

Das wohl bedeutendste Werk Andreaes ist »Christianopolis«, die detaillierte Beschreibung einer visionären republikanischen

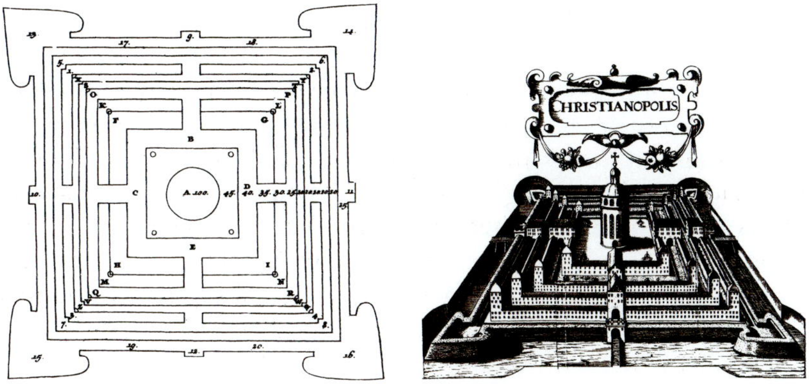

Grundriss und Ansicht von Christianopolis, Johann Valentin Andreaes Entwurf einer christlichen Idealgesellschaft.

Christenstadt. Der Form nach ist sie eine Predigt, dem Inhalt nach eine Anleitung zur Meditation, und vorgetragen in der Gestalt einer Utopie. Als solche hat sie Vorgänger, vor allem bei Thomas Morus, Tomaso Campanella und Francis Bacon. Sein Vorbild fand Andreae aber vor allem in Beobachtungen und Erlebnissen in Genf, dieser »vollkommenen Form eines Freistaates«. So setzt er dem fürstlichen Hof eine genossenschaftlich getragene Republik entgegen, denn »Christus duldet keinen absolut herrschenden Sachwalter«. Entscheidend für das Leben in »Christianopolis« ist die Brüderlichkeit (fraternitas), »die Gemeinschaft der Gemüter und Gebete«. Alles Geschehen in Familie, Wirtschaft, Politik, Wissenschaft, Kultur und Kirche soll mit dem Geist der Nachfolge Christi durchdrungen werden. Dazu gehören für Andreae auch Gütergemeinschaft und die gemeinsame Erziehung von Jungen und Mädchen. Wem die Sünden vergeben sind, der führt auch ein gottgefälliges Leben. Rechtfertigung und Heiligung bilden eine Einheit. So ist die Christianopolis zusammen mit den anderen Frühschriften Andreaes zu einem geistigen Vorspiel des Pietismus geworden. Gleichzeitig stellte sie auch eine deutliche Kritik an den politischen und kirchlichen Verhältnissen im Herzogtum dar, die bis ins 19. Jahrhundert nachwirken sollte. Die Grundrisse der pietistischen Siedlungsgründungen Korntal (1819) und Wilhelmsdorf (1823) orientieren sich am Entwurf Andreaes. Hier steht die einfache Saalkirche im Mittelpunkt und nicht das fürstliche Schloss, wie es für Freudenstadt vorgesehen war.

Utopie. (Griech. utopos = kein Ort.) Gedachte Wirklichkeit, die gegenwärtiges Handeln beeinflussen kann.

Stadtkirche Vaihingen/Enz.

Hexenwahn und Hexenverfolgung

Im 17. Jahrhundert wurde Europa von einem Hexenwahn überzogen, der sich in Verfolgungen und Ermordung unzähliger Frauen und Männer entlud. Im Herzogtum Württemberg gab es im Gegensatz zu vielen Territorien im deutschen Südwesten keine massenhaften Verfolgungen. Den Akten lassen sich über 250 Jahre hinweg nur 350 amtliche Untersuchungen und Verfahren entnehmen. Von etwa 450 Personen wurde ein knappes Drittel hingerichtet, in den anderen Herrschaften allein zwischen 1561 und 1670 über 3200. In den Jahren zwischen 1590 und 1630 mehrten sich in Württemberg die Prozesse auffallend; den Höhepunkt bildeten die Jahre 1626–1630. Regionale Schwerpunkte waren die weltlichen Ämter Dornhan und Sulz sowie das Klosteramt Alpirsbach. Betroffen waren 85 Prozent Frauen und 15 Prozent Männer, vor allem aus der bäuerlichen Unterschicht.

Hexen in der Vorstellung des 16. Jh. Holzschnitt von Hans Baldung Grien.

Hexen und Hexer waren nach damaliger Auffassung nicht an ihrem Äußeren zu erkennen, sondern an ihrem Verhalten. Zur Anzeige gelangten sie erst nach einem längeren Prozess sozialer Ausgrenzung durch Verfeindung, Hass und Neid. Nur wenn konkrete Verdachtsmomente vorlagen, konnte ein Gerichtsverfahren in Gang gebracht werden, für das die Stadtgerichte zuständig waren. Häufig wurde zur Ermittlung die Folter eingesetzt. Die Akten mussten der fürstlichen Kanzlei in Stuttgart vorgelegt werden, die nach Hinzuziehung von Professoren der juristischen Fakultät in Tübingen, manchmal auch derjenigen von Straßburg, ein endgültiges Urteil fällte. Die erhalten gebliebenen Akten sind repräsentativ für viele weniger »erfolgreiche« Hexenprozesse. Hingerichtet wurde durch Enthauptung mit anschließender Körperverbrennung. In Stuttgart war dies 1574 das letzte Mal der Fall, im bayerischen Kempten dagegen erst zwei Jahrhunderte später.

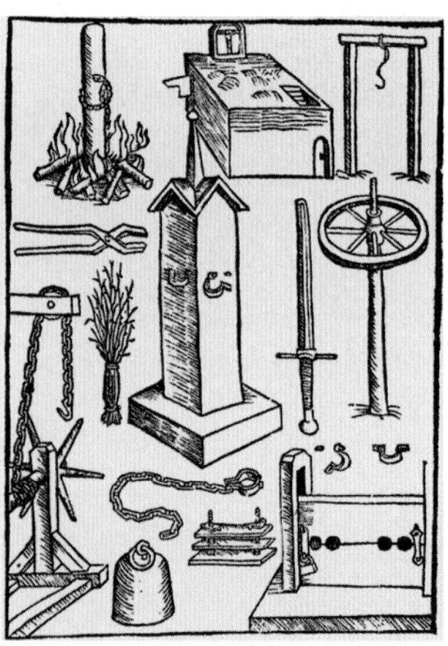

Mit solchen Folterwerkzeugen wurden »Geständnisse« von verdächtigten Frauen erzwungen.

Bis heute ist besonders der Hexenprozess gegen die Mutter von Johannes Kepler bekannt geblieben. Im Oktober 1615 geriet sie in den Verdacht der Giftmischerei, des Verhexens von Vieh und eines jungen Mädchens sowie der Verführung anderer zur Hexerei. Sie entzog sich der Verhaftung durch Flucht zu ihrer Tochter nach Heumaden und dann zu ihrem Sohn ins oberösterreichische Linz. In das heimatliche Leonberg zurückgekehrt, musste sie sich seit August 1620 dem Prozess unterziehen. Ihrem Sohn, dem damals schon berühmten Mathematiker und Astronomen Johannes Kepler, gelang es, die Haftbedingungen zu erleichtern und bei den herzoglichen Räten das eigentliche Verfahren in Güglingen zu beschleunigen. Er selbst nahm an der Gerichtsverhandlung 1621 teil. Die von der Tübinger Juristenfakultät vorgeschlagene Territion, also die Androhung der Folter durch Vorführung der dabei in Anwendung gebrachten Instrumente, vermochte die über 70-Jährige nicht umzustimmen. Nach 405 Tagen Untersuchungshaft wurde die standhafte Frau im Oktober endlich freigelassen, starb aber schon ein halbes Jahr später.

Dass es im Herzogtum Württemberg eigentlich nie zu Hexenjagden wie in den Nachbarländern gekommen ist, lag wohl an der maßvollen Haltung der Prediger und Theologen sowie an der behutsamen Spruchpraxis der Tübinger Juristen. Außerdem verbürgten die Stuttgarter Zentralbehörden ein gewisses Maß an Rechtssicherheit.

Mit dem Prager Fenstersturz begann der Dreißigjährige Krieg. Evangelische Adlige warfen die Räte des habsburgischen, katholischen Königs von Böhmen aus dem Fenster. Alle kamen mit dem Leben davon.

Die Anfänge des Großen Krieges

Im Jahr 1618 setzten die böhmischen Stände ihren König Ferdinand ab und wählten den Führer der Protestantischen Union, Kurfürst Friedrich V. von der Pfalz zu seinem Nachfolger. Als Ferdinand aber 1619 zum deutschen Kaiser gewählt wurde, begann ein kriegerisches Ringen von gewaltigem Ausmaß. Das kurzlebige König-

Die Schlacht bei Wimpfen 1622. Rechts unten das Ritterstift Wimpfen im Tal. Dargestellt ist der Augenblick, in dem die Pulverwagen der evangelischen Seite explodieren; damit ging die Schlacht für die Evangelischen verloren.

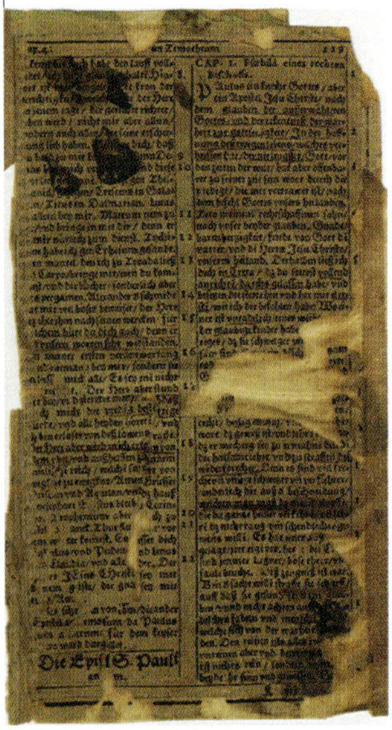

Die Nürtinger Blutbibel von 1634. Auf der Flucht vor den plündernden kaiserlichen Soldaten versteckte sich der Owener Pfarrer Georg Wölflin auf der Empore der Nürtinger Stadtkirche. Ein spanischer Soldat entdeckte ihn, versetzte ihm zwei Säbelhiebe und erschoss ihn dann. Auf der blutverschmierten Seite seiner Bibel, die Pfarrer Wölflin gerade aufgeschlagen hatte, steht der Vers: »*Ich habe einen guten kampff gekempffet / ich habe glauben gehalten. Hinfort ist mir beygelegt die kron der gerechtigkeit / welche mir der Herr an jenem tage der gerechten richter geben wird / nicht mir aber allein / sondern auch allen / die seine erscheinung lieb haben* (2. Tim 4,7–8).

tum des Pfälzers brach nach der Schlacht am Weißen Berg vor Prag 1620 kläglich zusammen. Der Krieg wurde nach Südwestdeutschland getragen (Schlacht bei Wimpfen 1622). Dabei wurde die Kurpfalz von Bayern besetzt und rekatholisiert. Die übrigen Glieder der schon 1621 aufgelösten Union litten unter häufigen Truppendurchzügen und drückenden Einquartierungen nach dem Schlagwort »der Krieg ernährt den Krieg«, obwohl der eigentliche Kriegsschauplatz immer weiter nach Norddeutschland verschoben wurde. Württemberg war also zunächst kaum betroffen.

Das Restitutionsedikt von 1629

Das Herzogtum Württemberg hatte von Anfang an eine streng neutrale Politik betrieben, die sich aber nur ein Jahrzehnt lang auszahlen sollte. Mit dem Restitutionsedikt des Wiener Hofs von 1629 kam das Land unter die Räder. Alles Kirchengut, das nach 1552 in Landesbesitz übergegangen war, musste zurückgegeben werden: Jedes bis dahin bestehende Kloster und Stift war wiederherzustellen, und in gemischt konfessionellen Reichsstädten (z. B. Biberach und Ravensburg) drohte den in die Defensive geratenen Evangelischen die Rekatholisierung.

Der württembergische Territorialstaat bestand zu einem Drittel aus den ehemaligen 13 Klosterherrschaften, die nach dem Schmalkaldischen Krieg 1546/47 für wenige Jahre katholisch wiederbelebt worden waren. Deren Verlust traf das Herzogtum in seiner Existenz. 1630 kehrten die inzwischen reformierten Mönchsorden zurück, entschlossen, die evangelischen »Ketzer« in die römische Kirche zurückzuführen. So waren sowohl die finanzielle Basis des Landes als auch seine konfessionelle Einheit aufs Äußerste bedroht.

Das Eingreifen Schwedens in den Krieg

Mit der Landung König Gustav Adolfs an der pommerschen Küste 1630 schien die Rettung des deutschen Protestantismus denkbar nahe. Nach seinem Sieg über das Ligaheer bei Breitenfeld stieß er bis München vor, fiel aber 1632 bei Lützen. Obwohl von Anfang an deutlich war, dass es Schweden um politische Macht ging, erfasste viele evangelische Stände ein blindes Zutrauen zu

Ausschnitt einer zeitgenössischen Darstellung der Schlacht von Nördlingen. Im Kampf protestantischer und katholischer Heere am 26. August 1634 verloren Zehntausende Soldaten ihr Leben.

der nordischen Macht. Diese Fürstentümer und Reichsstädte vereinigten sich im Heilbronner Bund, was aber gleichbedeutend mit einer Kostenbeteiligung am Krieg war. Die kaiserlichen Beschlagnahmungen und Schenkungen wurden nun rückgängig gemacht, was die konfessionellen Hassgefühle erneut schürte.

Der habsburgisch-kaiserliche Gegenstoß

Genau 100 Jahre nach dem für die evangelische Seite so erfolgreich verlaufenen Gefecht bei Lauffen am Neckar sollte die Schlacht bei Nördlingen 1634 zur Katastrophe werden. Die um spanische Einheiten vermehrten kaiserlichen Truppen besiegten das schwedisch-protestantische Heer, das nur etwa halb so stark war, und eroberten auf ihrem Siegeszug fast ganz Süddeutschland. Von den 6000 Soldaten der württembergischen Landmiliz fielen zwei Drittel im Kampf oder wurden auf der Flucht erstochen. Herzog Eberhard III. und seine Räte flohen in die sichere Reichsstadt Straßburg. Viele Städte und Dörfer wurden geplündert und dann in Brand gesteckt, ihre Bewohner gequält und zum Teil wahllos getötet.

Eine der am schwersten betroffenen Städte war Calw. Die Stadt, die vor der Plünderung und Einäscherung 3832 Einwohner zählte, hatte danach nur noch 1528. Johann Valentin Andreae, dort seit 1620 Spezialsuperintendent (Dekan), berichtet darüber in einem 34-strophigen »Klaglied über der statt Calw laidigem undergang«, fordert aber zugleich Besinnung und Umkehr zu Gott:

Landsknechte in einem eroberten Dorf.

Aus dem Klagelied Johann Valentin Andreaes über das zerstörte Calw.

(13) Keins stands noch alters
war verschont,
es hieß: blut oder gelte!
da ward keinem das leben gont,
der sich nicht bald einstellte;
keiner jahr noch grawer har
man acht,
es wurd gemartert und
umbbracht,
was sich nicht oft konnt lösen.

(16) Alles, was die ringmaur
beschloß,
darzu noch drei vorstätte,
verbran in dieser flammen groß,
niemand war, der da rette;
dann wo nur jemand wurd
erblickt,
ward er gewürgt oder erstickt
und durch das fewr verzehret.

(22) Vierhundertfünfzig gut
gebäw
ligen nun in der aschen,
die schöne kirch, fast aller new,
thet das fewr auch erhaschen;
Gott auch seins heiligtumbs
nicht schont,
sonder den undank so belohnt,
daß man sein gricht erkenne.

(34) Gott geb uns sammtlich
wahre rew
und glauben an sein bunde,
daß unser christentumb werd
new
mit herzen und dem munde!
Wann uns nur bleibt sein
göttlich wort,
so seind wir selig hie und dort,
himmel und Erd vergehen.

Andreae ließ das Lied nach Luthers Choral »Ach Gott, vom Himmel sieh darein« (EG 273) singen.

Das katholisch-österreichische Villingen hatte bis 1634 drei brutale schwedisch-württembergische Belagerungen überstehen müssen; dabei war sogar versucht worden, die ganze Stadt durch das Aufstauen der Brigach zu überschwemmen. Nun drehten seine Bewohner den Spieß um und rächten sich an den evangelisch-württembergischen Dörfern der näheren und weiteren Umgebung. Dem Fluorner Pfarrer z. B. wurden die Arme abgehauen und die Zunge abgeschnitten, bevor man ihn zusammen mit seinem Sohn vollends totschlug.

Überall wüteten Seuchen. So starben von den Neckartailfingern, die sich in das benachbarte, mit Mauern geschützte Grötzingen geflüchtet hatten, im Juli und August 1635 allein 121 Personen jeglichen Alters. In Friedenszeiten hatte es im Monat nur zwei bis drei Todesfälle gegeben.

Abendmahlskelch aus Degerloch. Er trägt die Inschrift »ANNO SALUTIS ET RECUPERATAE PACIS IN ROMANO IMPERIO 1648 FACTUS EST HIC CALIX IN USUM ECCLESIAE DEGERLOCHENSIS« (Im Jahre des Heils und des wiedererlangten Friedens im Römischen Reich 1648 wurde dieser Kelch geschaffen zum Gebrauch der Degerlocher Kirche). Der Kelch ist bis heute bei Abendmahlsfeiern in Gebrauch.

Kaiser Ferdinand II. hatte in Stuttgart Quartier bezogen. Daher blieb die Stadt vor Plünderungen und anderen Ausschreitungen weitgehend verschont, nicht aber vor außergewöhnlich hohen Abgaben. Natürlich wurden alle 22 Klöster und Stifte des Landes wiederbelebt. Zu einer gewaltsamen Rekatholisierung kam es nur dort, dafür aber umso drastischer. Nachdem im Stuttgarter Stift schon 1636 die evangelischen Grabdenkmäler entfernt worden waren, wurde ein Jahr später ein Pater im Grab von Johannes Brenz beigesetzt. Die alte Inschrift meißelte man weg und ersetzte sie durch eine neue.

Ein Beispiel für die massive Rekatholisierung innerhalb der Klosterherrschaften liefert ein Bibeleintrag von M. Johann Conrad Hölder (geb. 1611): *Anno 1636 Vicarius zu Alpirsbach uff dem Schwarzwald worden. Damalen hatten die Papisten die Klöster wieder innen, dringten alle Pfarrer in selbigem Amt, wollten mit Gewalt reformieren; musste viel von ihnen leiden, war Leibs und Lebens nie sicher, wurde von den Soldaten gesucht; verfolgt; auch in den Predigten, so auf dem Rathaus geschehen mussten, überloffen, welche mir den Tod geschworen, wann ich von dar nit weichen werde, wie sie mich dann schon einmal gegriffen, meine Bücher, Predigten und Kleider zum Finster und Laden hinausgeworfen. Gott hat aber mich allezeit wunderlich beschüzt und errettet; bin doch bei diesem grausamen Dominio [Herrschaft] 22 Wochen verblieben; sonsten war nit einiger Pfarrer im ganzen [Kloster-]Amt.*

Auszug der Mönche aus dem Kloster Alpirsbach, als es 1648 wieder evangelisch wurde. Historienbild von Carl Haeberlin 1863.

Der Herzog kehrt zurück

Durch den Prager Frieden von 1635 wurden zwar katholische Liga und Heilbronner Bund aufgelöst, aber die französischen und schwedischen Interessen nicht berücksichtigt. Deshalb ging der Krieg weiter. Immerhin konnte Eberhard III. im Herbst 1638 in sein um die Hälfte verkleinertes Herzogtum zurückkehren. Es blieb aber weiterhin ein Kriegsschauplatz der französisch-schwedischen und der österreichisch-bayerischen Armeen. Während das offene Land Truppendurchzüge und damit Plünderungen und Brandschatzungen erlebte, blieb die Residenzstadt dank ihrer schützenden Mauern verschont.

Wiederaufbau in den letzten Kriegsjahren

Im Jahr 1639 wurde Johann Valentin Andreae als Hofprediger und Konsistorialrat nach Stuttgart berufen. Seine ganze Kraft setzte er nun für den Wiederaufbau des kirchlichen Lebens im Herzogtum ein, wobei er seine alten Reformpläne nur teilweise verwirklichen konnte. Hunderte von verwaisten Pfarrstellen mussten besetzt, die Ausbildungsstätten wiederhergestellt werden. Die wichtigste Reform wurde die 1644 verfügte Einführung der örtlichen Kirchenkonvente, eines Gremiums aus Pfarrer, Schultheiß und einigen von diesen ausgewählten Beisitzern. Kirchenzucht, Armenpflege und Schule gehörten zu ihren Obliegenheiten. Soziale Fürsorge und weitsichtige Bildungsarbeit hatte Andreae schon seit 1621 durch das Calwer Färberstift, eine Art Armenkasse, beispielhaft betrieben. Leider entstanden mit den Kirchenkonventen auch Sittengerichte, die mit ihrer Schnüffelpraxis Andreaes ursprüngliche Idee des Helfens und Zurechtbringens ins Gegenteil verkehrten, weil sie Strafen verhängen konnten. Denunzianten erhielten ein Drittel der Bußgelder! Ganz positiv sollte sich dagegen die Einführung der allgemeinen Schulpflicht im letzten Kriegsjahr auswirken. Das Herzogtum war mit dieser Bildungspolitik zum Spitzenreiter in Europa geworden.

Der Westfälische Friede von 1648

Durch die Bestimmungen des lang ersehnten Friedens erhielt das Herzogtum alle nach 1634 weggenommenen Ämter sowie die schon 1629 verloren gegangenen Klöster und Stifte zurück. Doch gab es für die Untertanen vorerst keine Entlastung, denn übermäßige Steuern und Kontributionen blieben ihnen weiterhin aufgebürdet, weil sich immer noch französische und kaiserliche Truppen im Land befanden; z.B. blieb der Hohenasperg noch ein ganzes Jahr besetzt.

Am Anfang des schrecklichen Krieges hatte das Herzogtum ungefähr 450 000 Einwohner gezählt. Bis zum Jahr 1639 waren sie auf 100 000 geschrumpft. Doch vier Jahre nach dem Friedensschluss konnten bereits wieder 166 000 gezählt werden. Der Bevölkerungsrückgang belief sich in den einzelnen Ämtern auf 31 bis 77 Prozent. Erst 1740 wurde das Vorkriegsniveau überall wieder erreicht. Mehr zerstörte als bewohnte Häuser gab es in

> Gott Lob, nun ist erschollen
> Das edle Fried- und Freudenwort,
> Dass nunmehr ruhen sollen
> Die Spieß' und Schwerter und ihr Mord!
> Wohlauf und nimm nun wieder
> Dein Saitenspiel hervor,
> O Deutschland, und sing Lieder
> Im hohen vollen Chor.
> Erhebe dein Gemüte
> Und danke Gott, und sprich:
> »Herr, deine Gnad' und Güte
> Bleibt dennoch ewiglich!«
>
> Paul Gerhardt

mindestens elf Ämtern. 43 Prozent der Häuser und Scheunen waren verwüstet; unbebaut blieben ein Drittel der landwirtschaftlichen Nutzfläche und 40 Prozent der Weinberge. Auf dem Land war der Verlust an Menschen und Besitz deutlich größer als in den befestigten Städten, vor allem in den Gebieten mit wichtigen Durchgangsstraßen und an strategischen Punkten. Die Überlebenden hatten aber durch die Erfahrungen des fast täglich drohenden Todes ein neues Verhältnis zum Leben wie zu Gott gefunden. Hierin liegen die Wurzeln sowohl für die barocke katholische Frömmigkeit wie für den schwäbischen Pietismus.

Die Nikolauskirche in Seißen gehört zu den vielen im Dreißigjährigen Krieg zerstörten Kirchen. Sie erhielt ihre heutige Gestalt beim Wiederaufbau 1651.

»Reich Gottes im Schwabenland«

Der Dreißigjährige Krieg hatte deutlich gezeigt, wie wenig es hilft, den »rechten Glauben« im Kopf oder auf dem Papier zu haben. Auf das Leben, auf wirkliches Empfinden und die Taten des Glaubens kam es an! Auch des Krieges der Worte gegen Andersgläubige, der bloßen Rechthaberei war man überdrüssig geworden. Hier wurden Wirkungen älterer Bewegungen spürbar, vor allem die kirchlich-politische Erneuerung in England (Puritanismus) und verschiedene gesellschafts- und kirchenkritische niederländische Glaubenskreise: Der Glaube müsse vom Kopf in das Herz und vom Herz in die Hand kommen; der Glaube muss zur Tat werden.

Hoffnung auf bessere Zeiten

In Württemberg wuchs diese Erkenntnis aus zwei Wurzeln. Zum einen waren es nicht wenige Vertreter von Theologie und Kirche in Württemberg, die eine Erneuerung der Frömmigkeit forderten. Alle, auch die späteren »Pietisten« beriefen sich dabei auf das erste und bis heute wohl erfolgreichste Andachtsbuch der evangelischen Kirche, auf Johann Arndts Vier Bücher vom wahren Christentum, die ab 1605 in zahlreichen Auflagen erschienen. Der norddeutsche Pfarrer erinnerte daran, dass der Glaube nicht nur Denken, sondern auch Erfahrung sei. Gottes Liebe könne man im Herzen spüren, ja sich ihm wie in einer Liebesbeziehung hingeben. Hier nimmt Arndt eine mittelalterliche, innige Glaubensweise, die Mystik auf.

»Ich steige und säubere mich«: Die Darstellung einer Rakete aus Johann Arndts »Vier Büchern vom wahren Christentum« symbolisiert den Aufstieg der Seele zu Gott.

Zum anderen kam der wesentliche Schub der neuen Bewegung von außerhalb, insbesondere durch den Frankfurter Pfarrer Philipp Jakob Spener. Dieser forderte 1675 in seiner Schrift Pia Desideria (Fromme Wünsche) eine grundlegende Erneuerung von Theologie und kirchlichem Leben.

Speners Pia Desideria gehören zu den bedeutendsten Programmschriften der evangelischen Kirche. Er zählte dort die geistlichen und sozialen Missstände auf und schlug Verbesserungen vor. Geistlich, also auf den Glauben bezogen: dass bei vielen – Pfarrern wie Gemeindegliedern – das Herz und das Handeln vom Glauben nicht berührt sei. Als Abhilfe schlug er die Einrichtung besonderer Bibel-Gesprächsstunden vor: für Kinder und Erwachsene in der Gemeinde, für Professoren und Studenten an der Universität. Damit würden die Menschen zugleich die ganze Bibel

Philipp Jakob Spener (1635–1705), der »Vater des Pietismus«.

> Mit dem Wissen in dem Christentum ist es durchaus nicht genug, sondern es besteht vielmehr in der Praxis.
> Philipp Jakob Spener, 1675

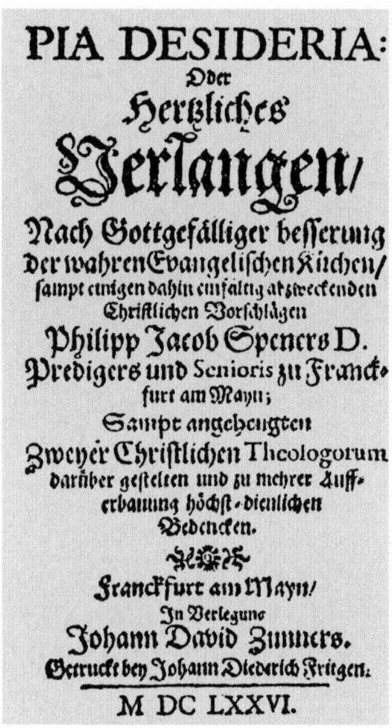

PIA DESIDERIA:
Oder
Hertzliches
Verlangen/
Nach Gottgefälliger besserung
der wahren Evangelischen Kirchen/
sampt einigen dahin einfältig abzweckenden
Christlichen Vorschlägen
Philipp Jacob Speners D.
Predigers und Senioris zu Franck-
furt am Mayn;
Sampt angehengten
Zweyer Christlichen Theologorum
darüber gestelten und zu mehrer Auff-
erbauung höchst-dienlichen
Bedencken.
Franckfurt am Mayn/
In Verlegung
Johann David Zunners.
Gedruckt bey Johann Diederich Fritgen.
M DC LXXVI.

Titelblatt der Pia Desideria (»Fromme Wünsche«), Speners Programmschrift.

kennenlernen, nicht nur ausgewählte Abschnitte. In Speners Pfarrhaus fanden bereits solche Stunden sonntag- und mittwochabends statt. Alle Christen seien Priester, knüpfte er an Luthers Forderung des allgemeinen Priestertums an. Damit begründete er Bibelstudium wie Mitarbeiterschaft der ganzen Gemeinde.

Sozial machte Spener auf das Alkoholproblem aufmerksam und die um sich greifende Bettelei. Dies sei eine Schande, aber auch eine Herausforderung zum Helfen für die christliche Gemeinde. Eigentum verpflichte Christen zu sozialem Handeln und zum Teilen.

Es ist höchste (End-)Zeit!

Seine Hoffnung schöpfte Spener aus endzeitlichen (apokalyptischen) Vorstellungen, die das Neue Testament durchziehen. Steht nicht der Jüngste (= letzte) Tag, das Kommen Christi vor der Tür? Also ist es eine Freude, sich zu Gott zu bekehren, ihm entgegenzuleben! Schreibt nicht Paulus (Römer 9–11) davon, dass die Juden sich am Ende der Zeiten zu Christus kehren werden? Also muss die Kirche schleunigst damit aufhören, Juden zu belästigen oder gar zu verfolgen! Haben wir nicht ein tausendjähriges Friedensreich Christi auf Erden zu erwarten (Offenbarung 20)? Also können Christen schon einmal vorarbeiten und Liebe statt Selbstsucht üben und Frieden statt Streit verbreiten!

Speners Reformvorschläge wurden bald von Kirche und Theologie begrüßt. Auch offiziell wurde Speners Reformprogramm verschiedentlich umgesetzt, zum Beispiel in der Reichsstadt Esslingen. Vor allem aber entstanden an vielen Orten »von unten«, von den Gemeindegliedern aus Bibel- und Gebetskreise, es bestand ein breiteres Bedürfnis nach persönlichem Austausch in Glaubensfragen. Auch die Einführung der Kinderlehre, eines Kindergottesdienstes mit teilweise Hunderten von Kindern und auch vielen Erwachsenen, zeigte das große Bedürfnis, in Fragen des Glaubens ernstgenommen zu werden. Die Neuerungen waren gewaltig, bestand doch das »Gemeindeleben« bislang hauptsächlich aus den Gottesdiensten mit ihrem Mittelpunkt, der langen Predigt. Es war bisher sogar polizeilich verboten gewesen, sich in Privathäusern zum Bibellesen zu treffen. Aus diesen Vorläufern entstanden die heutigen (Bibel-)»Stunden« und der Kindergottesdienst sowie die Konfirmation.

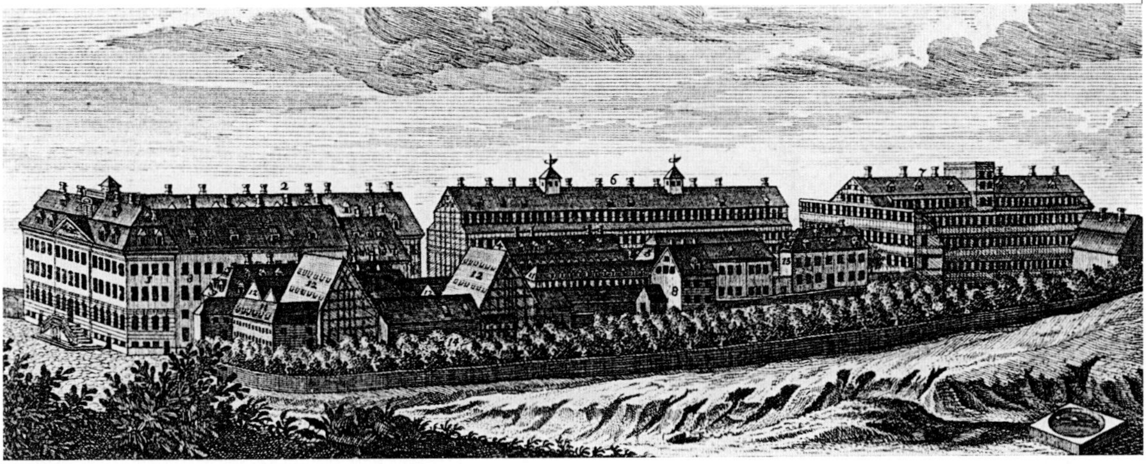

Gesamtansicht der Franckeschen Stiftungen in Halle (Saale). Kupferstich von 1749.

Francke & Co. – ein sozialer Weltkonzern

Natürlich gab es noch weitere äußere Einflüsse auf die neue Bewegung in Württemberg. Vor allem ist hier der Theologe und Pädagoge August Hermann Francke zu nennen, der in Halle ein riesiges Unternehmen gründete: Angefangen von einer Reform des Theologiestudiums und Gemeindelebens bis hin zu der großen sozialpädagogischen Einrichtung des Waisenhauses, einer Pharmaindustrie, einer Bibel- und Verlagsgesellschaft sowie einer internationalen Missionsgesellschaft. Er besuchte in seinem Todesjahr 1727 Württemberg. Seine eigene Erfahrung wurde seine Botschaft und sein Programm: Ein Christ müsse sich bekehren, das Unrecht der eigenen Sünde spüren (»Bußkampf«) und persönlich Gottes Vergebung erfahren, »wiedergeboren« sein (Joh 3).

Das pietistische Streben nach persönlicher und auch öffentlich bezeugter Frömmigkeit führte 1723 zur Einführung der Konfirmation in der Kirche: Alle jungen Leute lernten den christlichen Glauben in einem zweijährigen Unterricht kennen und bekannten ihn vor der Gemeinde bei der Feier der Konfirmation. Damit waren sie zum Abendmahl zugelassen und durften Patinnen und Paten sein.

Widerstände

Allerdings gab es auch starken Widerstand gegen die neue Bewegung, die in Deutschland um sich griff. Der Widerstand kam aus zwei Lagern. Zum einen waren es Gemeindemitglieder, Bürger und Politiker, denen die Forderung nach persönlichen Konsequenzen des Glaubens zu weit ging. Am wirkungsvollsten aber war der Widerstand von den meisten der konservativen (»orthodoxen«) Theologen, die oft die Obrigkeit, das heißt auch die Kir-

Es ist jetzt stadtbekannt der
Nam' des Pietisten.
Was ist ein Pietist? Der Gottes
Wort studiert
Und nach demselben auch ein
heilig Leben führt.

So dichtete der Leipziger Professor der Poesie
Joachim Feller
Ende des 17. Jahrhunderts

chenleitung, auf ihrer Seite hatten. Man befürchtete, dass hier ein neuer, falscher Glaube die Gemeinden verwirre und dass es zu Bewegungen und Abspaltungen käme, die man nicht mehr kontrollieren könnte. Vor allem die vertretene Lehre vom Tausendjährigen Reich und das ernstgenommene Priestertum aller Gläubigen war ihnen ein Dorn im Auge. Wollten diese frommen Leute vielleicht etwas Besseres, heiliger sein? Sie erhielten von Gegnern bald ein Etikett: Pietisten (Fromme, Frömmler) nannte man sie. Wie so oft in der Geschichte wurde auch dieser Spottname bald als Selbstbezeichnung umgewendet.

Spener war daran gelegen, dass die »Pietisten« Mitglieder der evangelischen (lutherischen) Kirche blieben und sich dort engagierten (»ecclesiola in ecclesia«: Kirchlein in der Kirche). In Württemberg jedoch kamen vor allem in der ersten Hälfte des 18. Jahrhunderts vermehrt Kreise auf, die sich von der »Amtskirche« mehr oder weniger stark absetzten oder ihr sogar feindlich gegenüberstanden. Hier spricht man vom radikalen, separatistischen (sich abspaltenden) Pietismus. Charismatische Gruppen in Calw oder Göppingen trennten sich teils friedlich, teils unter Protest von der Kirchengemeinde. Es gab Tumulte und Gottesdienststörungen – um 1710 zum Beispiel forderte eine Frau Schneider aus Calw den Superintendenten zur Schlägerei heraus –, aber auch Verhaftungen und Ausweisungen aufgrund des Vorwurfs von »Pietismus«.

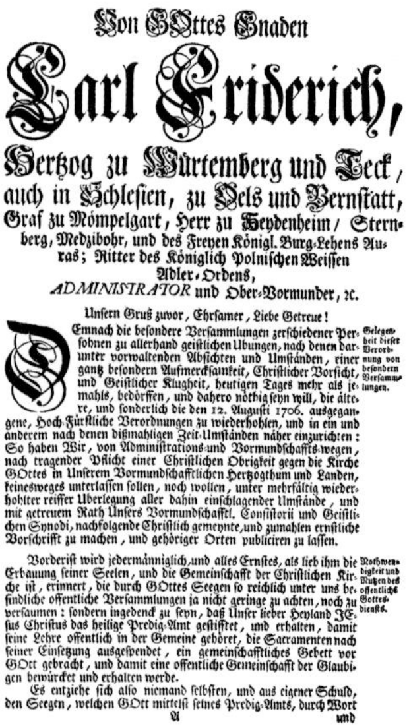
Von GOttes Gnaden
Carl Friderich,
Hertzog zu Würtemberg und Teck, auch in Schlesien, zu Oels und Bernstatt, Graf zu Mömpelgart, Herr zu Heydenheim / Sternberg, Medzibohr, und des Freyen Königl. Burg-Lehens Auras; Ritter des Königlich Polnischen Weissen Adler-Ordens, ADMINISTRATOR und Ober-Vormunder, rc.

Unsern Gruß zuvor, Ehrsamer, Liebe Getreue!

DEmnach die besondere Versammlungen zerschiedener Persohnen zu allerhand geistlichen Ubungen, nach denen darunter vorwaltenden Absichten und Umständen, einer gantz besondern Aufmercksamkeit, Christlicher Vorsicht, und Geistlicher Klugheit, heutigen Tages mehr als jemahls, bedörffen, und dahero nöthig seyn will, die ältere, und sonderlich die den 12. Augusti 1706. ausgegangene, Hoch-Fürstliche Verordnungen zu wiederhohlen, und in ein und anderem nach denen dißmahligen Zeit-Umständen näher einzurichten: So haben Wir, von Administrations- und Vormundschaffts-wegen, nach tragender Pflicht einer Christlichen Obrigkeit gegen die Kirche GOttes in Unserem Vormundschafftlichen Hertzogthum und Landen, keineswegs unterlassen sollen, noch wollen, unter mehrfältig wiederhohlter reiffer Uberlegung aller dahin einschlagender Umstände, und mit getreuem Rath Unsers Vormundschafftl. Consistorii und Geistlichen Synodi, nachfolgende Christlich gemeynte, und zumahlen ernstliche Vorschrifft zu machen, und gehöriger Orten publiciren zu lassen. (Gelegenheit dieser Verordnung von besondern Versammlungen.)

Vorderist wird jedermänniglich, und alles Ernstes, als lieb ihm die Erbauung seiner Seelen, und die Gemeinschafft der Christlichen Kirche ist, erinnert, die durch GOttes Seegen so reichlich unter uns befindliche offentliche Versammlungen ja nicht geringe zu achten, noch zu versaumen: sondern ingedenck zu seyn, daß Unser lieber Heyland JEsus Christus das heilige Predig-Amt gestifftet, und erhalten, damit seine Lehre offentlich in der Gemeine gehöret, die Sacramenten nach seiner Einsetzung ausgespendet, ein gemeinschafftliches Gebett vor GOtt gebracht, und damit eine offentliche Gemeinschafft der Glaubigen bewürcket und erhalten werde. (Nothwendigkeit und Nutzen des offentlichen Gottesdiensts.)

Es entziehe sich also niemand selbsten, und aus eigener Schuld, den Seegen, welchen GOtt mittelst seines Predig-Amts, durch Wort

A und

Erste Seite des »Pietistenreskripts« von 1743. Damit wurden pietistische Versammlungen zugelassen.

Ein Erlass der Obrigkeit

Gegner des Pietismus und Befürworter einer vorsichtigen, toleranten Politik hielten sich in der württembergischen Kirchenleitung die Waage. Man kam lange Zeit nicht recht zu einer klaren rechtlichen Haltung gegenüber dieser neuen Bewegung mit ihren Privatversammlungen. 1743, spät, aber gründlich, reagierte die Kirchenleitung, die ja eine Behörde der Landesregierung war, indem sie in einem Erlass die Möglichkeiten von Privatversammlungen der Pietisten regelte. Dieses »Generalreskript« trägt die Handschrift des Konsistorialpräsidenten Georg Bernhard Bilfinger, eines Theologen und Mathematikers. Weitblickend und duldsam versuchte er den pietistischen wie traditionell kirchlichen Interessen gerecht zu werden. Das Reskript erlaubte unter bestimmten Umständen Privatversammlungen als Erbauungsstunden. Sie durften nicht zum Ersatz für den Gottesdienstbesuch werden, keine falschen Lehren verbreiten und sollten vom Pfarrer geleitet werden oder mit seinem Wissen stattfinden. Damit war nun endlich rechtlich festgeschrieben, was bisher je nach aktuellen Machtverhältnissen im Einzelfall geduldet oder verfolgt worden war.

Diesem Erlass ist es zu verdanken, dass der Pietismus in der württembergischen Kirche heimisch wurde und sich nicht als unbedeutende Sondergemeinschaft verlor. Umgekehrt hat er dazu beigetragen, dass die Amtskirche lebendig blieb. Wenn wir heute beim Wort »Pietismus« zunächst an den württembergischen Pietismus denken, ist das auch eine Folge dieser Entwicklung.

Johann Albrecht Bengel (1687–1752).

Die »Schwabenväter« Bengel und Oetinger

Johann Albrecht Bengel (1687–1752) wuchs in Winnenden in einem pietistischen Umfeld heran. In Tübingen studierte er Theologie. 1713 wurde er Lehrer und Erzieher (»Präzeptor«) in der neu eingerichteten Klosterschule Denkendorf. Wie andere Klöster war Denkendorf in der Reformationszeit in eine Schule umgewandelt worden, wurde aber über 100 Jahre lang nicht gebraucht.

Die Internatsschule für künftige Theologen Kloster Denkendorf, an der Bengel 28 Jahre lang Lehrer war. Zeichnung eines Klosterschülers von 1780.

Friedrich Christoph Oetinger (1702–1784) als Prälat von Murrhardt.

In dieser Zeit prägte er eine ganze Generation zukünftiger Pfarrer. 1741 kam er als Propst nach Herbrechtingen, 1749 wurde er Prälat von Alpirsbach und Konsistorialrat in Stuttgart.

Der bescheidene, konzentriert arbeitende Theologe und Pädagoge hat weit über seine Zeit hinaus große Wirkung ausgeübt. Zunächst ist da seine pädagogische Arbeit in der Schule. Bengel nahm seine Schüler ernst. Seelsorgerlich leitete Bengel sie an, sich über sich selbst, den eigenen Lebensweg, das Vertrauen auf Gott klar zu werden. Selbstständigkeit war ihm ein wichtiges Erziehungsziel. Frömmigkeit und fleißiges Lernen sollten zusammengehören. Glauben ohne Denkarbeit ist dumm, Wissen ohne Vertrauen auf Gott, ohne Leben ist nutzlos. Bengels eigenes, glaubwürdiges Vorbild muss dabei seine Schüler stark geprägt haben.

Geprägt wurden sie damit auch durch Bengels theologische Richtung, die ihn zum schwäbischen »Kirchenvater« machte. Was machte diese Richtung aus? Er selbst nannte sie seit Studententagen »pietistisch« und »lutherisch«. An erster Stelle ist Bengels außerordentliche Hochschätzung der Bibel zu nennen. Sie war für ihn ein »Lagerbuch«, ein Verzeichnis der Rechte und Pflichten der ganzen Welt. Mit großem Aufwand sammelte und bewertete er die ältesten Handschriften des Neuen Testaments und wurde so zum Begründer der »Textkritik« der Bibel. Sein Hauptwerk »Gnomon« (»Zeiger«, 1752) ist ein Wort-für-Wort-Kommentar des Neuen Testaments. Er erklärte die Bibel vor allem durch sie selbst: Bengels Satz »die Heilige Schrift legt sich selbst aus« wurde zum Programm der wissenschaftlichen Bibelauslegung. Dabei kam ihm der Gedanke der »Ökonomie«: Gott habe einen Zeitplan mit der Welt. Christi Wiederkunft auf die Erde errechnete er für den 18. Juni 1836. Das tat er so nüchtern und behutsam, dass trotz dieses falschen Datums seine Liebe zu Jesus und die Ernsthaftigkeit seiner Lebensauffassung in der Gegenwart Gottes noch heute in seinen zahlreichen Werken überzeugt.

Textkritik. Herstellung eines möglichst ursprünglichen Bibeltextes aufgrund der ältesten Handschriften.

Über den Kreis seiner Klosterschüler hinaus beeinflusste Bengel viele weitere Menschen, vor allem auch Theologen. Hier ist besonders Friedrich Christoph Oetinger zu nennen, wohl der originellste unter allen württembergischen Theologen. Geboren wurde er 1702 in Göppingen, aufgewachsen ist er dort und in Schorndorf. Als Sechs- oder Siebenjährigem widerfuhr ihm beim Einschlafen ein Erlebnis der Nähe Gottes. Er erkannte, dass Gott in allem in der Welt gegenwärtig sei. Diese Gewissheit begleitete ihn sein Leben lang. Auch er studierte Theologie in Tübingen, später auch Medizin. Zehn Jahre reiste er durch Deutschland, bis er sich darüber klar war, dass es keine fehlerlose, »reine« Kirche gäbe, wie er sich das vorstellte. Auch die neue pietistische »Brüdergemeine« des Grafen von Zinzendorf, bei der er länger zu Gast war, gehörte nicht dazu. Sie hatte ihren Stammsitz in Herrnhut (Oberlausitz) und war mit Gruppen auch in Württemberg vertreten. So wurde Oetinger 1738 württembergischer Pfarrer, 1752 Superintendent (Dekan) in Weinsberg, später in Herrenberg und schließlich Prälat in Murrhardt. Damit war er, wie auch Bengel, Mitglied des württembergischen Landtags.

> Christus ist nicht nur das Heil der Menschen, Christus ist auch das Heil der Natur!
>
> Friedrich Christoph Oetinger

Oetingers Denken

Oetingers Theologie zeichnete sich durch die Verbindung von Glauben und Denken, Frömmigkeit und Klugheit, Liebe zu Gott, zur Natur und den Wissenschaften aus. In enger Bindung an die Bibel, wie er es bei Bengel lernte, nahm er die kulturellen und gesellschaftlichen Gegebenheiten ebenso wie seine eigenen Lebensumstände aufmerksam wahr. Im Zeitalter atemberaubender neuer Entdeckungen dürften die Christen, meinte er, nicht verlegen abseits stehen, sondern sie müssten ihre Verantwortung in der Gesellschaft und für die Gesellschaft wahrnehmen. Am Beginn der modernen Zeit ahnte Oetinger, was auf die Welt zukommt, wenn Christen ihren Aufgaben in dieser Welt aus Dummheit oder Faulheit nicht mehr nachkommen: Hoffnungslicht auch im sozialen, technischen und wissenschaftlichen Bereich zu sein. Wenn Christen nichts mehr von der Schöpfung (Umwelt, wie heute manche sagen) verstehen, brauchen sie auch nicht von der Erlösung durch Christus zu sprechen. Das sei dann nur ein Glaube im Kopf, der nichts mit dem leibhaften Leben zu tun habe.

»Leiblichkeit ist das Ende der Werke Gottes«, sagte er. So entwickelte er eine Theologie des Lebens und der Leiblichkeit. Schon als Student befriedigte ihn die damals moderne Philosophie nicht. Er empfand sie einerseits als Ansammlung toter Begriffe und Richtigkeiten, andererseits als falsch, weil vom Leben wegführend. Die Bibel und das Leben sprächen eine andere Sprache. Gibt es ein dem Leben angemessenes Denken, eine »heilige Philosophie«? Im Gespräch mit einigen Juden fand er sie in den Vorstellungen der jüdischen Mystik (Kabbala). Hier wurde Gott als höchst dynamisch und weiblich wie männlich zugleich begriffen.

> Dummheit ist Sünde!
>
> Friedrich Christoph Oetinger

Dieser Ausschnitt des Außenbildes der Lehrtafel zeigt Christus bei der Krönung einer Frau, die die Züge Prinzessin Antonias von Württemberg trägt.

In den Schriften des Görlitzer Schuhmachers und Philosophen Jakob Böhme fand er ähnliche Gedanken. So wurden Bibel, jüdische Philosophie und Jakob Böhme die Grundsteine seiner Theologie. Im Mittelpunkt stand der dreieinige Gott, der mit seiner Dynamik die Welt schafft, am Leben erhält und erlöst. Dies hat er 1763 in der Beschreibung eines Gemäldes in der Teinacher Dreifaltigkeitskirche, der »Lehrtafel der Prinzessin Antonia«, ausführlich entwickelt. Die ebenso kluge wie fromme Prinzessin hatte einhundert Jahre zuvor jüdische Mystik christlich gedeutet und dies symbolisch malen lassen. Durch Oetingers Beschreibung ist diese »Lehrtafel« der heutigen feministischen Theologie aufgefallen und wird dort immer wieder zum Nachweis herangezogen, dass Weiblichkeit und Leiblichkeit ihr eigenes Recht und ihre eigene Bedeutung auch im Glauben haben. Oetinger warnte vor dem, was wir heute erst langsam einsehen: dass man das Materielle, Leibliche nicht gegenüber dem »Geist«, den Ideen, dem Denken abwerten dürfe. »Materialismus« dürfe kein Schimpfwort werden.

»Man muss alles zusammennehmen«

Von großer Bedeutung ist Oetingers dreistufige Erkenntnislehre, die eng mit seiner Vorstellung von der Wirkung des dreieinigen Gottes in der Welt zusammenhängt. Jede wahre Gotteserkenntnis beruht auf drei »Mitteln«:

1. »Die Weisheit auf der Gasse«, das heißt die Philosophie,
2. »Sinn und Geist der Heiligen Schrift«,
3. »Die Schickungen Gottes«, das eigene Lebensgeschick.

Erstens ist mit der »Philosophie« die Vernunft, das Denken angesprochen. Um etwas von Gott zu wissen, müssten Christen denken lernen. Erst dann erwähnt er die Bibel, die nicht einfach dem Buchstaben nach, sondern ihrem »Sinn und Geist« entsprechend zu verstehen sei. Schließlich sind die persönlichen, leibhaften Erfahrungen des Lebens Bestandteil der Gotteserkenntnis. Diese drei »Mittel«, so betont Oetinger immer wieder, müssen zusammengenommen werden. Oetinger knüpft also eine äußerst enge Verbindung zwischen der Philosophie, der Bibel, dem christlichen Glauben und dem persönlichen Leben. So lebte Oetinger

Gegenüberliegende Seite: Die Darstellung aus der Lehrtafel der Prinzessin Antonia in Bad Teinach zeigt im Hintergrund den Tempel Jerusalems, davor Christus inmitten der 12 Stämme Israels. Prinzessin Antonia selber betritt gerade den Garten.

Die Stadtkirche Murrhardt, eine frühere Klosterkirche. Daneben das Pfarrhaus, in dem Oetinger 17 Jahre lebte und auch starb.

stets mit einem weiten Horizont, nie war er engherzig; »Ketzer« liebte er besonders: Ihre Gedanken wiesen oft auf einen vernachlässigten Aspekt der Wahrheit hin.

Psycho- und Elektro-Theologie

Oetinger befasste sich auch mit Psychologie und Parapsychologie. Geschichten über »Geister« sammelte und prüfte er. Dass er in Murrhardt selbst Geistern (natürlich nachts) gepredigt hätte, gehört allerdings in das Reich der Sagen. – Als Oetinger von einem schwedischen »Seher«, Emanuel Swedenborg, der von »Reisen« ins Jenseits schrieb, hörte, übersetzte er ab 1765 einige seiner Werke ins Deutsche. So wurde Swedenborg in Deutschland bekannt. Dafür bekam er großen Ärger mit der Kirchenleitung, die ihm das Schreiben verbot. Oetinger aber hielt sich nicht daran, veröffentlichte außerhalb Württembergs und importierte die Bücher dann. Mehrfach wurden seine Werke beschlagnahmt. In dieser Zeit erschien auch sein Buch über (statische) Elektrizität und den Blitzableiter.

Die güldene Zeit

Die Hoffnung der Christen war Oetinger ein weiteres wichtiges Anliegen. In Anlehnung an Bengel freute er sich auf die nahe Endzeit, die Wiederkunft Christi und das Tausendjährige Friedensreich auf Erden, wie es die Bibel prophezeite (Offenbarung 20). Viele Bücher schrieb er darüber. In seinem dreibändigen Werk »Die güldene Zeit« (1759–1761) leitete er aus dieser Hoffnung konkrete Forderungen an die Sozial- und Bildungspolitik ab. Man könne Gott schon etwas »vorarbeiten«; auch wir Menschen können und müssen einiges in der Welt verbessern und sollen Gott nicht alles allein überlassen. Als Politiker im Landtag setzte Oetinger sich für den vom Herzog zu Unrecht auf dem Hohentwiel gefangen gesetzten, international bekannten Juristen Johann Jakob Moser ein und wandte sich gegen absolutistische Bestrebungen.

1782 starb Friedrich Christoph Oetinger. Er hinterließ Frau und vier erwachsene Kinder … und viele Bücher. Darin finden wir noch heute wesentliche Gedanken für einen gesunden christlichen Glauben in der Welt Gottes.

Philipp Matthäus Hahn

Oetingers Einfluss auf die Geschichte des Denkens war nicht gering, einige Ideen von Goethe und Hegel zum Beispiel gehen auf ihn zurück. Direkte Schüler seiner Theologie hat Oetinger nur wenige gehabt, der Pfarrer Philipp Matthäus Hahn aber muss hier genannt werden. Zu Hause und in einem studentischen Gesprächskreis (»Erbauungsstunde«) lernte er pietistische Frömmigkeit kennen. In Herrenberg war er bei Oetinger Vikar, danach Pfarrer in Onstmettingen, Kornwestheim und Echterdingen. Bei Oetinger konnte er sehen, wie man neben dem Pfarramt ein Labor unterhalten kann. Hahn war außerordentlich technisch und mathematisch begabt. Er unterhielt als Pfarrer stets eine mechanische Werkstatt, sogar mit Mitarbeitern. Dort ließ er seine Ideen umsetzen und baute auch selbst kräftig mit: Waagen, Uhren und Rechenmaschinen. Hier gelangen ihm auch Erfindungen, die ihn berühmt machten. Eine große astronomische Uhr konstruierte er so, dass sie im Jahre 1836, dem von Bengel »errechneten« Termin der Wiederkunft Jesu, stehen bleiben sollte.

> Abends schriebe mein Tagbuch und Ausgaben und Witterung ein seit acht Tagen, als ich verreißt war. Und nun les ich Zeitungen, und wenn noch Zeit übrig ist, mach ich am Calender, weil Oetinger und Messerer pressiert. Ach, dachte ich heute schon, mit wie viel unnötigen Hindernissen bistu umgeben und hastu dich selbst verwickelt, da doch des Evangelii zu predigen, auseinanderzuwickeln und in demselben zu arbeiten eine tausendmal interessante Sache ist! Was Rechnungsmaschine, was astronomische Maschine, das ist Dreck! Jedoch um Ruhm und Ehre zum Eingang und Ausbreitung des Evangelii zu erlangen, will ich doch die Last noch weiter tragen.

Tagebucheintrag von Philipp Matthäus Hahn, 10. August 1773.

»Natur« und »Geist«, Arbeit in der Schöpfung und Arbeit im »Reich Gottes« waren ihm gleich wichtig. In seiner Theologie verlor er sich nicht in Spekulationen, sondern blieb auf dem Boden des Konkreten: Große Mühe gab er sich in der Verbesserung des Unterrichtens sowie der Erwachsenenbildung. Dazu gehörten auch seine Predigten, die viele Hörerinnen und Hörer anzogen und die rasch verbreitet wurden. Hahn schrieb Tagebücher, die uns erhalten sind. Sie geben einen interessanten Einblick in seinen Charakter; demnach war er der Familie und den Bediensteten gegenüber oft ungerecht und jähzornig, was ihm später jedoch stets leidtat.

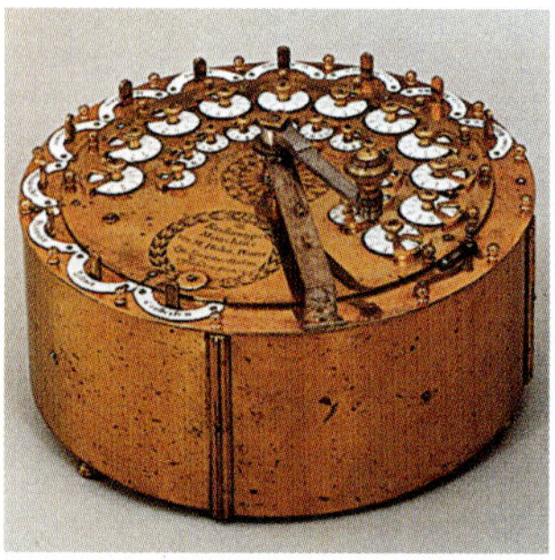

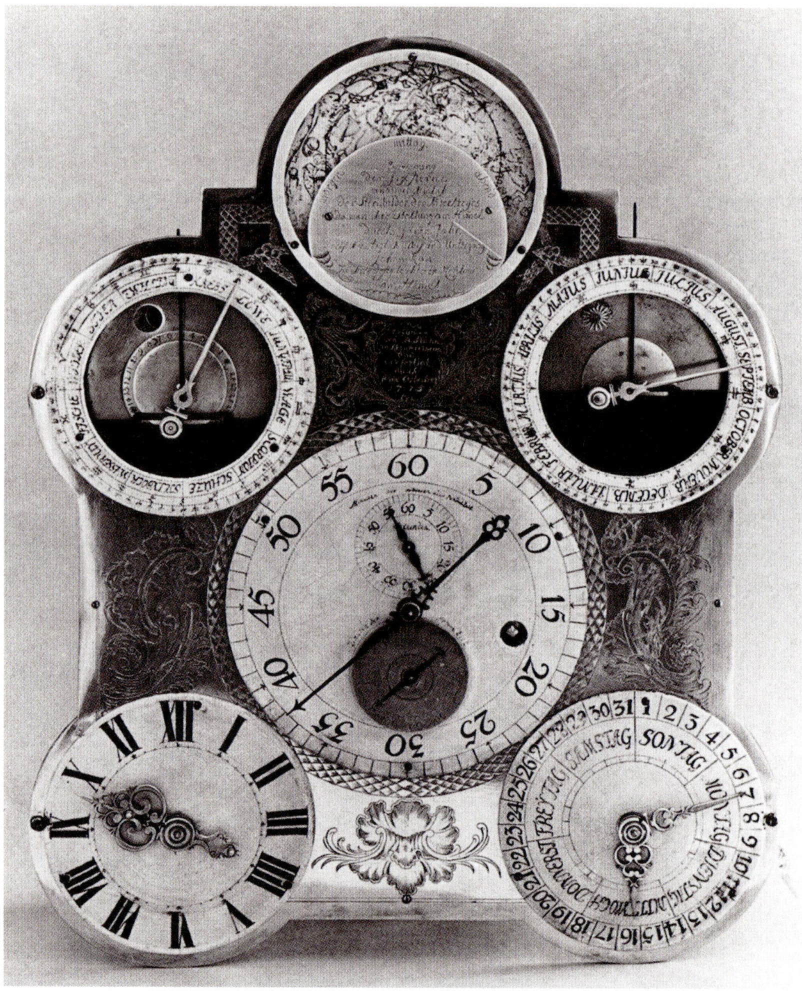

Eine Uhr und eine Rechenmaschine (oben) von Philipp Matthäus Hahn.

Michael Hahn (rechts) legt mit einigen Brüdern in der »Stunde« die Bibel aus. Das nach Hahns Tod entstandene Bild gruppiert in idealisierender Weise die geistigen Väter des Hahnschen Pietismus um einen Tisch; in Wirklichkeit trafen sie sich wohl nie in dieser Zusammensetzung.

Michael Hahn und die Hahnsche Gemeinschaft

Bibelstunden an verschiedenen Orten verbanden sich zu losen Zusammenschlüssen, den sog. »Gemeinschaften«. Die Hahnsche Gemeinschaft besteht noch heute. Sie bezieht sich nicht auf den eben genannten Hahn, sondern auf seinen Namensvetter Michael Hahn. Auch er ist von Oetinger stark beeinflusst, hat aber auf ganz eigene Weise gewirkt. Als junger Mann erlebte er eine tiefe, innere Erleuchtung, die er später »Zentralschau« nannte. Dabei erblickte er die Welt wie aus einer »höheren« Perspektive. Hahn stammte aus einfachsten Verhältnissen in Altdorf bei Böblingen. Er brach eine Metzgerlehre ab und lebte seitdem kärglich als Tagelöhner. In vielen Bibelstunden Württembergs predigte er und wurde so rasch bekannt. Das tat er ohne Ausbildung, er studierte für sich selbst die Bibel, Oetingers und Böhmes Schriften und entwickelte so ein geistreiches theologisch-philosophisches System: Alles hänge davon ab, dass der Mensch im »inneren«, geistig-seelischen Leben zunehme und reife, sich selbst ständig prüfe, Jesus ähnlicher werde (Heiligung) und die Geheimnisse des Heilsplans Gottes erforsche. Natürlich bekam er Ärger mit der Kirchenleitung und zugleich mit der »Obrigkeit«; man hatte Angst, dass er Leute abspenstig machen würde. Doch seine friedliche Art und die Besonnenheit auf der anderen Seite sorgten dafür, dass seine Anhängerschaft, die sich nach und nach bildete, nicht aus der Kirche auswanderte. Zu seinen Anhängern gehörte

Michael Hahn (1758–1819). Der Maler setzte folgenden Text unter das Bild:

»Dis liebevolle Bild,
mit Herrlichkeit verkläret,
Zeigt einen Bauern an,
der göttlich weise war,
Von Jesu Ursprungskraft hat
er allhier gelehret,
Wie aus, durch und zu ihm
sei alles offenbar.«

auch die Herzogin Franziska von Hohenheim. Sie gewährte Hahn Schutz auf dem Sindlinger Hof bei Herrenberg; als Privatbesitz der Herzogin war das Territorium der Zuständigkeit von kirchlichen und politischen Ämtern entzogen.

An Michael Hahn zeigt sich ein typischer Zug schwäbischer Gesinnung: der Hang zu »tiefem«, spekulativem Denken.

Die Waldenser finden eine neue Heimat

Die Ortschaft Perouse, heute Ortsteil von Rutesheim (Kreis Ludwigsburg), 1899. Die schnurgerade Straße zeigt die planmäßige Anlage der Waldenserdörfer.

In den Jahren 1698 bis 1701 nahm das Land etwa 2600 Asylsuchende auf. Sie sprachen einen provencalischen Dialekt (»welsch«) und durften im lutherischen Württemberg ihre Sprache und ihre auf den Reformator Guillaume Farel zurückgehende »reformierte« Konfession beibehalten. Das war ein auffällig toleranter Akt, und das Land hatte seinen Nutzen davon! Gebiete, die seit dem Dreißigjährigen Krieg unbewohnt und unbewirtschaftet waren, wurden so wieder besiedelt und nutzbar gemacht. Sie lagen im westlichen Grenzgebiet bei Brackenheim, Maulbronn, Leonberg und Calw. Die fleißigen Leute brachten den Anbau von Kartoffeln mit ins Land, und auch eine besondere Sorte Klee bauten sie an.

Diese Leute nannten sich »Waldenser« nach ihrem Gründer Petrus Waldes. Er war Kaufmann in der südfranzösischen Stadt Lyon. 1176 kam es durch den Tod eines Freundes zu einer Lebenswende. Fortan wollte er wie Jesus in Armut leben und das Evangelium verkündigen. Rasch schlossen sich ihm Männer und Frauen an. Ebenso rasch wurde diese Gruppe verboten. Ein Teil von ihnen vereinigte sich mit den Böhmischen Brüdern. Die Waldenser lebten seither, weiter anwachsend, in steter Verfolgung. In der Reformationszeit schlossen sie sich 1532 der evangelischen (reformierten) Seite an. Die Verfolgungen wurden dadurch schärfer. Als Ludwig XIV. sie aus den Turiner Alpentälern vertreiben ließ, konnten sie Ende des 17. Jahrhunderts unter Führung des Pfarrers Henri Arnaud nach Württemberg fliehen. Französisch klingende Ortsnamen wie Perouse gehen auf Waldensersiedlungen zurück. Diese Gruppe ging (erst) 1823 in der württembergischen Landeskirche auf. In Italien konnten sich Waldenser lange im Untergrund behaupten, bis sie 1848 Religionsfreiheit erhielten. Sie bilden heute dort eine evangelische Minderheitskirche. Auch in Uruguay gibt es seit Mitte des vorigen Jahrhunderts Waldenser.

Wahrzeichen der Waldenser: Der Leuchter auf der Bibel symbolisiert das Licht, das die heilige Schrift spendet. Der lateinische Spruch heißt übersetzt: (Das) Licht leuchtet in der Finsternis.

Auswirkungen des Pietismus in Württemberg

Der Pietismus in seiner württembergischen Gestalt war eine religiöse Erneuerungsbewegung, die von außerhalb angestoßen wurde, aber ihre eigene Prägung erfuhr, vor allem durch Bengel und Oetinger. Sie fand in der »Erweckungsbewegung« im 19. Jahrhundert eine Fortsetzung und prägt die Gestalt der württembergischen Landeskirche bis heute. Er verlor aber seine reformerische Stoßrichtung und den universalen, auf das Ganze von Mensch und Schöpfung, Zeit und Ewigkeit gerichteten Blick. Schon im 18. Jahrhundert wurden Reformansätze nur zum Teil in die Tat umgesetzt.

Auf sozialem Gebiet hat der Pietismus in Württemberg zu einer oft positiven Entwicklung beigetragen, zum Beispiel beim geglückten Übergang in die Industrialisierung. Die typisch pietistischen Mahnungen, selbst zu lesen und zu denken, eigene Erfahrungen zu machen, förderten Bildung, Flexibilität und Erfindungen. Die Hochschätzung der Natur öffnete das Tor für Technik und Naturwissenschaften. Sparsamkeit und Gewissenhaftigkeit

Beate Sturm (1682–1730) gehörte zu den zahlreichen Frauen, deren Leben von pietistischer Frömmigkeit geprägt war.
Unter ihr Bildnis wurde folgender Text gesetzt:
»Bey der Frommen Sturmin Bild
Das die Augen wenig füllt,
Bleibe niemand lange stehen:
Innen ist das Werk zu sehen.«

Bücherinventar aus der Realteilung der Näherin Christina Schamler 1790

Gottfried Arnold	Kirchen- und Ketzerhistorie 1. und 2. Teil in einem Band	50 kr.
dto.	in einem Band	50 kr.
dto.	3. und 4. Teil in einem Band	50 kr.
Gottfried Arnold	Ware Abbildung des inwendigen Christentums in 2 Bänd	40 kr.
Gottfried Arnold	Geistliche Erfahrungslehre	48 kr.
Vermischte Theologische Schriften eines ungenannten Schriftstellers		24 kr.
M. Gräters	Probsts zu Herbrechtingen Biblische Historien	6 kr.
M. Seizens	Katechismuspredigten	30 kr.
Jakob Bömens	Untersuchung der vornehmsten Irrtümer in sexto	12 kr.
Predigtbuch		
(Pierre Poiret?)	Die Göttliche Haushaltung	6 kr.
Gezerdynus	Des verborgenen Ackerschatzes	6 kr.
Weg der Wahrheiten		4 kr.
Wirttembergisches Gesangbuch		12 kr.
Arnolds Betrachtungen über die Psalmen Davids		12 kr.
Eberdorfisches Gesangbuch		6 kr.
Bareters Morgen- und Abendgebete ungebunden		2 kr.
Gesangbuch		6 kr.

Bücherverzeichnis einer armen Näherin aus Laichingen. Das Inventar wurde bei der Verteilung ihres Nachlasses aufgenommen. Aus: Hans Medick, Weben und Überleben in Laichingen 1650–1900. Göttingen 1996.

Jesus Christus herrscht als
König,
alles wird ihm untertänig,
alles legt ihm Gott zu Fuß.
Aller Zunge soll bekennen,
Jesus sei der Herr zu nennen,
dem man Ehre geben muss.

Jesus Christus ist der Eine,
der gegründet die Gemeine,
die ihn ehrt als teures Haupt.
Er hat sie mit Blut erkaufet,
mit dem Geiste sie getaufet,
und sie lebet, weil sie glaubt.

Ihnen steht der Himmel offen,
welcher über alles Hoffen,
über alles Wünschen ist.
Die geheiligte Gemeine
weiß, dass eine Zeit erscheine,
da sie ihren König grüßt.

Ich auch auf der tiefsten
Stufen,
ich will glauben, reden, rufen,
ob ich schon noch Pilgrim bin:
Jesus Christus herrscht als
König,
alles sei ihm untertänig;
ehret, liebet, lobet ihn!

Strophen aus dem bekanntesten Lied von Philipp Friedrich Hiller, dem Liederdichter des schwäbischen Pietismus.

waren Voraussetzungen für wirtschaftliches Gedeihen. Hinzu kam der Blick für den Nächsten: Viele diakonische Einrichtungen entstanden.

Der württembergische Pietismus blieb stark durch Johann Albrecht Bengel beeinflusst, vor allem durch seine Schüler. Zu diesen gehörten Philipp Friedrich Hiller und Johann Friedrich Flattich. Hiller ist der »Liederdichter des schwäbischen Pietismus«. Sein »Geistliches Liederkästlein« mit zweimal 366 Liedern ist heute noch in Gebrauch. Flattich war der originelle Erzieher und Seelsorger. Zahlreiche Anekdoten haben die Erinnerung an ihn wachgehalten.

Die bleibende Wirkung des württembergischen Pietismus auf dem Gebiet des christlichen Glaubens liegt in der Hochschätzung der Bibel als Gottes Wort. Hiermit verbunden hat er Gemeindemitglieder zu gewisser Mündigkeit und Kritik angeleitet. Die Verbindung von Biblizismus, also einer oft buchstäblichen Bibelhörigkeit, und spekulativem (in die Tiefe grübelndem) Denken hat etwas von der Größe Gottes und seiner Geschichte mit dem Kosmos ahnen lassen; Gott ist größer als der Gott der »Stunde«, der Kirche oder der erweckten Kreise. Der Pietismus weckte den ökumenischen Gedanken – nicht bei kirchlich »Heimatlosen«, sondern bei Menschen, die in ihrem Bekenntnis zu Hause sind! Mission ist die Konsequenz dieser Weite Gottes. Die Lebendigkeit des alten Pietismus lag schließlich in der Abwehr falscher Entweder-Oder-Entscheidungen; er forderte gute Verbindungen von Theologie und Gemeinde, Denken und Glauben, Bekennen und Tun, rechter Lehre und Gefühl. Dass die Emotionen und das ganze seelische Leben zum »Glauben« gehören, war kostbare – und gefährliche Einsicht. Hier konnte es zu Übergriffen auf die Seele anderer (und die eigene?) kommen. Darüberhinaus ist man oft auch bei Emotionen und Innerlichkeit, bei der Beobachtung seiner selbst stehengeblieben und hat den Nächsten und die Schöpfung vergessen.

Aufklärung und Absolutismus

Aus der Zeit von Herzog Carl Eugen

Die letzten zwei Drittel des 18. Jahrhunderts waren eine Zeit großer Veränderungen. Kunst und Kultur des Barock blühten im Schlösserbau, in Theater und Musik. Die Regenten betrieben eine Politik des Absolutismus nach französischem Vorbild. Zum Teil waren sie, zum ersten Mal seit der Reformation, katholisch (so Herzog Carl Alexander und Herzog Carl Eugen). Das führte zu Spannungen mit der Ständegesellschaft im evangelischen Altwürttemberg. In der Kirche des Landes wirkte der Geist des Pietismus und seiner Kirchenreformen ebenso wie der Geist der Aufklärung in der Verbindung von Vernunft und Glaube. Die Bevölkerung des Landes war großenteils von Landwirtschaft und Weinbau geprägt.

»… auf dass einer die Zeche für die Christenschelme zahle« – der jüdische Hoffinancier Joseph Süß Oppenheimer

Ständegesellschaft. Gesellschaftliche Rangordnung der frühen Neuzeit: Geistlichkeit, Adel, Städte.

Seit der Landesordnung aus dem Jahr 1498 durften sich Menschen jüdischen Glaubens nicht mehr im Herzogtum Württemberg ansiedeln. Das sollte sich erst 1828 grundlegend ändern. Jahrhundertelang gab es nur die Möglichkeit für sie, gegen Schutzgelder in kleineren Herrschaften und Dörfern unterzukommen (z. B. Buttenhausen, Freudental).

Der Jude Joseph Süß Oppenheimer, um 1692 in Heidelberg als Sohn eines Gemeindevorstehers geboren, wurde 1732 dem württembergischen Prinzen Carl Alexander als glänzender Financier empfohlen. 1733 wurde dieser überraschenderweise Nachfolger des verstorbenen Herzogs Eberhard Ludwig, obwohl er, seit 1712 in kaiserlich-habsburgischen Diensten, katholisch geworden war. Er machte Oppenheimer zu seinem Berater, und dessen wirtschaftliches Talent kam nun besonders zur Geltung.

Oppenheimer beriet den Herzog nicht nur in der Beschaffung von Krediten, sondern auch in Wirtschaftsfragen, und legte moderne Modelle für eine Staatsbank, zur Verpachtung von Landeseigentum und zur Organisation von Betrieben im Stil des Merkantilismus vor. Er war damit außerordentlich erfolgreich und hatte eine entsprechende Stellung beim Hof. Indem er die Politik des Herzogs wesentlich prägte, zog er jedoch auch den Zorn über den katholischen Herzog und seine Staatsführung auf sich,

Merkantilismus. Wirtschaftsform im Absolutismus mit Förderung von Manufakturen und Export.

wurde geschmäht und bedroht. Wie rechtlos er im Grunde war, merkte er, als er sich beim Umzug von Frankfurt nach Ludwigsburg von dem Zwang loskaufen musste, in einem jüdischen Ghetto zu wohnen; sein Haus musste er über einen Vermittler kaufen, weil Juden keinen Grundbesitz erwerben durften.

Sein Schicksal war besiegelt, als der Herzog 1737 plötzlich und auf rätselhafte Weise verstarb. Am 12. März nahm man den nun schutzlosen »Hoffaktor« fest und inhaftierte ihn zuerst auf dem Hohenneuffen, dann auf dem Hohenasperg. In einem Schauprozess, der geltendes Recht verletzte, wurden Hass und Neid des Volkes, die dem Herzog galten, geschickt auf ihn gelenkt. Auch die evangelische Geistlichkeit des Landes trug das Ihre zum jüdischen Feindbild bei. Am 14. Februar 1738 wurde Oppenheimer hingerichtet und sein Leichnam in einem Käfig zur Schau gestellt.

Wie sich dieses Phänomen eines stellvertretenden Sündenbocks, den man in den ebenso erfolgreichen wie geheimnisvollen jüdischen Menschen zu finden meinte, durch die Geschichte zieht, wird am Schicksal des »Jud Süß« beispielhaft deutlich:

Öffentliche Hinrichtung Oppenheimers am Stöckach in Stuttgart.

1925 erschien Lion Feuchtwangers gleichnamiger Roman, der 1940 als Vorlage des Drehbuchs für den antijüdischen Hetzfilm »Jud Süß« von Veit Harlan missbraucht wurde. Heinrich Himmler ordnete an, »dass die gesamte SS und Polizei den Film ›Jud Süß‹ zu sehen bekommt«. Bertolt Brecht schrieb an Heinrich George, der im Film den Herzog spielte: »Traurige Schauspielbeamte werdet ihr, der Gemeinheit gleichgeschaltet, geführt von Henkern«.

Der Herzog zwischen Hohenheim, Hoher Karlsschule und Hohenasperg

Herzog Carl Eugen von Württemberg war eine interessante und zugleich widersprüchliche Persönlichkeit, gebildet und begabt auf vielen Gebieten, aber auch sprunghaft und ungeduldig. Carl Eugen wurde am preußischen Hof Friedrichs des Großen erzogen. Dieser gab ihm in seinem »Fürstenspiegel« eindrückliche Ratschläge eines aufgeklärten Regenten mit auf den Weg, als Carl Eugen bereits mit 16 Jahren für volljährig erklärt und mit der Regierung beauftragt wurde. Zunächst führte der junge Herzog einen aufwändigen Lebensstil. Er pflegte Kunst und Kultur, ließ Schlösser (Neues Schloss Stuttgart, Solitude, Hohenheim) bauen und förderte Musik, Theater und Ballett. Rauschende Feste machten ihn berühmt, bei seinen sparsamen und meist sehr armen Landsleuten jedoch zugleich verdächtig. 1748 heiratete er die 16-jährige Prinzessin Elisabeth Sophie Friederike von Brandenburg-Bayreuth, eine Nichte Friedrichs des Großen. Dem aufgeklärten Absolutismus zugetan, wollte der Herzog die alten Zöpfe des protestantisch geprägten altwürttembergischen Ständestaats abschneiden, aber da hatte er sich verrechnet: Zum Regierungsantritt musste er, wie alle seine Vorgänger, den Tübinger Vertrag von 1514 bestätigen, der den württembergischen Landständen weitgehende Mitbestimmungsrechte, besonders in den Bereichen Finanzen und Militär einräumte. Dazu hatte er als der zweite katholische Regent des evangelischen Württemberg die sogenannten Religionsreversalien anzuerkennen; diese beschränkten die Ausübung des katholischen Glaubens auf den Regenten, setzten dem Einfluss katholischer Länder, vor allem Österreichs, enge Grenzen und beließen die Verantwortung für Kirchengut und Bildungswesen beim evangelischen Konsistorium. So war der Konflikt

Herzog Carl Eugen (1744–1793). In der Hand hält er die Urkunde, mit der Kaiser Josef II. 1781 die Hohe Karlsschule zur Universität erhob.

Der Weiße Saal (Festsaal) im 1764–1769 errichteten Schloss Solitude bei Stuttgart.

In seinem »Fürstenspiegel« erinnert Friedrich der Große Carl Eugen an die Pflichten eines Fürsten, wie er selbst als aufgeklärter Monarch sie verstand – leider vergeblich.

»Mit dem Anteil, den ich an Ihrer Mündigkeitserklärung hatte, verbindet sich mein Interesse an einem glücklichen Verlauf Ihrer Regierung.
Ich würde Schuld auf mich laden, wenn ich es versäumte, Ihnen das zu sagen, was all Ihre Diener und Untertanen zu sagen sich nicht unterfangen werden, ja, was sie um ihres persönlichen Vorteils willen vielleicht nicht einmal sagen wollen.
Es ist gewiss, dass jedermann die Augen auf das erste Hervortreten eines Mannes richtet, der ein hohes Amt auf sich nimmt; und gemeiniglich bestimmen gerade die ersten Handlungen das Urteil der Öffentlichkeit.
Überall werden Sie Personen finden, die Ihnen schmeicheln und nur beflissen sind, Ihr Vertrauen zu erwerben, um Ihre Gunst zu missbrauchen und Sie selbst zu beherrschen.
Die Finanzen sind der Nerv des Landes; wissen Sie darüber genau Bescheid, so werden Sie mit dem Übrigen jederzeit fertig werden.
Da eine vormundschaftliche Regierung voranging, wird es an Ihrem Hof an Intrigen nicht fehlen. Strafen Sie die Anstifter der ersten strenge, dann wird jeder sich hüten, dem bösen Beispiel zu folgen.
Güte am unrechten Ort ist nichts anderes als Schwäche, gleichwie Strenge ohne zwingenden Grund ein schwerer Frevel ist. Das Ausarten nach beiden Richtungen muss vermieden werden.
Denken Sie nur nicht, das Land Württemberg sei für Sie geschaffen worden! Glauben Sie vielmehr, dass die Vorsehung Sie zur Welt kommen ließ, damit Sie dies Volk glücklich machen. Legen Sie stets mehr Wert auf dessen Wohlfahrt als auf Ihre Zerstreuungen.
Zu Ihrer Aufgabe gehört es, dass Sie helfen, Tugenden zu verwirklichen und namentlich die Menschlichkeit, die Haupttugend jedes denkenden Menschen.
Machen Sie sich Ihre Jugend zunutze, ohne sie zu missbrauchen. Lassen Sie ein paar Jahre dem Vergnügen gewidmet sein. Dann denken Sie ans Heiraten. Ehren Sie in Ihrer Mutter die Urheberin Ihres Lebens. Die innige Freundschaft, die ich für Sie fühle, wird mich immer so aufrichtigen Anteil an Ihnen nehmen lassen. Mit einem Wort, mein lieber Herzog, es gibt kein Glück, das ich Ihnen nicht wünschte, und keines, dessen Sie nicht würdig wären.«

»Miroir de Prince« – Aus dem Fürstenspiegel von Friedrich dem Großen, König von Preussen, für Herzog Carl Eugen von Württemberg von 1744

mit dem eigenwilligen Fürsten vorprogrammiert, der die Fesseln des Landtags abzustreifen suchte, die ihm nicht mehr zeitgemäß schienen (und dies in manchem auch nicht mehr waren). Da die meisten Steuermittel in der Verfügung des Landtags und nicht des Herzogs standen – ein einmaliger Fall im Europa souveräner Fürsten! –, erschloss er für seine großen Aufwendungen neue Geldquellen. Berüchtigt wurde sein Verkauf von Landeskindern als Soldaten: »Ab nach Kassel« hieß es für die über den Landgrafen von Hessen-Kassel nach England und Holland verschacherten Soldaten. Schulden machte Carl Eugen, wie fast alle seine Kollegen im Reich, auch bei Voltaire, dem bekannten Philo-

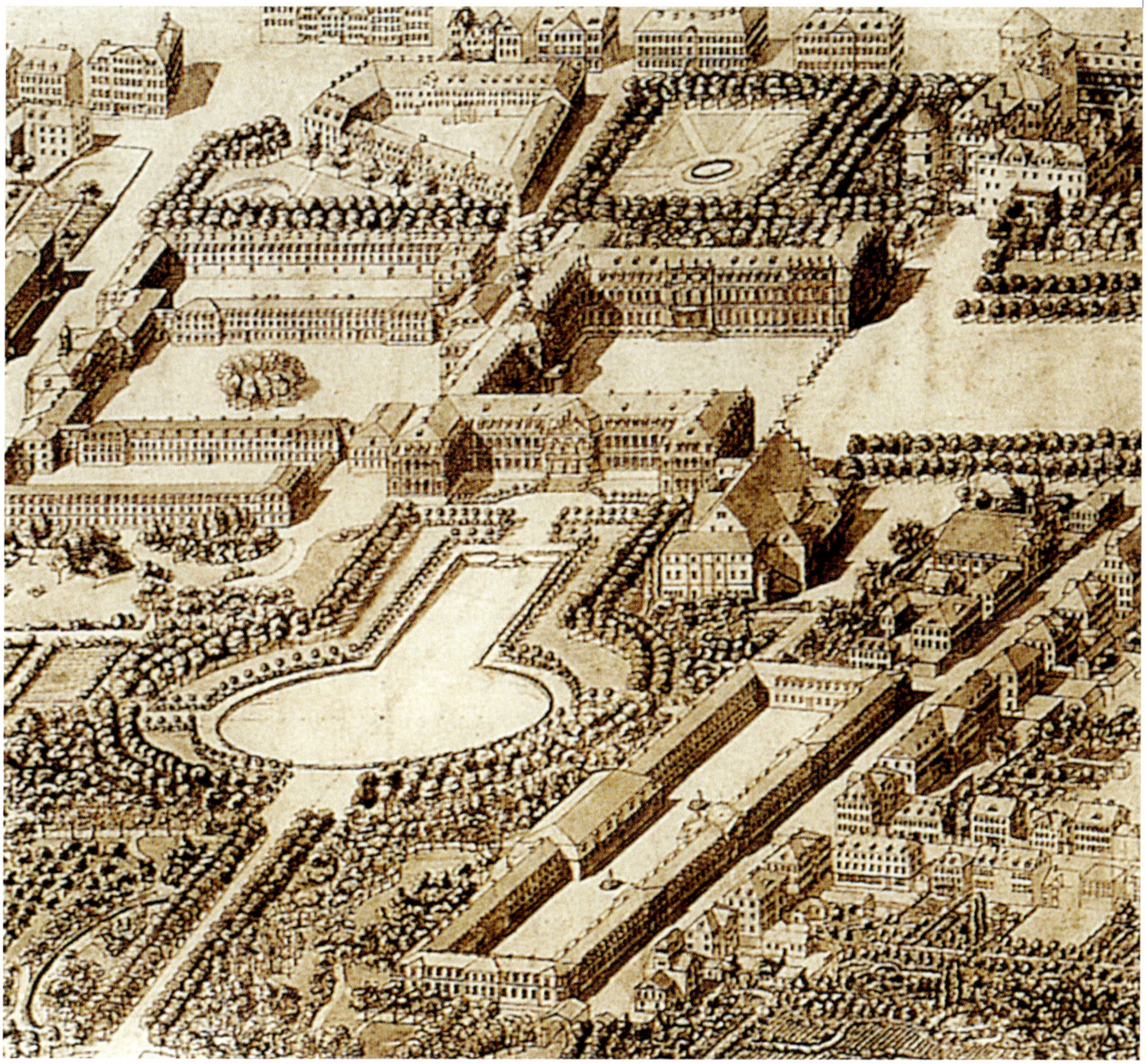

Das barocke Residenzviertel von Stuttgart aus der Vogelschau ca. 1825. Im Vordergrund rechts das Gebäude des Marstalls, in der Mitte das Neue Schloss mit Schlossplatz und Hoher Karlsschule. Oben in der Mitte das Waisenhaus, rechts davon Karlsplatz und Altes Schloss.

Carl Eugen besucht zusammen mit der Hofgesellschaft die Hohe Karlsschule. Karikatur des Malers Josef Anton Koch (1768–1839), der selbst Akademieschüler war und 1792 nach Frankreich entfloh.

sophen. Sein besonderes Interesse galt der Kultur und der Bildung. Er förderte Architektur, Musik und Malerei, gründete eine Kunstschule und machte seine Hofbibliothek öffentlich zugänglich. Schulen und Hochschulen des ganzen Landes überraschte er mit seinen persönlichen Besuchen.

Wer Kritik am Herzog übte, wurde aus dem Weg geräumt und landete in den Landesfestungen, besonders auf dem Hohenasperg. Den einberufenen Landtag löste er unter Einfluss absolutistischer Berater einfach auf. Auf Vergnügungsreisen nach Paris, Rom und Venedig entfloh er schwäbischer Enge. Höhepunkt seiner Bildungspolitik war die Gründung einer modernen Hochschule im Geist der Aufklärung, in Konkurrenz zur konservativen Tübinger Universität. Die Hohe Karlsschule, 1770 auf der Solitude eingerichtet, 1775 in die Kaserne hinter dem Neuen Schloss in Stuttgart verlegt (heute: »Akademiegarten«), wurde 1781 von Kaiser Joseph II. zur Universität erhoben. Das Studium war aufgebaut wie das reformatorische Bildungswesen in Württemberg mit der vermögensunabhängigen Förderung von Begabten in den Seminaren und im Tübinger Stift, doch waren die Lehrinhalte aufklärerisch modern: Naturwissenschaften und Künste, Kameral- und Verwaltungsfächer, aber keine Theologie. Bald genoss das Institut einen internationalen Ruf. Hatte so der aufgeklärte Geist auch seine Freiheit, so wurden den Schülern der »Militär-Akademie« die Fesseln eines stupiden Drills auferlegt. Mancher verließ deshalb Württemberg, wie Friedrich Schiller. Sein Vater war Leiter der herzoglichen Gärten, und der Sohn sollte eigentlich Theo-

Karlsschüler in der genau vorgeschriebenen Haartracht und Uniform zeichnen ein Porträt von Herzog Carl Eugen ab (um 1775).

logie studieren. Der Herzog nötigte ihn jedoch zum Studium der Medizin an seiner »Hohen Carlsschule«. Dort entstanden Schillers »Räuber«, in denen er und seine Freunde sich Luft machten gegen die Tyrannei. Die konzentrierte, aber kontrollierte Arbeitsatmosphäre wurde dem Dichter zu eng, er floh 1782. Als der Herzog elf Jahre später starb, äußerte Schiller jedoch: »Da ruht er also, dieser rastlos tätig gewesene Mann! Er hatte große Fehler als Regent, größere als Mensch, aber die Ersteren wurden von seinen großen Eigenschaften weit überwogen und das Andenken an die Letzteren muss mit dem Tode begraben werden …«

Auf die lange Sturm-und-Drang-Zeit des Herzogs folgte schließlich eine ruhigere Phase. Sie trägt den Namen einer Frau: Franziska von Hohenheim. Die Ehe des Herzogs war gescheitert, aber erst nach dem Tod seiner Frau konnte der Katholik 1785 die Protestantin Franziska heiraten. Carl Eugen baute den »Garbenhof« zu Schloss Hohenheim aus, das Franziska ihren neuen Beinamen gab. Im Erbvergleich mit den Landständen von 1770, der seine Schuldentilgung regelte, und mit dem versöhnlichen Kanzelmanifest von 1778, von allen Kanzeln des Landes verlesen, schloss der Herzog Frieden mit den Vertretern des Landes und der Landeskirche.

Dieses Porträt von Friedrich Schiller (1759–1805) malte Ludowike Simanovitz während dessen Aufenthalt in Ludwigsburg 1793/94.

Herzog Carl Eugen und Franziska von Hohenheim. Schattenriss von 1787.

Die Franziska-Kirche in Stuttgart-Birkach

In Hohenheim entstand die neue Hofhaltung, nicht mehr vergleichbar mit dem früheren Prunk. Die Gärten, von Johann Caspar Schiller angelegt, mit 20 000 Pappeln und 18 000 Obstbäumen bepflanzt, dienten nicht mehr rauschenden Festen, sondern botanischen Studien.

Franziskas Tagebuch zählt zu den wichtigen geschichtlichen Quellen jener Zeit. Am 6. Juni 1785 notierte sie in ihrer originellen Handschrift: »Der herzog rieden aus [ritt aus] und liessen heide [heute] mit Gottes hielfe an dem neuen schloss anfangen graben.«

Eines aber fehlte noch: eine evangelische Kirche in der Nähe Hohenheims für die eng mit dem schwäbischen Pietismus verbundene Franziska. Sie stand in freundschaftlicher Verbindung mit Philipp Matthäus Hahn und nahm Michael Hahn in ihrem Hofgut Sindlingen bei Herrenberg auf. Der Herzog beauftragte Baumeister Reinhard Fischer, einen seiner besonders geförderten unehelichen Söhne, mit dem Bau der evangelischen Kirche in

Franziska-Kirche in Stuttgart-Birkach.

Empore der Kirche in Würtingen (Kreis Reutlingen), erbaut 1753–55. Wegen starker Bevölkerungszunahme wurden Kirchen nun mit Empore erbaut, ältere Bauten stattete man nachträglich mit Emporen aus. Die Bilder der Brüstung – meist von Bürgern der Gemeinde gestiftet – zeigen biblische Szenen.

Birkach. Es entstand in nur einem Jahr ein schlichter, jedoch freundlicher und eleganter spätbarocker Bau. Die Franziska-Loge erinnert noch heute an die Herzogin. Kanzel, Altar und Taufstein stehen im Zentrum. Da das Pfarrhaus unmittelbar angebaut ist, geht der Pfarrer vom Altar auf die Kanzel durch seine Wohnung!

Harte Auseinandersetzungen – Landschaftskonsulent Johann Jakob Moser

Moser wurde am 18. Januar 1701 in Stuttgart geboren. Bereits mit 18 Jahren war er Professor der Rechte und württembergischer Regierungsrat. Bald führte ihn sein Weg außerhalb des Landes, zuerst an die Universität Frankfurt/Oder, dann nach Ebersdorf im Vogtland, wo sein juristisches Standardwerk »Deutsches Staatsrecht« entstand. Schließlich ging Moser an die Akademie für Staatsbeamte nach Hanau, dazwischen hielt er sich immer wieder am kaiserlichen Hof in Wien auf. Er wurde zum international anerkannten Fachmann für Staatsrecht und Verwaltungswesen. Sein innerer Weg führte Moser von der Aufklärung zum Pietismus. Davon erzählt sein Lied, das als einziges noch im heutigen Gesangbuch erhalten ist (von insgesamt tausend!), »Großer

Hirte aller Herden«. Auch die Notiz in seiner Lebensbeschreibung, »nachdem ich von 1732 an die Ehre und die Güter dieser Welt mit anderen Augen anzusehen angefangen«, bezeugt seinen inneren Wandel. 1751 wurde Moser als Landschaftskonsulent nach Stuttgart berufen, als Berater der württembergischen Landschaft, der großen Opposition gegen Herzog Carl Eugen. Moser legte Entwürfe zur Reform der Wirtschafts-, Sozial- und Bildungspolitik vor. Seine Studien »Klugheitsregeln in der Behandlung öffentlicher Geschäfte« und »Grundsätze einer vernünftigen Regierungskunst« beeindruckten den Herzog, zu dem er ein gutes Verhältnis fand. Doch er geriet zwischen die Mühlsteine der Auseinandersetzung des Herzogs mit den Landständen, die im Siebenjährigen Krieg über der Frage der Militärausgaben eskalierte.

Landschaft. Seit der Mitte des 16. Jh. umfasste die Landschaft je zwei Vertreter der ca. 60 Städte und Ämter sowie die 14 Prälaten in Württemberg.

Moser, welterfahren und naiv zugleich, orientierte sich nicht an Machtverhältnissen, sondern allein an seiner sachlichen Arbeit für Reformen. 1759 wurde er auf herzoglichen Befehl verhaftet und auf den Hohentwiel gebracht. Unmenschliche Haftbedingungen sollten seinen Willen brechen: Gespräche, Besuche, Bücher, Schreibutensilien wurden ihm vier Jahre lang vorenthalten! Viele seiner Glaubenslieder entstanden in dieser Zeit, in die gekalkte Wand geritzt. 1764 entlassen, kam es sogar zu einem Versöhnungsgespräch mit dem Herzog. Moser zog sich nach dem friedensstiftenden Vergleich zwischen Herzog und Landschaft 1770 zurück. Er starb, gezeichnet, aber nicht gebrochen, im Jahr 1785.

Johann Jakob Moser (1701–1785).

Großer Hirte aller Herden in dem Himmel und auf Erden, liebster Heiland Jesu Christ: Lass in diesen letzten Zeiten sich dein Reich noch mehr ausbreiten, als bisher geschehen ist.

Lass es sich zu deinen Ehren in mir selbst zuerst vermehren; breite es in meinem Haus, unter meinen Anverwandten, guten Freunden und Bekannten, ja im ganzen Lande aus.

Flöße frühe unsrer Jugend zu der Wissenschaft und Tugend auch noch dein' Erkenntnis ein; gib ihr Leben, nicht nur Wissen, und behüt vor Ärgernissen die, so um die Kinder sein.

Lass dein Wort die Toten wecken und die Sicheren erschrecken; stürz die Selbstgerechtigkeit. Mach die geistlich Blinden sehend, mach die geistlich Lahmen gehend, mach dir selbst den Weg bereit.

Johann Jakob Moser (Evangelisches Gesangbuch Nr. 591)

Christian Friedrich Daniel Schubart (1739–1791).

Christian Friedrich Daniel Schubart

Schubart führte eine spitze Feder, getrieben vom Freiheitsgeist des Sturm und Drang, und musste, wie Moser, die herzoglichen Fesseln erleiden. Er wurde 1739 als Pfarrerssohn in Obersontheim in der Herrschaft Limpurg, somit also im damaligen Ausland geboren. Seit 1769 arbeitete er als Organist an der Stadtkirche der Residenzstadt Ludwigsburg und wurde dort vier Jahre später »wegen zweifelhaftem und ausschweifendem Lebenswandel« entlassen. Er flüchtete in den Freiraum der Reichsstädte, zuerst nach Augsburg, dann nach Ulm, wo 1774 bis 1777 seine Zeitschrift »Teutsche Chronik« erschien. Schubart kämpfte mit der Feder gegen Despotismus, Ausbeutung und Soldatenhandel. Er solidarisierte sich mit den amerikanischen Kolonisten gegen die englische Krone. Die Hohe Carlsschule nannte er »Sklavenplantage«, den Herzog einen »Tyrannen«. Das konnte nicht lange gut gehen: Am 18. Januar 1777 – ausgerechnet an Mosers Geburtstag – erging der Befehl des Herzogs, ihn aus der schützenden Reichsstadt Ulm ins württembergische Blaubeuren zu locken und dort festzunehmen. Seine zehnjährige Haft auf dem Hohenasperg aber verlief ganz anders als die Mosers. Er konnte schreiben und Besuche empfangen im »Schubart-Turm«.

Hohenasperg, eines der berühmtest-berüchtigtsten Gefängnisse Deutschlands.

Da liegen sie, die stolzen Fürstentrümmer, Ehmals die Götzen ihrer Welt!
Da liegen sie, vom fürchterlichen Schimmer des blassen Tags erhellt!

Da liegen Schädel mit verloschnen Blicken, die ehmals hoch herabgedroht,
der Menschheit Schrecken! – denn an ihrem Nicken hing Leben oder Tod.

Nun ist die Hand herabgefault zum Knochen, die oft mit kaltem Federzug
den Weisen, der am Thron zu laut gesprochen, in harte Fesseln schlug.

Sie, die im ehern Busen niemals fühlten die Schrecken der Religion,
und Gottgeschaffne, bessre Menschen hielten für Vieh, bestimmt zur Frohn;

Die liegen nun in dieser Schauergrotte mit Staub und Würmern zugedeckt,
so stumm! so ruhmlos! noch von keinem Gotte ins Leben aufgeweckt.

Damit die Quäler nicht – zu früh erwachen, seyd menschlicher, erweckt sie nicht.
Ha! früh genug wird über ihnen krachen der Donner am Gericht.

Wo Todesengel nach Tyrannen greifen, wenn sie im Grimm der Richter weckt,
und ihre Gräul zu einem Berge häufen, der flammend sie bedeckt.

Aus: Christian Friedrich Daniel Schubart, Die Fürstengruft (1779)

In seinem Gedicht »Die Fürstengruft« erinnerte er die Fürsten an ihre Sterblichkeit und ihre Verantwortung für das Wohl der Menschen.

Schubarts Haft hatte ihn und seine Gedichte landesweit berühmt gemacht, dem herzoglichen Ansehen jedoch sehr geschadet. So wurde er 1787 aus der Haft entlassen und zum Theaterdirektor in Ludwigsburg ernannt. Die Freiheit hatte gesiegt.

Titelkupfer von Schubarts Memoiren. Dargestellt ist Schubarts Festnahme in der Wohnung des Klosteramtmanns Scholl in Blaubeuren.

»Stimmung äußerst democratisch« – Hölderlin, Hegel und Schelling im Tübinger Stift

Nicht nur in der Stuttgarter Residenz, sondern besonders in der Universitätsstadt Tübingen war der Anbruch einer neuen Zeit deutlich zu spüren. Gerne hätte Herzog Carl Eugen der alten Tübinger Universität zugunsten seiner Carlsschule in Stuttgart das Wasser abgegraben. Devot nahm deshalb Tübingen 1769 den Namen des Herzogs in ihren Universitätstitel auf und heißt seitdem »Eberhard-Karls-Universität«. Dass die Universität in Tübingen blieb, hatte sie jedoch dem Stift, der Ausbildungsstätte der evangelischen Theologen, zu verdanken. Besonders hier machte sich schon früh der Einfluss der Aufklärung bemerkbar. Der Kantianer Karl Immanuel Diez und der Jugendfreund Schillers, Karl Philipp Conz, waren damals Stiftsrepetenten mit großer

Das evangelische Stift in Tübingen. Der Ostflügel wurde 1792/93 neu erbaut. Die Zeichnung stammt von Eduard Mörike, der selbst einige Jahre »Stiftler« war.

Wirkung auf die Studierenden. Kant und Rousseau wurden verbotenerweise gelesen. Gespannt verfolgte man das Geschehen um die Französische Revolution 1789, über das man durch die Studenten aus Mömpelgard, einer württembergischen Enklave in Frankreich, gut unterrichtet war, und schrieb sich »Freiheit, Gleichheit, Brüderlichkeit« auf die Fahnen. Die alte orthodoxe Theologie schien verknöchert und konservativ. Neue Ansätze suchten Vernunft und Offenbarung zu verbinden (Supranaturalismus). Damals studierten im Stift Georg Wilhelm Friedrich Hegel, Friedrich Wilhelm Joseph Schelling und Friedrich Hölderlin, die später als Philosophen und Dichter weltberühmt wurden. Die Losung der drei Genies, die im Wintersemester 1790 sogar dieselbe Stube bewohnten, war: »Das Reich Gottes komme und unsere Hände seien nicht müßig im Schooß!« (Hegel an Schelling), oder: »Der freien Wahrheit nur zu leben« (Hegel an Hölderlin). Während Hegel und Schelling als Denker des Idealismus auf berühmte Lehrstühle, unter anderen in Jena und Berlin, berufen wurden, kehrte Hölderlin, äußerlich gescheitert und krank, nach Tübingen zurück und verbrachte 37 Jahre in einem Wohnturm am Neckar, nur wenige Meter vom Stift entfernt.

Repetent. Theologe mit sehr gutem Examen, der am Tübinger Stift die Studierenden betreute, den Lernstoff mit ihnen wiederholte (»repetierte«) und daneben selbst eine weiterführende wissenschaftliche Arbeit verfasste.

Da ich Pfarrer zu Metterzimmern wurde und allda viele schlechte Haushalter und Bettelleute angetroffen, so sagte ich zu den dasigen Schultheißen und Richtern, sie möchten doch den Leuten eine Anleitung geben, dass sie besser hausen [= haushalten, wirtschaften] lernten. Da sie aber solches nicht tun wollten, so sagte ich zu ihnen, befehlen und strafen sei keine Kunst, sondern die Pflicht der Obrigkeit bestehe hauptsächlich darinnen, dass sie den Untergebenen im Leiblichen aufzuhelfen suche. Da aber die Obrigkeit sich dazu nicht wollte brauchen lassen und die armen Leute mich dauerten, so musste ich viele Beobachtung machen, wie ich den armen Leuten nach ihren besonderen Umständen im Hausen raten und sie aufmuntern möchte.

Dieser Ausschnitt aus einem Brief Johann Friedrich Flattichs macht die sozialen Probleme der Zeit deutlich.

Der Köngener Pfarrer Daniel Pfisterer singt mit Kindern in der Kirche. Selbstportrait (um 1720).

Zwischen Aufklärung und Erweckung

Vom Herzogtum zum Königreich – Württemberg verändert sein Gesicht

Als Folge der französischen Revolution und der Kriege Napoleons befanden sich um 1800 weite Teile Europas in einem gewaltigen Umbruch. Davon blieb auch das Herzogtum Württemberg nicht verschont. Württemberg hatte seine linksrheinischen Gebiete schon 1792 verloren, konnte dafür aber zwischen 1802 und 1810 zahlreiche neue Gebiete ins Land eingliedern: Reichsstädte, katholische Klöster, kleine Fürstentümer und große, bisher österreichische Besitzungen. Aus dem durch viele kleine Herrschaften zergliederten Herzogtum wurde ein Flächenstaat, der von Hohenlohe bis Oberschwaben und von Ulm bis ins obere Neckartal reichte. Das Territorium hatte sich verdoppelt, die Zahl der Einwohner war um ein Drittel gewachsen. Die neuen, großenteils katholischen Gebiete wurden zunächst in einem eigenen Staat »Neuwürttemberg« mit Regierungssitz in Ellwangen zusamengefasst, bevor sie 1806 mit Altwürttemberg vereint wurden. Zum Jahreswechsel 1805/1806 wurde Württemberg zum Königreich erhoben.

König Friedrich I. von Württemberg (1797–1816) mit den Zeichen seiner Würde: Krone, Mantel und Harnisch.

In dieselbe Zeit fällt ein einschneidender innenpolitischer Umbau des Landes. Seit 1797 regierte Friedrich, zunächst als Herzog und ab 1806 als König, das Land. Er wollte Württemberg zu einem modernen, aufgeklärten Staat umgestalten, der absolutistisch und zentralistisch regiert wird. Dafür löste er den alten Landtag der Stände auf und versuchte, dem Land eine neue Verfassung zu geben. Dies gelang aufgrund starker Widerstände nur mühsam. Als Friedrich I. 1816 überraschend starb, hatte sein Sohn Wilhelm I. die politische Neuordnung des Landes weiterzuführen. Er war zurückhaltender als sein Vater und verstand die Rolle des Regenten nicht mehr absolutistisch, hielt aber am Aufbau eines zentral geführten Staates fest. Eine neue Verfassung im Jahre 1819 ersetzte die seitherige ständische Verfassung, das sogenannte »gute alte Recht«. Württemberg war zu einer konstitutionellen Monarchie mit einigen altständischen Elementen geworden. Der Landtag bestand nun aus zwei Kammern, der ersten aus Fürsten, Adligen und vom König ernannten Mitgliedern des bürgerlichen Standes, und der zweiten aus Rittern, Vertretern der Kirche und gewählten Abgeordneten aus dem Volk. Diese politischen Vorgaben prägten in der Folge die Politik in Württemberg im 19. Jahrhundert.

Konstitutionelle Monarchie. König und Landtag regieren nach den Bestimmungen einer Verfassung das Land.

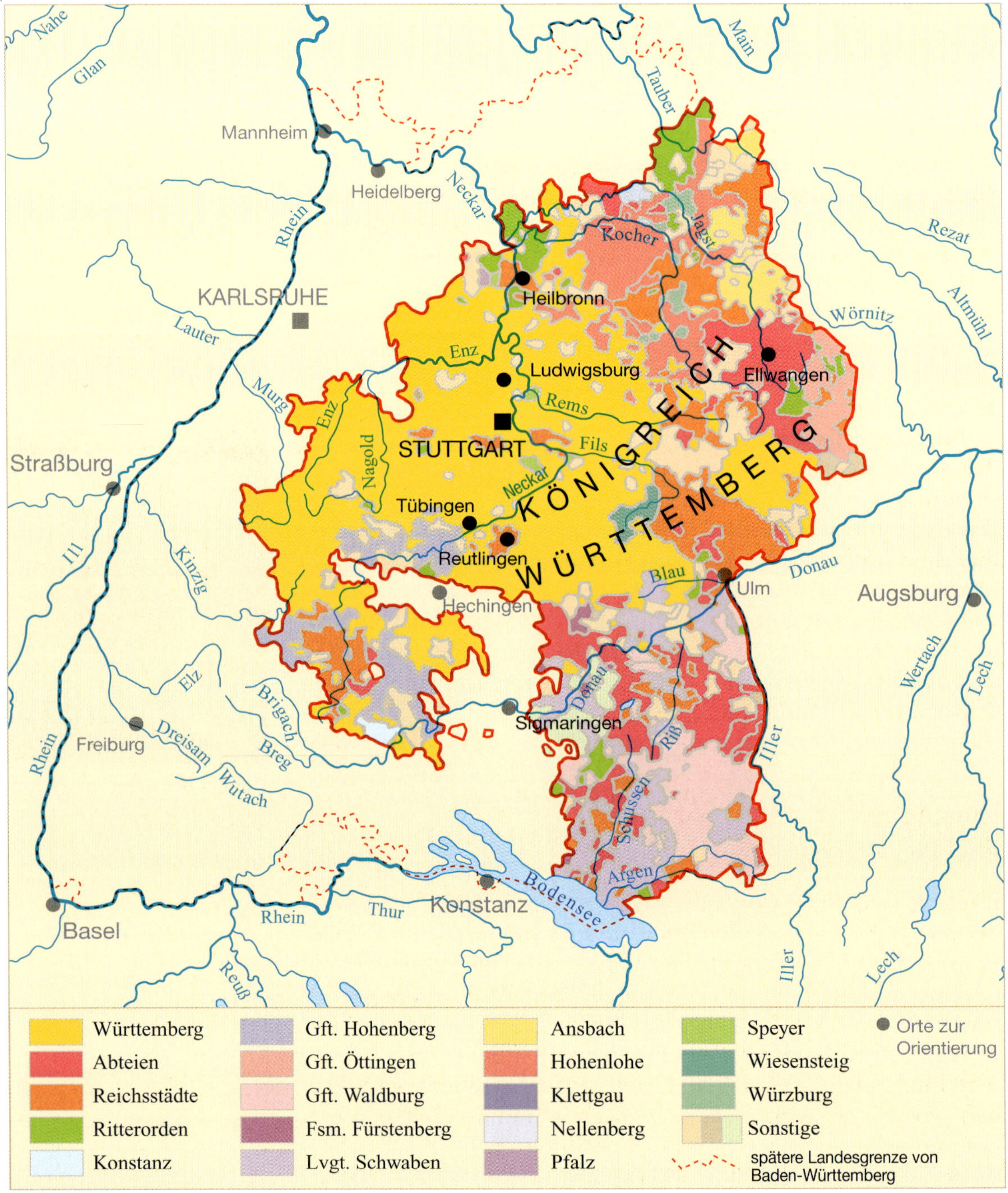

Württemberg: Vom Herzogtum zum Königreich.

Kirchliche Neuordnung – Die Kirche als staatliche Behörde

Die staatlichen und politischen Veränderungen um 1800 betrafen auch die Kirche. Im Zuge der Ausgleichsmaßnahmen des »Reichsdeputationshauptschlusses« wurden 1803 die geistlichen Fürstentümer, Abteien und Klöster säkularisiert, d.h. ihr Besitz ging an den Staat über. 1806 wurde das württembergische evangelische Kirchengut verstaatlicht. Als Ausgleich wurden Staatsleistungen für Kirchengebäude und Pfarrstellen gewährt.

Da die neuen Territorien weitgehend katholisch waren, musste die seitherige Bindung des Staates an das evangelisch-lutherische Bekenntnis fallen. Württemberg sollte ein paritätischer Staat werden, in dem die christlichen Bekenntnisse gleichgestellt waren.

Im Zuge der Umstrukturierung wurde der politische Einfluss der Kirche eingeschränkt. Die Kirche hatte sich nach dem Verständnis von Friedrich I. ganz dem Staatszweck unterzuordnen. Das Evangelische Konsistorium wurde, wie später auch der Katholische Kirchenrat, eine untergeordnete staatliche Behörde im Ministerium für Kirche und Schulwesen. Der König selbst hatte das Amt des Oberhauptes der evangelischen Kirche inne und betrachtete sich als Regent der Kirche. Er nahm Einfluss auf die Besetzung der Pfarrstellen und regelte kirchliche Angelegenheiten durch verbindliche staatliche Verordnungen.

Reichsdeputationshauptschluss. Reichsgesetz zur Entschädigung für den Verlust linksrheinischer Gebiete mit geistlichen Territorien und Reichsstädten.

Säkularisation. Einzug und Nutzung kirchlichen Eigentums durch den Staat.

Württembergisches Wappen über der Tür eines Pfarrhauses. Das Gebäude ist dadurch als Staatseigentum gekennzeichnet.

Fromme und unfromme Lieder – Die Taufe und der Teufel

Die evangelische Kirche selbst stand zu Beginn des 19. Jahrhunderts in der Spannung zwischen Aufklärung und traditioneller Frömmigkeit. Immer deutlicher wurden die Einflüsse einer an der Vernunft orientierten Theologie. 1791 erschien ein neues Gesangbuch, das später als das »rationalistische Gesangbuch« bezeichnet wurde. Der größere Teil der seitherigen Kirchenlieder war durch neue, von der Aufklärung geprägte Lieder ersetzt worden. Vor allem Liedgut aus pietistischer Tradition fehlte. Übernommene Lieder waren teilweise bis zur Unkenntlichkeit umgedichtet worden. Dies führte zu Widerständen kirchlicher Kreise, die sich der Tradition verpflichtet sahen. Die Widerstände gingen so weit, dass die Benutzung des neuen Gesangbuchs teilweise er-

> Von dir, unendlich Gütiger,
> von dir kommt Licht und Weisheit her;
> du bildest mich durch Unterricht,
> und schenkst mir Kenntnis meiner Pflicht.
>
> Der Weisheit will ich mich ganz weihn;
> lass mich des Lehrers Freude sein.
> Kein Tag des Lebens geh vorbei,
> dass ich nicht weiser, besser sei!
>
> Aus dem Gesangbuch von 1791

zwungen werden musste. In Kirchentellinsfurt wurde sie sogar mit militärischer Gewalt durchgesetzt.

Ähnliches geschah, als einige Jahre später die Ordnung für die Liturgie der Gottesdienste überarbeitet wurde. Das neue Kirchenbuch von 1809 sollte als modernes Buch an der Alltagswelt orientiert sein. Die Gebete waren weltlich geprägt und an der Vernunft ausgerichtet. Das Kirchenjahr begann nicht mehr mit der Adventszeit und dem Fest der Geburt Jesu, sondern, dem allgemeinen Kalender angepasst, mit Neujahr und dem Fest der Erinnerung an die Königskrönung. Den größten Unmut erregte ein Abschnitt aus der Taufliturgie. Die Absage an den »Teufel mit all seinem Werk und Wesen« in der Taufe war durch eine nichtssagende, allgemeine Formel gegen allen Un- und Aberglauben ersetzt worden. Einige Gemeinden und Pfarrer weigerten sich, nach der neuen Liturgie Gottesdienst zu feiern. Da die Liturgie jedoch königlich verordnet und damit als Gesetz verbindlich war, kam es auch 1809 zu massiven Konflikten.

Ferdinand Christian Baur (1792–1860).

Die Spannungen waren erst überwunden, als sowohl Gesangbuch wie auch Gottesdienstliturgien erneut überarbeitet wurden. In der Gesangbuchausgabe von 1841/42 waren viele alte, erbauliche und biblische Lieder wieder aufgenommen und die Einseitigkeit der Lied- und Textauswahl beseitigt worden. Im Kirchenbuch enthielt das Taufformular wieder die Abkehr vom Teufel und allem teuflischen Werk.

Theologische Frontstellungen – Liberal oder pietistisch

Im Hintergrund der innerkirchlichen Spannungen, wie sie etwa am Streit um Gesangbuch und Liturgie aufgeflammt waren, lag ein theologischer Konflikt. Seit der Aufklärung war die Vernunft zum leitenden Maßstab in Wissenschaft und Politik geworden. Auch in der Theologie versuchte man Vernunft und Glaube zu verbinden. Dies traf auf scharfe Kritik pietistischer Kreise.

Pantheismus. Philosophische Denkrichtung, nach der Gott überall in der Natur und den Dingen der Welt existent ist und aus diesen erkannt werden kann.

An der Landesuniversität Tübingen hatte sich Ende des 18. Jahrhunderts der sogenannte »Supranaturalismus« durchgesetzt. Aus philosophischen Überlegungen heraus wurden die biblischen Texte ganz als übernatürliche, göttliche Offenbarung verstanden. Ihre Auslegung war jedoch der Einsicht der Vernunft unterworfen. Christsein erstreckte sich dabei auf das verstandesgemäße Erfassen und moralische Befolgen von Lehrsätzen. Ein auf innere Frömmigkeit zielender Glaube hatte in diesem Denksystem keinen Platz.

Eine völlig neue Wendung bekam die theologische Entwicklung mit der historisch-kritischen Schule des Ferdinand Christian Baur ab 1826 in Tübingen. Baur hatte begonnen, die biblischen Texte literarisch zu untersuchen, und festgestellt, dass die Texte in ihren Aussagen sehr unterschiedlich sind und sich teilweise widersprechen. Er folgerte daraus, dass die biblischen Texte in historisch unterschiedlichen Situationen entstanden sein mussten. Diese galt es zu erforschen, um gleichzeitig den dogmatisch-theologischen Kern der Texte zu erkennen. Dass Baur den biblischen Text zerlegte, erntete scharfe Kritik.

David Friedrich Strauß (1808–1874).

Die theologische Auseinandersetzung verschärfte sich wenige Jahre später um David Friedrich Strauß, einen Schüler von Baur. Strauß hatte 1835/36 als Stiftsrepetent ein zweibändiges Werk über das »Leben Jesu« geschrieben. In diesem Werk sprach er den Evangelientexten den historischen Wahrheitsgehalt weitgehend ab und stufte sie als zeitbedingte religiöse Mythen ein, hinter denen eine allgemeine und überzeitliche Idee der Gottmenschheit steht. Strauß war in seiner philosophischen Sicht von Hegel beeinflusst, der zwischen Idee und zeitlichen Bildern unterschied. Mit der radikalen Kritik von Strauß am historischen Wahrheitsgehalt der Evangelien und damit an der Person Jesu als menschgewordenem Gottessohn war, wie viele meinten, jeglichem biblisch orientierten Glauben der Boden entzogen. Eine Flut von Gegenschriften überzog Strauß mit einer heftigen Polemik, die schließlich zu seiner Entlassung aus dem Kirchendienst führte. Maßgeblicher Wortführer gegen Strauß war der Korntaler Pfarrer und spätere Prälat Sixt Karl Kapff.

Sixt Karl Kapff (1805–1879).

Einen weiteren Höhepunkt erreichte der Streit 1844 anlässlich der Antrittsvorlesung des Ästhetikprofessors Friedrich Theodor Vischer in Tübingen. Vischer entfaltete in seiner Vorlesung pantheistische Ideen und griff die geistige Enge des Pietismus scharf an. Auch Vischer wurde beurlaubt, konnte jedoch 1847 seine Lehrtätigkeit wieder aufnehmen.

Mit diesen Auseinandersetzungen war die theologische Frontstellung der ersten Hälfte des 19. Jahrhunderts markiert: Sie hieß liberal oder pietistisch.

Friedrich Theodor Vischer (1807–1887).

Ein gewaltiger Prediger – Ludwig Hofacker

Die philosophischen Tendenzen der Universität und die weltlichen Tendenzen der Amtskirche führten in der Gegenbewegung zu einer neuen religiösen Erweckung. Diese knüpfte an die pietistische Tradition des Landes an. Glauben war mehr als ethische Gesinnung und sittliche Lebenshaltung. Man suchte nach innerlicher Frömmigkeit und einem Glauben, der nicht nur den Geist, sondern den ganzen Menschen umfasste. Diese neu entstehende Erweckungsbewegung war zunächst keine Massenbewegung, aber sie war geprägt von einzelnen sehr herausragenden Persönlichkeiten, die eine starke Wirkung erzielten.

Zu diesen gehörte der junge Theologe Ludwig Hofacker. Zunächst ganz einem leichtlebigen Studentenleben zugewandt, erlebte er als Theologiestudent eine schwere gesundheitliche Krise, die sein Leben grundlegend veränderte. Durch eine gewaltige Bußpredigt, die er im Januar 1823 in der Leonhardskirche in Stuttgart hielt, wurde man auf ihn aufmerksam. Der lebendige Glaube, der aus den Predigten des jungen Vikars sprach, begeisterte bald große Scharen von Zuhörern. Hofackers Interesse galt weniger dem theologisch-philosphischen Denken als einem christlich geführten Leben. Der gemarterte und gekreuzigte Jesus, der sich dem sündigen und bußfertigen Menschen zuwendet, wurde ihm zum uneingeschränkten Vorbild und allumfassenden Lebensinhalt. Immer wieder war Hofackers Wirken von Krankheit unterbrochen, doch von der vollständigen Auslieferung und Übergabe seines Lebens an Jesus Christus, wie sie Hofacker verkündigte, ging ein wesentlicher Impuls für die württembergische Erweckungsbewegung aus. 1828 verstarb Hofacker als Pfarrer von Rielingshausen (Kreis Ludwigsburg) im Alter von nur 30 Jahren.

Ludwig Hofacker (1798–1828).

Die Besten gehen – Separatismus und Auswanderung

Die massiven Umbrüche in Europa durch Aufklärung, französische Revolution und napoleonische Kriege führten zu Beginn des 19. Jahrhunderts zum Aufbrechen von Endzeitstimmungen in religiös geprägten Kreisen. Man deutete die Umwälzungen als letztes Aufbegehren des Antichristen und glaubte, das Weltende und damit der Anbruch der Gottesherrschaft sei nahe. Johann

Albrecht Bengel hatte schon einhundert Jahre vorher den Beginn der Endzeit für das Jahr 1836 vorhergesagt. Um 1800 bildeten sich separatistische Gruppen, die in einer »antichristlichen Zeit« ihren Glauben biblisch leben wollten und sich daher aus allen »weltlichen« Ordnungen zurückzogen. Auch in der aufklärerischen Amtskirche fühlten sie sich in der Vorbereitung auf das Erscheinen des Herrn behindert. Gottesdienste und Abendmahlsfeiern außerhalb der Kirche nahmen zu. Kinder wurden nicht mehr zur Taufe gebracht oder zur Konfirmation geschickt. Auf 10 000 schätzte man die Zahl der Anhänger des Webers Johann Georg Rapp aus Iptingen. An vielen weiteren Orten sammelten sich separatistische Gruppen, so in Winzerhausen um Pfarrer Friederich, in Rottenacker um eine schweizerische Prophetin Grubermann oder in Haiterbach um den Pfarrer Pregizer, der allerdings mit seinen Pregizerianern den separatistischen Weg wieder verließ. Da die Separatisten in Württemberg zunehmend Schwierigkeiten bekamen, kam es zu einer Auswanderungsbewegung. 1803 zog Rapp mit Anhängern nach Pennsylvania in den USA. 1807 wurde die Auswanderung verboten, doch als 1816 die Gesetze zur Auswanderung erneut aufgehoben wurden, nahmen die Auswanderungsströme drastisch zu. Viele fromme und fleißige Untertanen verließen das Land. Zu den religiösen kamen wirtschaftliche Motive. Eine katastrophale Missernte in den Sommern 1816 und 1817 hatte dem Land eine schwere Notzeit gebracht. Um dem kommenden Herrn nahe zu sein, dessen Wiederkunft in

Christian Gottlob Pregizer (1751–1824).

Separatismus. Abspaltung religiöser Gruppen aus der Landeskirche mit dem Ziel, Frömmigkeit und Lebensführung streng biblisch auszurichten.

Auswanderer an Bord eines Schiffes (Bild von etwa 1820).

Haifa heute und einst. Die ehemalige Templersiedlung ist im heutigen Stadtbild noch gut zu erkennen.

Jerusalem erwartet wurde, zogen viele Richtung Osten, Jerusalem und dem Berg Zion entgegen. Da der Weg ins damals osmanische Heilige Land jedoch versperrt war, siedelten viele in russischem Gebiet, in Bessarabien, bei Odessa, an der Wolga oder im Kaukasus um den Berg Ararat. Der russische Zar Alexander I., Bruder der württembergischen Königin Katharina, hatte den frommen und arbeitsamen Auswanderern großzügige Siedlungsmöglichkeiten in den weiten Flächen seines Landes angeboten. Dort durften sie ihren Glauben ohne Einschränkungen entfalten.

Zu einer Auswanderung nach Palästina selbst kam es 1868/69 durch die Bewegung der Templer unter der Leitung von Christoph Hoffmann. Hoffmann beabsichtigte, das »Volk Gottes« in Jerusalem zu sammeln und den zerstörten Jerusalemer Tempel geistig und gemeinschaftlich wieder zu errichten. Mit seinen Anhängern gründete er landwirtschaftliche Siedlungen in Haifa, Jaffa, Sarona und Wilhelma bei Jerusalem. Die Anfänge waren sehr hart, führten aber oft zu blühenden Niederlassungen, in Palästina wie in Russland.

> Gott hat den Monarchen der
> Russischen Staaten
> Erwählet zum Werkzeug sehr
> großer Gnaden.
> Er ist der Gesegnete auf dieser
> Erden,
> Hilft Christo jetzt sammlen die
> glaubigen Heerden.

Aus einem Liederbuch von Auswanderern nach Russland 1817.

Gottes Reich in Württemberg – Die Gründung von Korntal und Wilhelmsdorf

Die großen Auswanderungsströme bereiteten den Behörden im Land zunehmend Sorge. Denn mit den frommen Auswanderern verließen oft besonders gute und fleißige Untertanen das Land. Die Behörden suchten nach einem Weg, die Auswanderung einzudämmen. Der Leonberger Notar und Bürgermeister Gottlieb Wilhelm Hoffmann regte die Gründung einer Siedlung innerhalb Württembergs an, die eine von staatlichen Zwängen freie Religionsausübung ermöglichte. So kam es zur Gründung zweier Kolonien, in denen sich bald Bürger sammelten, die der Erweckungsbewegung nahestanden. 1819 begannen die ersten Familien auf dem ehemaligen Rittergut Korntal bei Stuttgart eine eigene Siedlung einzurichten. 1824 wurde ein zweiter Ort in einem unfruchtbaren Moorgebiet bei Ravensburg angelegt und nach dem König Wilhelmsdorf genannt. Ein königliches Privilegium sicherte den beiden Orten eine von der Staatskirche unabhängige Religionsausübung zu. Das Gemeinschaftsleben wurde in der Art einer Herrnhutischen Brüdergemeine organisiert. Ein schmuckloser Betsaal bildete das Zentrum des Ortes. Der Brüderrat leitete die geistliche und bürgerliche Gemeinde nach religiösen Gesichtspunkten. Das Zusammenleben unterlag im religiösen wie im weltlichen Bereich strengen Richtlinien. In den Anfangsjahren gab es keinen Privatbesitz. Man lebte in urchristlicher Gütergemeinschaft und wohnte in gleichförmig gebauten Häusern, ge-

Herrnhutische Brüdergemeine. Auf christlichen Grundgedanken basierendes Gemeinwesen, 1727 von Nikolaus Graf von Zinzendorf in Herrnhut (Oberlausitz) gegründet.

Korntal in den Jahren nach der Gründung. Rechts der Saal, in dem bis heute die Gottesdienste stattfinden, daneben das Gemeindegasthaus. Im Haus ganz links die Wohnungen des Pfarrers und des weltlichen Vorstehers.

Wilhelmsdorf wurde bald bekannt durch seine Erziehungseinrichtungen. Im Kaiserreich spielte sich Erziehung natürlich in zeittypischen Formen ab. Hier ein Vorbeimarsch auf dem Wilhelmsdorfer Saalplatz 1910.

rüstet für die Wiederkunft des Herrn. Beide Orte blieben bis ins 20. Jahrhundert hinein pietistisch geprägte Gemeinwesen, die große Bedeutung für den Pietismus im ganzen Land haben. Bis heute sind sie von der Landeskirche unabhängig.

Liebeswerke, Bücher und Mission – Vom Glauben zum Tun

Traktat. Gedrucktes Heft religiös-missionarischen Inhalts.

Der religiöse Aufbruch durch die Erweckungsbewegung führte zu zahlreichen praktischen Initiativen und Aktivitäten im Land, die später allgemein wegweisend wurden für Diakonie und Mission. Um 1820 entstanden erste sogenannte »Rettungshäuser«, die als christlich geprägte Heime junge Menschen zu einem christlichen Leben anhalten und die Not armer, kranker und behinderter Menschen lindern sollten. Diese Werke der »Inneren Mission«, wie die Diakonie damals hieß, waren Ausdruck christlicher Nächstenliebe und sollten auf die Verheißung des zukünftigen Gottesreiches vorbereiten, nach der im Reich Gottes Blinde sehen, Lahme gehen und Taube hören können.

Gegenüberliegende Seite: »Der breite und der schmale Weg«. Das um 1860 nach einem Entwurf von Charlotte Reihlen entstandene Bild war ein weit verbreiteter Wandschmuck.

In derselben Zeit setzte eine breite publizistische Aktivität ein, die zunächst in Traktaten und zunehmend auch in Büchern von diesem missionarischen Aufbruch berichtete. 1792 wurde der Verlag J. F. Steinkopf gegründet. 1812 kam es zur Gründung der Würt-

Spielhölle.
Theater.
Willkommen!
Sonntagschule
Lotto
Weltsinn
Gasthof zum Weltsinn
kenball.
Reich der Welt
Reich Gottes
Tod u. Verdammnis
Leben u. Seligkeit
Wehe denen, die Helden sind, Wein zu saufen. Jes. 5,22
Heute, so ihr hören werdet Seine Stimme, so verstocket eure Herzen nicht. Hebr. 3, 7. 8.
Sehet, jetzt ist die angenehme Zeit, jetzt ist der Tag des Heils! 2. Kor. 6, 2.
Offenb. 21.
Hebr. 12,22.

Zweimal zwei und fünfzig
biblische Geschichten
für
Schulen und Familien.
Mit Abbildungen.
Zweiundzwanzigste Auflage,
gedruckt mit Metzler'schen Stereotypen.
Preise:
Bei unmittelbarer Bestellung in Calw und gegen Vorausbezahlung kostet das Exempl. roh 12 kr., Parthieen von 25 Ex. roh 3 fl. 45 kr., im Buchhandel einzeln roh 4 ggr. oder 16 kr., in Parthieen 3 ggr. oder 12 kr.
Calw,
in der Vereinsbuchhandlung.
Stuttgart,
in Commission bei J. F. Steinkopf.

Titelblatt der »Zweimal zwei und fünfzig biblischen Geschichten«.

tembergischen Bibelanstalt, die schon bald eine eigene Volksbibel herausgab. Vor allem die ärmeren Bevölkerungsschichten sollten mit Bibeln versorgt werden, um der landesweiten »Bibelnot« abzuhelfen. Es entstanden Zeitschriften wie »Der Christenbote« oder die Zeitschrift »Altes und Neues aus dem Reiche Gottes«. 1833 wurde der Calwer Verlagsverein gegründet, der Missionszeitschriften, Schulbücher und Literatur zum Bibelstudium herausgab. Gründer, Verlagsleiter und erfolgreichster Autor des Verlags war Christian Gottlob Barth. Er gab seine Pfarrstelle in Möttlingen dazu auf. Seine »Zweimal zwei und fünfzig biblischen Geschichten« (1831) waren mit weltweit 5 Millionen verkauften Exemplaren in 87 Sprachen der »Bestseller« des 19. Jahrhunderts. Mit der Verfassung von Biographien und Autobiographien mit erbaulichem Charakter hat die Erweckungsbewegung einen ganz eigenen, für sie typischen Literaturstil entwickelt. In zahlreichen Traktaten und Büchern wurden Lebensbilder namhafter Persönlichkeiten der Erweckungsbewegung vorbildhaft beschrieben. Darin wurde oft von einer lebensverändernden Bekehrung erzählt und ausführlich über die inneren Beweggründe der dargestellten Personen berichtet. Die Darstellungen waren meist von einer dualistischen Lebenssicht geprägt, die zwischen gottgemäßer und gottferner Lebensführung unterschied. Da die Lebensbilder oft sehr lebendig und spannend geschrieben waren, kam es zu einer weiten Verbreitung. Entsprechend groß war ihr Einfluss.

Christian Gottlob Barth (1799–1862), Gründer des Calwer Verlags und erfolgreichster Autor des 19. Jh.

Das Gebäude des Calwer Verlags in Calw um 1900.

Bilder von Schutzengeln, die Kinder in gefährlichen Situationen behüten, waren weit verbreitet.

Die publizistischen Aktivitäten zur geistlichen Erweckung und Erbauung beschränkten sich nicht auf Bücher. Technische Neuerungen ermöglichten inzwischen, kolorierte Bilddrucke und Lithographien in größerer Auflage herzustellen. Eines der bekanntesten Bildmotive wurde das sogenannte »Zwei-Wege-Bild« (s. Seite 139). Es zeigt den schmalen Weg der Buße und des Glaubens, der in den Himmel führt, und den breiten Weg der Welt und des Vergnügens, der im Höllenfeuer endet. Andere Bilder zeigten z. B. einen Engel, der aus den Lustbarkeiten der Welt heraus auf den steinigen Weg ins Reich Gottes weist. Diese Bilder forderten den Betrachter zur Entscheidung zwischen Gott und Welt auf. Auch Jesusbilder gab es, die Jesus als »guten Hirten« oder mit Kindern inmitten der damaligen Alltagswelt zeigten. Als Massenware fanden diese Bilddrucke zunehmend Eingang in die karge Welt der vom Pietismus geprägten württembergischen Haushalte. Dort waren sie Jung und Alt täglich präsent und entfalteten eine nicht zu unterschätzende Wirkung auf Frömmigkeit und Lebensführung.

Ein Indien-Missionar in seiner Baumwohnung. Illustration in einer Missionszeitschrift.

Der Pietismus wollte nicht nur nach innen wirken. Die erste Hälfte des 19. Jahrhunderts ist zugleich der Beginn der äußeren, weltweiten Mission. 1815 wurde die Basler Mission gegründet, die in enger Verbindung mit dem württembergischen Pietismus stand. 1825 entstand der Calwer Missionsverein, aus dem der Calwer Verlag hervorging. Viele Missionare, die in den folgenden Jahrzehnten nach Afrika oder Asien gingen, kamen aus dem württembergischen Pietismus. Ebenso wurden zahlreiche Pfarrers- und Lehrerstöchter aus Württemberg als sogenannte »Missionsbräute« in ferne Länder gesandt, um dort als Missionarsehefrauen zu wirken.

Konfessionelle Gleichstellung – Das katholische Württemberg

Viele der neuen Territorien, die 1802–1810 an Württemberg kamen, waren katholisch. So musste eine Grundlage für das konfessionelle Miteinander im bisher rein evangelisch-lutherischen Württemberg geschaffen werden. Außer den katholischen Gebieten waren auch mehrere Waldenserdörfer an der Grenze zu Baden betroffen. In einem Religionsedikt wurden 1803 in Neuwürttemberg und 1806 in Altwürttemberg lutherische, reformierte und katholische Konfession gleichgestellt. Schon früh bemühte sich König Friedrich I. um die Errichtung einer eigenen katholischen Landesdiözese, da die neuen Gebiete zu fünf verschiedenen katholischen Bistümern gehörten. 1812 richtete der Staat eine eigene katholische Kirchenleitung und eine katholische Universität in Ellwangen ein. Nach nur vier Jahren wurde 1817 das Generalvikariat nach Rottenburg verlegt und die Theologie als katholisch-theologische Fakultät der Landesuniversität Tübingen eingegliedert. Im Tübinger Wilhelmsstift entstand ein Wohnheim für katholische Theologiestudenten. Erst 1828 bekam Württemberg nach langen Verhandlungen sein eigenes Bistum mit Sitz in Rottenburg, das seit 1975 den Namen Rottenburg-Stuttgart führt. Der damalige Generalvikar Johann Baptist Keller wurde 1828 der erste katholische Bischof in Württemberg. Das Bistum gehörte zur Oberrheinischen Kirchenprovinz mit Freiburg als Erzbistum, war aber, wie die evangelische Landeskirche auch, durch einen »Katholischen Kirchenrat« fest in die staatliche Verwaltung in Württemberg eingebunden.

Rottenburg, seit 1828 Sitz des katholischen Bischofs für Württemberg.

Grabstein auf dem jüdischen Friedhof in Buttenhausen (Stadt Münsingen), wo es einst eine blühende jüdische Gemeinde gab.

Württemberg und die Religionsfreiheit – Vom Schutzjuden zum Bürger

Seit den Zeiten des Grafen Eberhard im Bart bestand in Württemberg Siedlungsverbot für Juden. Lediglich einigen wohlhabenden Geldgebern und Händlern wurde Aufenthaltsrecht im Land gewährt. Anders sah es in einigen reichsunmittelbaren Städten und Gemeinden aus. Dort durften Juden bereits seit Längerem leben, waren sie doch ein wichtiger Wirtschaftsfaktor. Gegen eine entsprechende Geldleistung erhielten diese sogenannten »Schutzjuden« die Zusicherung des Schutzes durch den Ortsherren. Als diese bisher unabhängigen Gebiete württembergisch wurden,

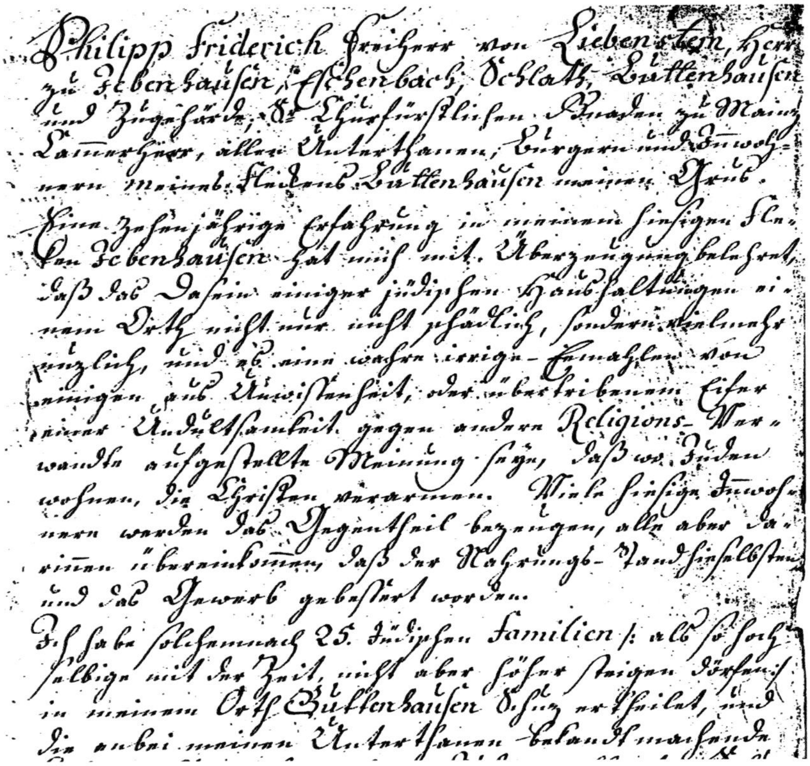
Philipp Friderich Freiherr von Liebenstein, Herr zu Jebenhausen, Eschenbach, [illegible], Buttenhausen und Zugehörd, [illegible] Churfürstlichen Gnaden zu Mainz Cammerherr, allen Unterthanen, Burgern und Einwohnern meines Fleckens Buttenhausen meinen Gruß.
Eine zehnjährige Erfahrung in meinem hiesigen Flecken Jebenhausen hat mich mit Überzeugung belehret, daß das Daseyn einiger jüdischen Haushaltungen einem Orth nicht nur nicht schädlich, sondern vielmehr nützlich, und es eine wahre irrige [illegible] von [illegible] Religions-Verwandten aufgestellte Meinung seye, daß wo Juden wohnen, die Christen verarmen. [illegible] hiesige Einwohner werden das Gegentheil bezeugen, alle aber [illegible] übereinkommen, daß der Nahrungs- [illegible] und das Gewerb gebessert worden.
Ich habe solchemnach 25. jüdischen familien [illegible] in meinem Orth Buttenhausen Schuz ertheilet, und [illegible] meinen Unterthanen bekandt machende [illegible]

Anfang des Schutzbriefs für die Juden von Buttenhausen 1784. Darin heißt es unter anderem in Art. 7: »Die Juden sollen alle Ihre Statuta, Ceremonien und Gebräuche nach ihrem Gesetz und Religion ohngehindert exercieren können und dürfen, alle ihre Feste begehen, darzu Ihnen zu dem Lauberhütten und Pfingstfest aus denen herrschaftlichen Waldungen das Laub ohnentgeldlich abgegeben«.

kamen auch deren jüdische Einwohner unter württembergische Herrschaft. So stieg die Zahl der Juden in Württemberg in wenigen Jahren von etwa 500 auf über 8000. 1819 wurde eine neue Verfassung verabschiedet, die Religionsfreiheit garantierte. Allerdings wurden die vollen Bürgerrechte zunächst nur den Christen gewährt. 1828 regelte ein Gesetz die »öffentlichen Verhältnisse der israelitischen Glaubensgenossen«. Damit waren die jüdischen Einwohner den bürgerlichen Gesetzen unterworfen und hatten entsprechende Pflichten zu erfüllen, erhielten aber nicht dieselben Rechte wie die christlichen Untertanen. In dieser Zeit wurden auch die Belange der jüdischen Gemeinden staatlich geordnet und eine »Israelitische Oberkirchenbehörde« eingerichtet. Die vollständige Gleichstellung der jüdischen mit den christlichen Bürgern wurde erst 1864 erreicht. Als letztes fiel 1869 das Verbot der Ehen zwischen Juden und Christen. In dieser Zeit setzte ein starker Trend zur Assimilierung unter den jüdischen Bürgern ein. Selbst die Synagogengottesdienste wurden weitgehend in deutscher Sprache gehalten.

Die ehemalige Synagoge Freudental (Kreis Ludwigsburg) wurde 1770 erbaut, 1938 verwüstet, 1983–1985 restauriert und beherbergt heute ein »Pädagogisch-kulturelles Centrum«.

Johann Christoph Blumhardt (1805–1880).

Christoph Blumhardt (1842–1919).

Glaube, Heilung und Politik – die beiden Blumhardts

Einer der großen Namen, der zu Württembergs Frömmigkeitsgeschichte im 19. Jahrhundert gehört, ist der Name Blumhardt. Johann Christoph Blumhardt, der Ältere, war zwar in einem pietistisch geprägten Elternhaus in Stuttgart aufgewachsen, ist aber selbst dem Pietismus nicht direkt zuzurechnen. Er hatte als Lehrer im Missionshaus in Basel zum ersten Mal die Heilung von Kranken durch Gebet erlebt. Als Pfarrer im württembergischen Möttlingen wurde er aus nächster Nähe mit dem Kampf einer Frau gegen ihre Krankheit konfrontiert. Da die Ärzte dieser Frau nicht mehr helfen konnten, nahm Blumhardt an ihrer Seite den Kampf gegen die Dämonen, von denen er sie besessen sah, auf. Das intensive Gebet zu Jesus war sein einziges Mittel. Als die Kranke nach langem Ringen schließlich gesundete, war Blumhardt sich gewiss, dass Gott nicht nur geistlich, sondern auch körperlich und seelisch heilt. Blumhardt versammelte nun Menschen in Gesprächskreisen um sich, die Befreiung von körperlicher und geistiger Krankheit suchten. Er betete mit ihnen und legte ihnen die Hände auf. 1852 richtete er mit Hilfe von Freunden im Heilbad Boll ein Heilungszentrum ein, in dem bald Menschen aus ganz Europa die Hilfe des begabten Seelsorgers und Predigers suchten.

Als der ältere Blumhardt 1880 starb, führte sein Sohn Christoph, der Jüngere, das vom Vater begonnene Werk in Bad Boll weiter. Doch bald weitete sich sein Wirkungskreis aus. Er er-

Kurhaus Bad Boll in der Gegenwart.

kannte die zunehmenden Nöte der Arbeiterschaft durch die Industrialisierung. Als »Mitarbeiter am Reiche Gottes«, der von der Liebe Gottes getragen wird, setzte er sich zunehmend für ihre Belange ein. Dabei war für Christoph Blumhardt immer unzweifelhaft klar, dass nur Gott es ist, der die Welt wirklich verändern und erlösen kann. Sehr zur Entrüstung kirchlicher Kreise wandte er sich der sozialistischen Bewegung zu und ließ sich von 1900 bis 1906 als Abgeordneter der Sozialdemokratischen Partei in den Württembergischen Landtag wählen.

So unterschiedlich die beiden Blumhardts waren, so lebten beide, Vater und Sohn, ein der Welt zugewandtes Christentum, das von der Vision des Reiches Gottes getragen war. Dies machte sie gegen alle Anfeindung, die ihnen zunächst widerfuhr, zu wegweisenden Vorbildern des christlichen Glaubens.

Pfarrhaus und Dichtung – Eduard Mörike

Eduard Mörike (1804–1875).

Hatte Württemberg Ende des 18. Jahrhunderts mit Hegel, Schelling und Hölderlin einige große Denker und Philosophen hervorgebracht, so waren es wenige Jahrzehnte später, um 1820/30, namhafte Dichter und Schriftsteller. Zu ihnen gehören Ludwig Uhland, Gustav Schwab, Wilhelm Hauff und Eduard Mörike. Ihnen ist gemeinsam, dass sie alle aus dem württembergischen Protestantismus hervorgegangen sind. Sie waren Schüler in den Evangelischen Seminaren und studierten, mit Ausnahme von Uhland, im Evangelischen Stift. Schwab und Mörike waren sogar württembergische Pfarrer.

Gustav Schwab (1792–1850). Sein bekanntestes Werk: »Die schönsten Sagen des klassischen Altertums«.

Schon als Student war Mörike schriftstellerisch tätig und hatte als Vikar mit dem Roman »Maler Nolten« sein erstes vielbeachtetes Werk geschaffen. 1834 übernahm Mörike die Pfarrei Cleversulzbach. Zahlreiche Erzählungen und Gedichte sind im Pfarrhaus in Cleversulzbach entstanden, wie z.B. die Anfänge des Gedichtes »Der alte Turmhahn«. 1838 erschien die erste Ausgabe der Gedichte Mörikes. Die Zeit in Cleversulzbach war für Mörike allerdings keine einfache Zeit. Er war oft krank, die Amtsgeschäfte und ausgerechnet das Predigen fielen ihm, der doch so begabt mit Sprache umgehen konnte, schwer. Schließlich bat er 1843 mit 39 Jahren um Pensionierung, da er sich dem Predigtamt nicht mehr gewachsen fühlte. Frei von beruflicher Verpflichtung widmete er sich ganz seinem literarischen Schaffen. Später übernahm

Dachzimmer im Cleversulzbacher Pfarrhaus mit dem Hausaltar. Bleistiftzeichnung von Eduard Mörike.

der inzwischen viel beachtete Dichter eine Lehrtätigkeit am Königin-Katharinenstift in Stuttgart. Einige seiner bedeutendsten Werke sind in dieser Zeit entstanden, wie das »Stuttgarter Hutzelmännlein«, »Mozart auf der Reise nach Prag«, die »Historie von der schönen Lau«. 1875 starb Mörike in Stuttgart. Die Grabrede auf dem Stuttgarter Pragfriedhof hielt der Philosoph Friedrich Theodor Vischer.

Anfang des Gedichts »Der alte Turmhahn«, in welchem Mörike humorvoll sein Pfarrerdasein in Cleversulzbach beschreibt. Der Turmhahn selbst blieb erhalten; er ist heute im Schiller-Nationalmuseum Marbach.

Zu Cleversulzbach im Unterland
Hundertunddreizehn Jahr ich stand,
Auf dem Kirchenturm ein guter Hahn,
Als ein Zierat und Wetterfahn.
In Sturm und Wind und Regennacht
Hab ich allzeit das Dorf bewacht.
Manch falber Blitz hat mich gestreift,
Der Frost mein' roten Kamm bereift,
Auch manchen lieben Sommertag,
Da man gern Schatten haben mag,
Hat mir die Sonne unverwandt
Auf meinen goldigen Leib gebrannt.
So ward ich schwarz für Alter ganz,
Und weg ist aller Glitz und Glanz.
Da haben sie mich denn zuletzt
Veracht't und schmächlich abgesetzt.
Meinthalb! So ist der Welt ihr Lauf,
Jetzt tun sie einen andern 'nauf.
Stolzier, prachtier und dreh dich nur!
Dir macht der Wind noch andre Cour.

Die Kirche vor neuen Heraus-forderungen

In England hatte in der zweiten Hälfte des 18. Jahrhunderts eine Entwicklung eingesetzt, die weit reichende Folgen für ganz Europa hatte. 1769 war von James Watt die Dampfmaschine erfunden worden, die »Initialzündung« zur industriellen Revolution. Bald wurde die neue Maschine in Spinnereien und Webereien eingesetzt und damit die Herstellung von Stoffen einschneidend verbessert. Wenig später wurden dann auch die Produktionsverfahren der Schwerindustrie wesentlich verändert und mit der Erfindung der Lokomotive 1814 ein tiefer Wandel im Transportwesen eingeläutet. Dieser technische Fortschritt brachte allerdings eine Verarmung und Verelendung weiter Bevölkerungskreise mit sich, weil in den maschinenbetriebenen Fabriken weit weniger Arbeitskräfte benötigt wurden als zuvor.

Durch die politische Zersplitterung Deutschlands setzte die wirtschaftliche Entwicklung hier später und langsamer ein. 1815 wurde die von Napoleon über England verhängte Ausfuhrblockade aufgehoben. Als die billig produzierten Stoffe aus dem Inselstaat wieder ungehindert nach Deutschland gelangten, brach die württembergische Textilproduktion weitgehend zusammen: In Calw, einem Textilzentrum, bezogen zeitweise von 800 Bürgern 300 Gemeindealmosen. Die Menschen, die trotz aller Schwierigkeiten Arbeit hatten, sahen sich für unser heutiges Empfinden unglaublichen Arbeitsbedingungen ausgesetzt: In einer württembergischen Sensenfabrik betrug 1810 die Wochenarbeitszeit der zwölf Schmiede 85 Stunden, gearbeitet wurde Montag bis Freitag von 4 bis 19 Uhr und am Samstag von 4 bis 14 Uhr. Zur sozialen Verelendung trug neben dem Bevölkerungswachstum auch eine Hungersnot bei, die 1816/17 in Württemberg wütete; die um 200 bis 500 Prozent gekletterten Lebensmittelpreise konnten nur noch die wenigsten Menschen aufbringen. Bei einer 1817 in Württemberg veranstalteten Berufszählung wurden von 317 881 erfassten Einkommensbeziehern 26 740 als »in Almosen stehend« (8,4 Prozent) bezeichnet; dabei war aufgrund der württembergischen Realteilung im Erbfall oft ein Hausteil oder Kleinstbesitz von Boden vorhanden, doch dieser warf kaum das zum Überleben Nötige ab. In den Städten und auf dem Land herrschte bedrückende Armut, es gab Menschen ohne Perspektive, die ihre Kinder kaum aufzuziehen vermochten; ganz zu schweigen vom Schicksal jener Kin-

Das industrielle Zeitalter verändert die Lebensverhältnisse von Grund auf: Oben eine Hausweberei, wie sie von vielen Kleinbauern betrieben wurde. Unten der Websaal der Weberei in Kuchen (Kreis Göppingen) um 1862 mit weit über 400 mechanischen Webstühlen.

Kinder werden als Arbeitskräfte verdingt. Um überleben zu können, waren kinderreiche Kleinbauernfamilien zu solchen Maßnahmen gezwungen.

Friedrich Heim gründete als Pfarrer in Winnenden 1823 die erste Anstalt für Taubstumme.

der, die ihre Eltern verloren hatten oder krank waren. Eine 1820 durchgeführte Volkszählung ergab, dass unter 1,4 Millionen Einwohnern Württembergs rund 65 000 unterstützungsbedürftig waren, darunter etwa 24 000 unter 14 Jahren. Zwischen 1816 und 1822 suchten deshalb rund 44 000 Menschen ihr Glück in der Auswanderung, vor allem nach Nordamerika.

Kinderrettungsanstalten

Bereits im Jahre 1805 hatten Pietisten in Stuttgart ein privates Armeninstitut ins Leben gerufen, in dem Kinder aufgenommen und betreut werden konnten. Doch erst die in Württemberg nach den napoleonischen Kriegen und der Hungersnot von 1816/17 herrschende bittere Not brachte ein breiteres und gezielteres Engagement hervor. Die Initiative hierfür ging von Königin Katharina von Württemberg aus. Sie regte die Gründung eines Vereins an, der Armenärzte, Arzneimittel, Kleidung, Lebensmittel und Hilfsgelder besorgen und den Menschen wieder Arbeit verschaffen sollte. Am 29. Dezember 1816 erfolgte im Stuttgarter Schloss die Gründung einer »Zentralleitung des Wohltätigkeitsvereins«. Es wurde auch die Errichtung von Bezirks- und Lokalwohltätigkeitsvereinen im ganzen Land angeregt. Energisch nahm man die genannten Aufgaben in Angriff; zudem wurden so genannte »Industrieschulen« gegründet, die den Ausbildungsstand von Arbeitern verbessern sollten und als Vorläufer der Fortbildungs- und Gewerbeschulen große Bedeutung gewannen.

Im Blick auf konkrete Hilfen für Kinder ist jedoch vor allem eine zweite Quelle herauszustellen: Wegweisend wurde die 1819 von Pietisten gegründete Siedlung Korntal sowie die 1820 von dem württembergischen Pädagogen Christian Heinrich Zeller im südbadischen Schloss Beuggen ins Leben gerufene »Armenschullehrer- und Armenkinderanstalt«. Beide Einrichtungen waren vom Geist des gläubigen und hilfsbereiten schwäbischen Pietismus bestimmt, der darauf zielte, die Liebe Christi an arme und Not leidende Menschen, insbesondere Kinder, weiterzugeben. Es entwickelte sich eine regelrechte »Rettungshausbewegung«, die den in Scharen bettelnd durch die Straßen ziehenden Kindern Unterkunft geben und eine solide Erziehung ermöglichen wollte. Als erstes Rettungshaus wurde in Stuttgart die »Paulinenpflege« begründet. Namensgeberin war die württembergische Königin

Pauline, die diese Einrichtung tatkräftig unterstützte. Aufgenommen wurden Kinder, die – wie es in einer Darstellung aus dem Jahre 1845 heißt – »entweder schon verwildert [sind] oder die wenigstens in ihrer seitherigen Lage der Gefahr, sittlich zu entarten …, ausgesetzt sind«. Aufgenommen werden konnten 38 Knaben und 18 Mädchen, die auch nach der Konfirmation bis zum Abschluss einer Ausbildung weiter begleitet wurden.

Als die »Zentralleitung des Wohltätigkeitsvereins« am 13. März 1823 einen öffentlichen Aufruf erließ, weitere Anstalten wie die Paulinenpflege im ganzen Land zu gründen, fiel dieser zuerst in Winnenden auf fruchtbaren Boden. Am 7. August 1823 wurde die Anstalt, die ebenfalls den Namen Paulinenpflege trug, eröffnet; Pfarrer Friedrich Heim nahm zunächst zwanzig Kinder auf. Bereits Anfang 1824 kamen zwei taubstumme Kinder und ein Blinder hinzu. Da Taubstumme bislang nirgends eine angemessene Betreuung fanden, kamen immer mehr Jugendliche aus diesem Personenkreis nach Winnenden. Bald wurde ein Taubstummenlehrer eingestellt und bis zum Jahre 1845 war die Einrichtung so gewachsen, dass neben 65 bis 70 Jugendlichen in der »Rettungsanstalt« auch 35 Taubstumme aufgenommen werden konnten. Heute finden in den Spezialeinrichtungen der Paulinenpflege im Bereich der Berufsausbildung für Gehörlose, Schwerhörige und Sprachbehinderte über 400 Personen Aufnahme, 360 Behinderte und 200 Kinder werden im Kinderdorf begleitet.

Auch im schon erwähnten Korntal wurde im November 1823 ein »Rettungshaus« gegründet, das zwei Jahre später bereits 57 Kinder aufnehmen konnte; ab 1828 standen dann 70 Plätze für »arme, verlassene und verwaiste Kinder oder auch Kinder schlechter Eltern« zur Verfügung. Doch nicht nur im Großraum Stuttgart wurden »Rettungshäuser« für Kinder eingerichtet. 1825 nahm in Tuttlingen ein Verein mit fünf Kindern seine Arbeit auf, weitere Gründungen gab es 1826 in Kirchheim und 1828 in Stammheim bei Calw. Hinzuweisen ist schließlich auf die 1836 in einem ehemaligen Kloster in Lichtenstern bei Weinsberg eröffnete Kinderrettungsanstalt, deren Grundsätze 1845 von ihrem Leiter Ludwig Völter folgendermaßen beschrieben wur-

Die beiden Zeichnungen (oben) veranschaulichen das Wachstum der Paulinenpflege: Die Arbeit begann 1823 im ehemaligen Armenhaus der Stadt Winnenden. 100 Jahre später erstreckte sie sich über zahlreiche Gebäude. Das Foto (unten) zeigt Gebäude der heutigen Paulinenpflege.

den: »Die Rettungsanstalten wollen schon durch ihren Namen andeuten, dass sie die Erziehung ihrer Zöglinge nicht von der Anwendung bloß menschlicher Mittel und Kräfte, sondern einzig und allein von dem großen Erretter des Menschengeschlechts (Jesus Christus) … erwarten.« Zwischen 1820 und 1856 wurden insgesamt 22 Rettungshäuser gegründet, die über 1000 Kinder aufnehmen konnten.

Innere Mission

Christoph Ulrich Hahn (1805–1881), der Gründer der Evangelischen Gesellschaft Stuttgart.

Mit der Umwälzung im wirtschaftlichen Bereich war ein grundlegender Wandel der Lebens- und Arbeitsbedingungen verbunden. Vor allem sind die Auflösung der Großfamilie, das Wohnungselend, die soziale Verunsicherung und die politische Deklassierung zu nennen. Mit der Verelendung und Entwurzelung entfremdeten sich die Menschen auch von der Kirche und der christlichen Botschaft. Viele Menschen fühlten sich von der Kirche in ihrer Not allein gelassen, und die übergroße Arbeitsbelastung brachte es mit sich, dass kaum Zeit für Gottesdienstbesuche blieb. Zudem führten Gedanken der Aufklärung und des Rationalismus auch beim Bürgertum zu einer Distanz zur Kirche. Diesem Missstand entgegenzuwirken hatte sich der 25-jährige Esslinger Vikar Christoph Ulrich Hahn zur Aufgabe gemacht. In einem Leserbrief rief er im Jahr 1830 zur Gründung einer »Gesellschaft zur Ausbreitung kleiner religiöser Schriften« auf. Diese Gesellschaft sollte Menschen zum Lesen der Heiligen Schrift anregen und den evangelischen Glauben wieder im Volk bekannt machen. Vereinsmitglieder sollten bei Besuchen oder auf Reisen Traktate – kleine 8 bis 32 Seiten umfassende Schriften – weitergeben oder diese Hefte einfach in Ladengeschäften auslegen, so dass sie jeder mitnehmen konnte. Immerhin wurden bis zum Oktober 1833 auf diese Weise über 39 000 Schriften verbreitet, in denen zu einem christlichen Lebenswandel aufgefordert und zum Lesen der Bibel angeregt wurde. Ferner leiteten sie zur rechten Beachtung des Sonntags an, luden zum Besuch von Gottesdiensten ein und warnten vor dem verderblichen Einfluss von Tanzveranstaltungen. Bald kamen weitere Aufgabenfelder hinzu: ein Wochenblatt, eine kleine Bibliothek. Zudem wurden Erbauungsstunden gehalten und Spenden für christliche Liebeswerke, z. B. für die Kinderrettungsanstalten, gesammelt. Ausdruck fand diese erweiterte Arbeit in einer Namensänderung: Der Verein firmierte ab 1. Juli 1832 unter der Bezeichnung »Evangelische Gesellschaft für Verbreitung religiöser Schriften, für die Sonntagsfeier und andere christliche Zwecke«.

1835 wurde die Gesellschaft in die Residenzstadt Stuttgart verlegt. Zur effektiveren Verbreitung der Schriften wurden ab 1846 »Kolporteure« eingestellt, Männer, die mit einer Bücherkiste auf dem Rücken durchs Land zogen und von Haus zu Haus gingen, um Bücher zu verkaufen; auch die Bauarbeiter an den neuen Eisenbahnlinien wurden besucht, um mit ihnen seelsorgerliche Gespräche zu führen. Einer der ersten Kolporteure schrieb in einem Bericht, dass er alten Leuten und Kranken aus Predigtbüchern vorlese oder ein Gebet mit ihnen spreche.

Die Stauferburg Reichenberg bei Oppenweiler (Rems-Murr-Kreis) beherbergt seit 1929 ein Heim der Diakonie.

Einen Einschnitt brachte das Jahr 1848. Auf einem Kirchentag in Wittenberg appellierte Pfarrer Johann Hinrich Wichern an die Kirchen, sich der Armen im Lande anzunehmen und die – wie er es nannte – »Innere Mission« zu ihrer Aufgabe zu machen. Wichern, der in Hamburg Leiter des »Rauhen Hauses« war, in dem Jugendliche betreut wurden und eine Ausbildung erhalten konnten, spielte mit diesem Namen darauf an, dass in der evangelischen Kirche zwar ein Bewusstsein für die Mission unter den Heiden gewachsen war, aber noch kaum gesehen wurde, dass aus dem christlichen Glauben auch eine tätige Liebe für die sozial benachteiligten und am Rande stehenden Menschen im eigenen Land notwendig folgen muss.

Elend waren die Wohnverhältnisse der Arbeiterfamilien, wie hier in Stuttgart um 1900.

Die Evangelische Gesellschaft nahm diesen Appell auf und führte im Folgenden planmäßig Besuche bei den Armen der Stadt durch, wobei neben das seelsorgerliche Gespräch auch die Vermittlung von Geld- und Sachspenden trat. Diese Betreuung und Unterstützung von benachteiligten Menschen wurde in der Folgezeit immer weiter ausgebaut. Als weiterer Arbeitszweig entwickelten sich Besuche in Zuchthäusern oder in Militärgefängnissen. Ein eigener Raum ermöglichte ab 1851 ein gezieltes Angebot für Personen aus ganz unterschiedlichen Kreisen: Handwerksgehilfen und Lehrlinge konnten ihre freien Sonntagabende mit Lesen oder Schreiben verbringen, es gab regelmäßige Missionsabende, Erbauungsstunden, Frauennachmittage oder an Sonntagen Versammlungen des »Jünglingsvereins«.

Als die Arbeiterbevölkerung in Stuttgart wuchs, stellte die Evangelische Gesellschaft einen Stadtmissionar an, um den Arbeiterfamilien gezielt helfen zu können. Ab 1870 arbeiteten bereits zwei Stadtmissionare in Stuttgart, und auch in Esslingen und Heilbronn wurde die Fürsorge nun systematisch aufgenommen. Die Missionare nahmen sich vornehmlich solcher Personen an, die dem kirchlichen Leben entfremdet waren; sie luden durch Hausbesuche zum Gottesdienst ein, wiesen auf die kirchliche Taufe und Trauung hin und wirkten bei der Bekämpfung von Trunksucht und Prostitution mit. Natürlich leisteten sie auch gezielt Hilfe und Unterstützung in Notsituationen.

Bis 1896 wuchs die Zahl der Stuttgarter Stadtmissionare auf sieben an, ab 1885 gab es dann auch einen Stadtmissionar in Cannstatt, 1891 kam ein Mitarbeiter in Heilbronn, 1896 in Esslingen und 1902 in Göppingen hinzu.

Gustav Werner (1809–1887).

Gustav Werner

Gustav Werner wurde durch sein soziales Engagement weit über Württemberg hinaus bekannt und zum Vorbild für andere. Als Vikar in Walddorf bei Tübingen predigte er seiner Gemeinde, dass zum Glauben die tätige Liebe hinzukommen müsse. Er selbst ging mit gutem Beispiel voran: Im Oktober 1837 gründete er eine Kleinkinderschule und wenig später eine »Industrieschule« für Mädchen, in der Unterricht in Strick- und Häkelarbeiten erteilt wurde. Als 1838 eine Tagelöhnerfrau verstarb und sechs Kinder hinterließ, nahm er eines dieser Kinder auf. Da bald weitere Kinder hinzukamen, war dies die Geburtsstunde einer »Rettungsanstalt«. 1839 kam es zum Konflikt mit der Stuttgarter Kirchenbehörde, weil Werner – um Spenden zu erhalten – entgegen einschlägigen Bestimmungen auch außerhalb seiner Gemeinde gepredigt hatte. Werner entschloss sich daraufhin, sein Vikariat aufzugeben. Er zog 1840 mit zwei Helferinnen und zehn Kindern zu Fuß nach Reutlingen, wo er seine Tätigkeit zunächst in einer gemieteten Wohnung fortführte. 1842 konnte ein geräumiges Haus mit Garten und Baumgrundstück erworben und nunmehr 30 Kinder aufgenommen werden. Alle Mitarbeiterinnen sowie die betreuten Kinder beteiligten sich durch Handarbeiten am Unterhalt, auch wurde die Eigenversorgung mit Lebensmitteln angestrebt. Hörerinnen der Vorträge Werners, die sich in Vereinen zusammenschlossen, leisteten ebenso finanzielle Hilfe wie zahlreiche Freunde und Gönner. Ende der fünfziger Jahre schlossen sich einige Weingärtner und Handwerker aus Reutlingen der Anstalt an

> Entweder geht die aufblühende Industrie mit ihren die Volksgemeinschaft schädigenden Grundsätzen der freien Konkurrenz, der Lohnsklaverei, der rücksichtslosen Durchsetzung kapitalistischer Erwerbsgesetze einem totalen Materialismus entgegen, was die Verarmung breiter Volksmassen zur Folge haben könnte, oder es ist möglich, die Industrie mit christlichen Grundsätzen zu durchdringen, die Fabriken zu einem Tempel Gottes auszubauen, die Arbeit dem Dienste Gottes unterzuordnen.

Gustav Werner zur Industrialisierung.

und eröffneten einen Handwerksbetrieb, der nicht nur zur Ausbildung der Jugendlichen diente, sondern mit seinen Erträgen auch zur Finanzierung des Werkes beitrug.

In den ab 1855 als »Bruderhaus« bezeichneten Einrichtungen wollte Werner als obersten Erziehungsgrundsatz die Achtung, die jedem Menschen als Geschöpf Gottes entgegenzubringen war, umgesetzt sehen. Verpönt war daher die Ausübung von Gewalt. Durch Arbeit sollte den Kindern Zuverlässigkeit, Ausdauer, Ein- und Unterordnung beigebracht werden. Andacht und biblischer Unterricht, die Ausbildung handwerklicher Fertigkeiten, Spiel, Gesang und körperliche Ertüchtigung gehörten außerdem zum Tagesablauf. Durch Bildungsangebote sollte jedem die Chance eröffnet werden, sich zu einer eigenständigen Persönlichkeit zu entwickeln.

Die Mitarbeiterinnen und Mitarbeiter begründeten 1859 eine christliche »Hausgenossenschaft«, in der das Reich Gottes mehr und mehr seine Verwirklichung finden sollte und deren Mitglieder gegen Wohnung, Kost, Kleidung und Versorgung – auch im Alter und bei Krankheit – ohne Lohn zu erhalten ihre ganze Kraft der Anstalt zur Verfügung stellten. Das Muster dieser »Genossenschaft« war die Familie; Hausvater Werner und seine Frau hatten die Rolle der Eltern inne, sie kümmerten sich um alle Angehörigen ihrer »Familie« in gleicher Liebe und Fürsorge.

Aber Werner konzentrierte sich nicht allein auf die Versorgung von Hilfsbedürftigen, er wollte auch angesichts der mit der In-

Rolle, rüstige Turbine,
Hauch dem Werke Leben ein,
Dass sich rege die Maschine
Und die Räder groß und klein!

Schaff dem Armen seine Speise
Und dem Nackenden sein Kleid!
Herrschen mög in unserm
Kreise
Liebe und Gerechtigkeit!

Gustav Werner
(anlässlich der Einweihung
der Papierfabrik 1850)

Die Wernerschen Anstalten in Reutlingen in einer Darstellung nach 1860.

dustrialisierung veränderten Lebensverhältnisse nach Wegen suchen, wie grundsätzlich Not und Elend überwunden werden könnten. Zwar war dieses Ziel hoch gesteckt, doch in den von ihm gegründeten Fabriken wirkte Werner den negativen Auswirkungen der Industrialisierung unmittelbar entgegen. Alle Beschäftigten erhielten ausreichenden Lohn und wurden am Ertrag ihrer Arbeit beteiligt, ferner wurde die Arbeitsbelastung und -zeit begrenzt, eine Krankenversorgung eingeführt und für alle über zehn Jahre im Bruderhaus Beschäftigten eine Altersversorgung eingerichtet. Begonnen hatten diese Bemühungen 1850 mit dem Kauf einer seit Jahren ungenutzten Papierfabrik, in der Beschäftigungslosen Arbeit und Pfleglingen der Anstalt eine sinnvolle Betätigung gegeben werden sollte. Um die Fabrik wieder in Gang zu bringen, wurde eine Reparaturwerkstatt eingerichtet, aus der sich »mechanische Werkstätten« mit Schmiede, Schlosserei, Wagnerei, Schreinerei, Gießerei und Formerei entwickelten, deren Leitung im Übrigen von 1865 bis 1869 in den Händen von Gottlieb Daimler lag. 1863 war Werner mit seiner christlichen Fabrik an den Rand des Ruins geraten. Er musste Bankrott anmelden. Von seiner Kirche wurde ihm keinerlei Unterstützung zuteil. Der Staat hingegen gewährte ihm einen Zuschuss, mit dem er schließlich weiterarbeiten konnte.

Der Maschinensaal der Papierfabrik zum Bruderhaus in Dettingen im 19. und 20. Jh. 1981 sind die Fabriken verkauft worden.

Als Gustav Werner am 2. August 1887 starb, hatte sein Lebensmotto »Was nicht zur Tat wird, hat keinen Wert« reiche Früchte getragen. Aus einem bescheidenen Rettungshaus in Walddorf war eine Einrichtung geworden, in der 864 Kinder und Jugendliche eine Begleitung und Ausbildung, sowie Behinderte eine ihnen angemessene Beschäftigung und Betreuung erhielten. Mit seiner Vision der christlichen Fabrik ist Werner allerdings gescheitert. Seine sozialen Einrichtungen hingegen haben ihren Schöpfer in veränderter Form überdauert. Heute betreibt die »Gustav Werner Stiftung zum Bruderhaus Reutlingen« zahlreiche Heime und Schulen für Kinder und Jugendliche, engagiert sich in der Altenhilfe, unterhält Behindertenheime und gibt Menschen mit Behinderungen angemessene Arbeit; auch Aus- und Fortbildungseinrichtungen von Menschen in sozialen Berufen werden von der Stiftung getragen. Fabriken gehören heute nicht mehr dazu. Als Vermächtnis Werners bleibt jedoch die Herausforderung, dass auch die industrielle Welt unter Gottes Anspruch und Verheißung steht und christliche Werte im wirtschaftlichen Umfeld zu berücksichtigen sind.

Paul Lechler – Unternehmer und Sozialreformer

Paul Lechler (1849–1925).

Im letzten Drittel des 19. Jahrhunderts erlebte auch Württemberg einen wirtschaftlichen Aufschwung, der vor allem durch den Beitritt zum preußisch-deutschen Zollverein 1833, den Beginn des Eisenbahnbaus 1845 und die Einheit des Deutschen Reiches ab 1871 befördert wurde. Aus der großen Zahl der Unternehmerpersönlichkeiten in Württemberg – genannt seien lediglich Gottlieb Daimler und Robert Bosch – ragt ein Mann heraus, der neben dem wirtschaftlichen Erfolg eine Fülle von Initiativen auf sozialem und kirchlichem Gebiet ergriff. Paul Lechler war nach einer Lehre in einer Chemikalien-Großhandlung und einem dreijährigen Auslandsaufenthalt in die im Aufbau befindliche väterliche Lackfabrik eingetreten und hatte sie binnen kurzer Zeit zum Blühen gebracht. Zur Überraschung des Vaters und der Teilhaber legte er an Weihnachten 1875 eine Vereinbarung zur Unterschrift vor, die vorsah, künftig zehn Prozent des Gewinns für gemeinnützige Zwecke zu verwenden. Lechler hatte eine Wende in seinem Leben erfahren, die ihn am 1. November 1878 sogar dazu führte, seinen Betrieb weit unter Wert seinen Mitarbeitern zu überlassen. Er fühlte sich nach dieser Tat frei und stellte sich im Rahmen der öffentlichen Armenpflege als freiwilliger Helfer in einem besonders großen vorstädtischen Bezirk in Stuttgart zur Verfügung.

Paul Lechler war erst 29 Jahre alt und voll Schaffenskraft. 1879 begann er mit dem Aufbau eines Handelshauses. Doch nicht der außerordentliche Erfolg seiner Handelsfirma für chemische Produkte, Flüssigkeitszerstäubungsdüsen und Dichtungen, die bald in Deutschland und ganz Europa Filialen errichtete, ist im Blick auf das Schaffen Lechlers in erster Linie bedeutsam, sondern sein vom christlichen Glauben motiviertes soziales Engagement. Bei seinen Hausbesuchen als Armenpfleger erkannte er, in welch fataler Lage sich mittellose Arbeitssuchende befanden. Deshalb entstand 1882 auf sein Drängen hin ein Büro zur unentgeltlichen Arbeitsvermittlung für Arme. Seine zweite Initiative eröffnete Menschen, die auf dem Lande lebten und bei einem Unfall oft ohne Versicherungsschutz dastanden, eine Unterstützungsmöglichkeit. Eine Spende Lechlers legte 1887 den Grundstock für einen »Verein zur Hilfe in außerordentlichen Notstandsfällen auf dem Lande«, der auf Antrag von Pfarrern in Not geratenen Menschen direkte finanzielle Hilfen zukommen ließ.

Das Kurhaus Palmenwald in Freudenstadt im Jahr 1895. Das christliche Erholungsheim ging auf die Initiative Paul Lechlers zurück.

Sodann stieß Lechler eine Diskussion über die Reform der öffentlichen Armenpflege an und fand 1892 in ganz Deutschland mit Vorschlägen zur Verbesserung der Wohnungssituation Beachtung. Seiner Arbeit als Armenpfleger war auch die Stiftung einer Pfarrei im Norden von Stuttgart zu verdanken. Er ließ einen Gottesdienstraum mit einer Pfarrwohnung, einem Kindergarten und einem Spielplatz erbauen und schenkte diese der Landeskirche. Erwähnt sei noch, dass Lechler 1892 in Freudenstadt Initiator einer »Kurhaus Palmenwald AG« war, die ihren Hausgästen neben der körperlichen Erholung auch seelsorgerliche Beratung zukommen ließ. Bei einem seiner Aufenthalte in Freudenstadt wurde Lechler mit einem Basler Missionsarzt bekannt, der die unzureichende Ausbildung von Missionsärzten in Deutschland beklagte. Lechler nahm sich dieser Sache umgehend an, und auf seinen Impuls hin wurde ein »Verein für ärztliche Mission in Stuttgart« ins Leben gerufen. Lechler setzte alles daran, in Tübingen ein »Institut für ärztliche Mission« einzurichten, in dem künftige Tropenärzte ausgebildet und Missionare eine tropenmedizinische Schulung erhalten konnten. Das Institut nahm 1909 seine Arbeit auf und erfuhr 1914 durch eine Klinik für Tropenkranke, die heute den Namen Lechlers trägt, eine wichtige Ergänzung.

Paul Lechler hat sich den Aufgaben seiner Zeit gestellt, und vieles von seinem Lebenswerk hat bis heute Bestand. Sein Glaube motivierte ihn dazu, auch als Geschäftsmann nicht auf christliche Grundwerte zu verzichten, sondern alles daran zu setzen, mit seinen Gaben der Liebe Christi Raum zu geben und vor allem den Armen ein menschenwürdiges Leben zu ermöglichen.

Das Tübinger »Tropengenesungsheim«, heute Tropenklinik Paul-Lechler-Krankenhaus in einer Aufnahme von 1916.

Diakonissenanstalten in Württemberg

Am 15. Mai 1853 erschien in der Zeitschrift »Der Christenbote« ein Aufruf zur Gründung einer evangelischen Diakonissenanstalt in Stuttgart. Die Unterzeichner gaben dem Bedürfnis Ausdruck, dass man »Krankenpflegerinnen in Familien und Hospitälern« haben sollte, die »mit einem christlichen Sinn die nötige besondere Ausbildung für ihren Beruf verbinden«. Gesucht würden junge Frauen, die dem Ruf »zu diesem Werk des Glaubens, der in Liebe tätig ist«, folgen wollten. Erinnert wurde an den Ausspruch Jesu: »Was ihr einem dieser meiner geringsten Brüder getan habt, das habt ihr mir getan« (Matthäus 25,40). Geplant sei, ein Haus in Stuttgart zu erwerben, in dem Kranke betreut werden sollten und Platz und Raum für die Ausbildung und das Zusammenleben der Schwestern vorhanden sein werde.

Im ehemaligen Hofkrankenhaus in der Büchsenstraße wurde 1854 das Stuttgarter Diakonissenhaus eingerichtet.

Der Appell zielte darauf, einer Bewegung auch in Württemberg Raum zu schaffen, die 1836 im Rheinland begonnen hatte. Pfarrer Theodor Fliedner hatte in diesem Jahr in Kaiserswerth eine »Bildungsanstalt für evangelische Pflegerinnen« gegründet. Die Absolventinnen sollten als Mittlerinnen christlicher Nächstenliebe hilfsbedürftigen und leidenden Menschen als Schwestern beistehen. Mit der Bezeichnung »Diakonisse« wurde deutlich, dass sich die Frauen als Dienerinnen Jesu Christi verstanden und ihren Dienst als ein Tatzeugnis für Christus ansahen. Die Diakonissen waren Glieder einer Gemeinschaft, ihr Mutterhaus war ihnen Heimat und Rückhalt. Die Schwestern arbeiteten unentgeltlich, sie erhielten neben freier Verpflegung und Unterkunft lediglich ein Taschengeld. Diese Idee war weltweit aufgenommen worden, 1854 gab es bereits fünfzehn Diakonissenhäuser unter anderem in Paris, Dresden, Berlin, Stockholm und Straßburg. Nun also sollte auch in Stuttgart eine solche Einrichtung entstehen.

Charlotte Reihlen (1805–1868).

Am entschiedensten befördert wurde die Gründung von der Stuttgarterin Charlotte Reihlen. Sie hatte beim Tod eines ihrer Kinder im Jahre 1830 eine radikale Wende in ihrem Leben erfahren und war seither von einem tiefen Glauben erfasst. Aufgrund der Anregungen Fliedners setzte sie sich mit Unterstützung von einflussreichen Personen aus dem Pietismus dafür ein, auch in Württemberg eine Diakonissenausbildungsstätte zu gründen.

Dem genannten Aufruf leisteten drei junge Frauen Folge, die nach ihrer Ausbildung in Straßburg am 25. August 1854 das zwischenzeitlich erworbene Hofkrankenhaus bezogen, das fünfzehn Krankenbetten hatte und Platz für ebensoviele Schwestern bot. Der Zustrom junger Frauen war beachtlich: Bereits 1866 wurde ein Neubau für 40 Schwestern und entsprechend viele Krankenbetten notwendig und 1895 ein separates Mutterhaus mit 100 Zimmern erbaut. Die in Stuttgart aufgenommenen Schwestern stammten zumeist aus Württemberg, oft waren sie in pietistischen Familien groß geworden und unter dem Einfluss des Elternhauses, des Religions- oder Konfirmandenunterrichts für den Dienst an Kranken und Armen gewonnen worden. Im Mittelpunkt der Ausbildung stand medizinisches und chirurgisches Wissen, es gab aber auch Religionsunterricht, Singen und andere Fächer. Die Eintretenden wurden zunächst »Vorprobeschwester«, dann »Probeschwester« und schließlich nach einer Einsegnungsfeier »Diakonisse«. Äußeres Zeichen jeder Diakonisse ist bis heute ein spezielles Gewand und eine weiße Haube.

Die Diakonissenanstalt in Schwäbisch Hall 1903 und heute (linke Seite). Das »Evangelische Diakoniewerk Schwäbisch Hall« betreut ein großes Krankenhaus und eine Ausbildungsstätte für Pflegeberufe.

Eingesetzt wurden die Schwestern in Krankenhäusern in Stuttgart, aber auch im gesamten Württemberg; beispielsweise in Aalen, Besigheim, Blaubeuren, Maulbronn, Trossingen oder Tübingen arbeiteten Stuttgarter Diakonissen. 1924 wirkten in insgesamt 62 Krankenhäusern 354 Schwestern. Ein zweiter Arbeitsschwerpunkt der Stuttgarter Diakonissen war die Gemeindekrankenpflege. Dabei lebte die Diakonisse in einer Gemeinde und übernahm anfallende pflegerische Dienste, aber auch seelsorgerliche Begleitung: Alte Menschen wurden zu Hause versorgt, junge Mütter bei der Säuglingspflege unterstützt und Kranke betreut. Einer Aufstellung aus dem Jahre 1929 ist zu entnehmen, dass 358 Schwestern aus Stuttgart in insgesamt 190 Gemeinden des Landes zum Einsatz kamen. Neben diesen beiden Arbeitsschwerpunkten wirkten die Schwestern in Mädchen- oder Frauenheimen sowie in der Altenpflege und in Kinderkrippen.

Am 1. Februar 1886 wurde auch in Schwäbisch Hall eine Diakonissenanstalt gegründet. Bis 1899 waren 65 Schwestern gewonnen, und in 34 Orten wurden Gemeindediakoniestationen betrieben; weitere Arbeitszweige waren die Versorgung eines Pflegeheimes für kranke Kinder und ab 1900 die Betreuung von geistig behinderten Frauen und Kindern. Heute unterhält das evangelische Diakoniewerk Schwäbisch Hall ein großes Krankenhaus mit 600 Betten und eine Ausbildungsstätte für Pflegeberufe.

Einem Hindernislauf gleicht die Gründungsgeschichte einer weiteren Einrichtung, die ihre Wurzeln dem diakonischen Aufbruch des 19. Jahrhunderts verdankt: Ab etwa 1830 waren in Städten und Dörfern Württembergs Kinderpflegen eröffnet worden,

Die Stiftung Karlshöhe Ludwigsburg, 1876 zunächst als Kinderheim und Ausbildungsstätte für Diakone gegründet, ist heute eine der großen diakonischen Einrichtungen in Württemberg. In verschiedenen Arbeitszweigen werden rund 600 Menschen begleitet. Die Evang. Hochschule in Trägerschaft der württembergischen Landeskirche mit ihren rund 600 Studierenden ist ebenfalls auf der Ludwigsburger Karlshöhe. Im Diakonieverband sind cirka 1000 Diakoninnen und Diakonie organisiert.

in denen vornehmlich Kinder Aufnahme fanden, deren Eltern berufstätig waren oder Erziehungsprobleme hatten. Die Frage war, wem die Betreuung dieser Kinder übertragen werden konnte. Genügte es, wenn irgendeine »für andere Arbeit untaugliche Person oder … eine gesunde Magd mit christlichem Sinn, die ein paar Lieder noch aus der Schule her wusste«, die Kinder beaufsichtigte? In Baden hatte 1844 Regine Jolberg eine Ausbildungsstätte für Kleinkinderpflegerinnen gegründet und angeregt, eine solche Einrichtung auch in Württemberg zu installieren. Sie äußerte dieses Anliegen gegenüber Wilhelmine Canz, die mit ihrem Bruder, der Pfarrer im Bischoffingen in Baden war, 1849 eine Kinderpflege eröffnet hatte.

Wilhelmine Canz (1815–1901) gründete mit der Großheppacher Schwesternschaft eine der ersten Ausbildungsstätten für Erzieherinnen in Kindergärten.

Nach dem frühen Tod ihres Bruders zog Wilhelmine Canz 1854 nach Göppingen, bereit, auf eigene Initiative tätig zu werden. Sie sah es als einen Wink Gottes an, als sie der Pfarrer von Großheppach einlud, in seiner Pfarrei eine Kinderschule zu errichten. Am 17. Oktober 1855 eröffnete sie gemeinsam mit ihrer in der badischen Ausbildungsstätte qualifizierten Nichte eine Kinderschule, die zur Übungsstätte für das geplante Mutterhaus werden sollte. Bereits im Mai des darauffolgenden Jahres kamen die ersten beiden Lernschwestern, um eine Ausbildung zu beginnen. Acht Jahre später konnte in Großheppach ein größeres Haus gekauft und bezogen werden.

Die Ausbildung der Schwestern sah täglich eine Hausandacht mit Bibelerklärung vor, nachmittags fand jeweils eine Singstunde statt und dann Unterricht in Missionsnachrichten, Religions-

Die Großheppacher Schwester Heinrike mit ihrem Kindergarten in Beilstein, um 1925.

Titelblatt der Zeitschrift »Die christliche Kleinkinderschule« von 1879. Der heutige Kindergarten wurde ursprünglich Kinderbewahrungsanstalt, später Kleinkinderschule genannt.

unterricht, Erziehungslehre oder Zeichnen. Die Schwestern sollten in die Lage versetzt werden, die Kinder in ein verständnisvolles Bauen mit den »Fröbel-Kästen« einzuüben, ihren Formensinn durch Legetäfelchen zu wecken sowie Flechten mit Papierstreifen und Falten von Figuren zu üben. Wichtig aber war Wilhelmine Canz vor allem, dass den Kindern bereits in der Kinderschule Geschichten aus der Bibel erzählt und dass Lieder und Sprüche auswendig gelernt wurden.

Fröbel-Kästen. Der Pädagoge Friedrich Fröbel (1782–1852) trat für eine vorschulische Erziehung ein und entwickelte Lernmaterial für die von ihm eingerichteten »Kindergärten«.

Zwischen 1856 und 1863 wurden 25 Schwestern aufgenommen und 14 zum Dienst in Kinderschulen abgegeben. 1881 waren bereits 212 Schwestern im Einsatz; 1897 waren 207 Kinderpflegen von Großheppacher Schwestern besetzt, davon 192 in Württemberg. 1896 legte die hochbetagte Wilhelme Canz ihr Werk in jüngere Hände. Die Großheppacher Schwesternschaft zog 1971 nach Beutelsbach um, wo im »Haus der Diakonie« eine Evangelische Fachschule für Sozialpädagogik und eine Ausbildungsstätte für Altenpflege geführt wird.

Die Anfänge der Jugendarbeit

Im 19. Jahrhundert begann sich eine christliche Jugendarbeit zu entwickeln, die über den bislang angebotenen Konfirmandenunterricht und die Christenlehre hinausging. Bereits 1815 sammelte der dem Pietismus verbundene Stuttgarter Hofküfermeister Engelmann junge Handwerker und Bedienstete um sich, mit

Der Posaunenchor des Esslinger CVJM um 1900. Die Posaunenchöre bildeten einen wichtigen Teil der Arbeit mit jungen Männern.

denen er die Bibel las, den Gottesdienst besuchte und bald auch Besuche bei alleinstehenden Kranken machte. Dieser lose Zusammenschluss führte 1844 zu einer etwas festeren Vereinigung, als unter dem Einfluss des Pfarrers Wilhelm Hofacker sonntagabendliche Treffen für Gymnasiasten, Kaufleute, Handwerker und Soldaten stattfanden und neben den Bibelstunden und Singabenden auch erste Versuche einer Erwachsenenbildung mit Schreib- und Rechenkursen einsetzten. Offiziell gegründet wurde der Stuttgarter »Jünglingsverein« am 17. November 1861. Der Verein nahm einen raschen Aufschwung, bei seinem 25-jährigen Jubiläum hatte er 198 Mitglieder, durchschnittlich besuchten wöchentlich 302 Männer die verschiedenen Gruppen. In Anlehnung an die internationale Bezeichnung »Christlicher Verein Junger Männer« – der erste »CVJM« war 1844 in London gegründet worden – übernahm der Stuttgarter Verein ab 1. November 1890 diesen Namen. Zur Eigenart des Stuttgarter CVJM gehörte, dass er weniger soziale Aktivitäten als vielmehr die Sammlung und Stärkung junger Männer im Glauben zum Ziel hatte.

Parallel zur Entwicklung in Stuttgart hatten auch in anderen Städten Württembergs engagierte Christen »Jünglingsvereine« oder »Bubenstunden« gegründet, die sich 1869 zum »Süddeutschen Jünglingsbund« zusammenschlossen. Häufig wurden im Umfeld dieser Vereine dann auch Posaunenchöre ins Leben gerufen. Die Mädchenarbeit blieb mit Ausnahme vereinzelter »Jungfrauenvereine« an das Pfarrhaus gebunden; zumeist sammelten die Pfarrfrauen Mädchen und junge Frauen zu Handarbeit,

Der Jungfrauenverein Esslingen-Sulzgries 1905.

Gebet, Bibellektüre und Singen um sich. Ab 1865 breiteten sich »Sonntagsschulen« rasch aus und bald wurden von Laien oder Pfarrern überall Kindergottesdienste gehalten.

Die organisatorische Verselbstständigung der Kirche: Kirchengemeinderat und Landessynode

Die diakonischen Impulse des 19. Jahrhunderts gingen weitgehend von einzelnen Personen aus, die häufig vom Pietismus geprägt waren und Vereine oder Anstalten gründeten, um ihr Anliegen umsetzen zu können. Die Institution Kirche blieb bei dieser Entwicklung weitgehend abseits. Dies hängt vor allem damit zusammen, dass die evangelischen Kirchen, auch die württembergische, erst im Laufe des 19. Jahrhunderts eine eigenständigere Stellung innerhalb des Staates erhielten. Können heute Gemeindeglieder durch Kirchengemeinderäte, Bezirkssynoden oder die Landessynode den Weg der Kirche bestimmen, so wurde im 19. Jahrhundert die Kirche direkt durch staatliche Organe gelenkt: Der württembergische König war zugleich Bischof der Evangelischen Landeskirche, er ließ alle notwendigen Entscheidungen durch eine Kirchenbehörde, das dem Innenministerium untergeordnete Konsistorium, vorbereiten und ausführen.

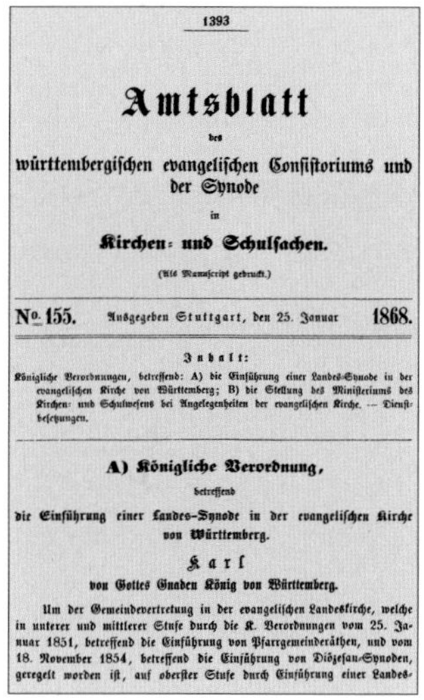

1393

Amtsblatt

des

württembergischen evangelischen Consistoriums und der Synode

in

Kirchen- und Schulsachen.

(Als Manuscript gedruckt.)

No. 155. Ausgegeben Stuttgart, den 25. Januar 1868.

Inhalt:

Königliche Verordnungen, betreffend: A) die Einführung einer Landes-Synode in der evangelischen Kirche von Württemberg; B) die Stellung des Ministeriums des Kirchen- und Schulwesens bei Angelegenheiten der evangelischen Kirche. — Dienstbesetzungen.

A) Königliche Verordnung,

betreffend

die Einführung einer Landes-Synode in der evangelischen Kirche von Württemberg.

Karl

von Gottes Gnaden König von Württemberg.

Um der Gemeindevertretung in der evangelischen Landeskirche, welche in unterer und mittlerer Stufe durch die K. Verordnungen vom 25. Januar 1851, betreffend die Einführung von Pfarrgemeinderäthen, und vom 18. November 1854, betreffend die Einführung von Diözesan-Synoden, geregelt worden ist, auf oberster Stufe durch Einführung einer Landes-

Verordnung zur Einführung einer Landessynode durch König Karl 1868.

Das Verhältnis von Landeskirche und Staat hatte mit den tiefgreifenden territorialen Veränderungen zu Beginn des 19. Jahrhunderts jedoch einen entscheidenden Einschnitt erfahren: Württemberg war nicht länger ein evangelisches Territorium und die evangelische Kirche konnte daher nicht länger eine Staatskirche sein. In einem am 15. Oktober 1806 erlassenen Religionsedikt wurde vom König daher die Gleichberechtigung der evangelisch-lutherischen, reformierten und katholischen Kirche bestimmt. Die Verwaltung der evangelischen Kirche blieb jedoch in der Hand staatlicher Organe, und kirchliche Ordnungen wurden in Form staatlicher Gesetze erlassen.

Versuche, der evangelischen Kirche eine größere Selbstständigkeit und eine Repräsentation auf Landesebene zu verschaffen, scheiterten im 19. Jahrhundert mehrfach. Ein erster Anlauf wurde 1819 von König Wilhelm I. zurückgewiesen; er hielt eine solche Vertretung für gänzlich unnötig. Aufgrund engagierter Vorstöße aus Pfarrer- und Laienkreisen wurde 1848 eine Kommission eingesetzt, die über die Lage der evangelischen Kirche beraten sollte.

Doch mit den revolutionären Unruhen des Jahres 1848 blieb auch die geplante Kirchenverfassung auf der Strecke.

Immerhin genehmigte König Wilhelm I. im Jahre 1851 die Einrichtung von Pfarrgemeinderäten. Diese Gremien leiteten auf Ortsebene die Unabhängigkeit der Kirche von der bürgerlichen Gemeinde ein. Den neuen Pfarrgemeinderäten oblag insbesondere die Pflege des kirchlichen Lebens, die Wahrnehmung der kirchlichen Ordnung und die Vertretung der Pfarrgemeinde beispielsweise bei der Besetzung von Pfarrstellen. Die Mitglieder der Räte sollten durch alle Männer einer Pfarrgemeinde gewählt werden, die über 30 Jahre alt waren. Ein staatliches »Gesetz über die Vertretung der evangelischen Kirchengemeinde und der Verwaltung ihrer Vermögensangelegenheiten« vom 14. Juli 1887 brachte schließlich die Anerkennung der örtlichen Kirchengemeinden als selbstständige Einrichtungen und führte zur Scheidung des kirchlichen Vermögens von dem der bürgerlichen Gemeinde. Das nun Kirchengemeinderat genannte Leitungsgremium bestand aus Ortspfarrer, Ortsvorsteher, Kirchenpfleger sowie vier bis zwölf gewählten weltlichen Mitgliedern. Dieses Organ hatte das Recht, die Geschicke der jeweiligen Gemeinde zu bestimmen und durch Besteuerung der Gemeindeglieder die benötigten Finanzmittel zu beschaffen.

König Karl I. von Württemberg (1864–1891).

Eine Vertretung auf Landesebene wurde erst von König Karl zugestanden. Mit einer Verordnung vom 20. Dezember 1867 genehmigte er die Einberufung einer Landessynode, die aus Wahlen durch die 1854 eingeführten Bezirkssynoden hervorgehen sollte. Die Aufgabe der Synode, die sich erstmals 1869 zusammenfand, bestand zunächst lediglich in der Beratung von Themen, die das Konsistorium vorlegte; ihr wichtigstes Recht war zweifellos, dass ohne ihre Mitwirkung kein kirchliches Gesetz erlassen werden konnte. Erst ab 1888 konnte die Synode selbst Gesetze einbringen. Ihre Beschlüsse mussten bis 1918 vom König bestätigt werden; er blieb Oberhaupt der württembergischen Landeskirche und in seiner Hand lag die Kirchengewalt bis zum Ende der Monarchie.

Von der Staatskirche zur Volkskirche

Thron und Altar

Für die Evangelische Landeskirche in Württemberg vollzogen sich von der Jahrhundertwende bis zur Machtergreifung Hitlers 1933 weitreichende Veränderungen. Es zeigte sich, wie eng das kirchliche Schicksal mit dem des Staates verknüpft war. Damals wurden Weichen gestellt, die bis heute den Weg der Landeskirche bestimmen und prägen.

Ausgangspunkt war die seit der Reformation unverändert bestehende enge Verbindung von »Thron und Altar«. Wie in allen anderen Ländern Deutschlands war die Kirche nach wie vor rechtlich unselbstständig, »ein Anhängsel der staatlichen Verwaltung«. Auch die schrittweise Einführung von Synoden in der zweiten Hälfte des 19. Jahrhunderts änderte nichts an dieser Situation. Der Landessynode fehlten die rechtlichen und praktischen Voraussetzungen, um tatsächlich als Kirchenparlament arbeiten zu können: In 50 Jahren (von 1869 bis 1919) war sie ganze elf Mal zusammengetreten!

Landessynode, Landeskirchentag. Kirchenparlament, das die kirchlichen Gesetze beschließt und den landeskirchlichen Haushalt aufstellt.

Doch die Kirche hatte unter dem beliebten und kirchenfreundlichen König Wilhelm II. keinen Grund zur Klage. Im Gegenteil: Sie profitierte von der politisch stabilen Situation und der enormen wirtschaftlichen Entwicklung in Württemberg. Und sie nahm teil am damaligen gesellschaftlichen Optimismus, am Wachstums- und Fortschrittsglauben.

Der König verabschiedet die württembergischen Truppen in den Krieg am 6. August 1914.

»Gott mit uns!« – Kriegspredigten

Auch der Ausbruch des Ersten Weltkrieges änderte daran nichts. Viele kirchliche Vertreter begrüßten begeistert die Kriegsteilnahme. »Gott mit uns« stand auf den Koppelschlössern der Soldaten, »Gott mit uns« – davon war man in der Kirche überzeugt. Am Tag der Mobilmachung, am 2. August 1914, konnte man folgende Sätze von der Kanzel der Wildbader Stadtkirche hören:

Koppelschlösser deutscher Soldaten im Kaiserreich, in der Weimarer Republik und während des Dritten Reichs.

Staatskirche. Kirche, die rechtlich und organisatorisch eng an den Staat geknüpft ist.

Volkskirche. Kirche, die rechtlich selbstständig ist, sich aber als Kirche des Volkes versteht.

»Wir haben guten Grund, getrost zu sein. Wir haben Grund, denn wir sind im Recht. Wahrhaftig, wir haben diesen Krieg nicht heraufbeschworen in Leichtsinn oder Übermut. Der Feind ist's, der mit frevelhaftem Beginnen den Brand entzündet hat. […] Wir sind im Recht, darum ist Gott mit uns.« Derartige Predigten waren damals keine Seltenheit. Man fühlte sich angegriffen und musste sich jetzt verteidigen. Dass auch Deutschland zum Kriegsausbruch beitrug, wusste man nicht oder wollte es nicht wahrhaben.

Viele in der Kirche deuteten den Krieg, »die deutsche Sache«, religiös und erklärten ihn zur Sache Gottes: *»Herr unser Gott! Du bist unsre Zuversicht und Stärke, unsere Hilfe in den großen Nöten, die uns getroffen haben. […] Herr, wir verlassen uns nicht auf unsere Macht, sondern auf deinen Beistand. Führe unsere Sache wider unsere Feinde und lass uns nicht zuschanden werden. […] Beschütze besonders die Glieder des Königshauses, die vor dem Feind stehen. […] Erfülle unsre Truppen mit tapferem Mut, mit Gottesfurcht und Gottvertrauen.«* Dieses Gebet nach der Predigt wurde von der Kirchenleitung empfohlen! Oft wurden Christsein und militanter Nationalismus gleichgesetzt: *»Wir sind deutsche Christen. […] Unser ist Luther und sein Glaubenslied: Ein feste Burg ist unser Gott, ein gute Wehr und Waffen.«*

Der Zuffenhauser Stadtpfarrer sagte in der Johanneskirche zu seinen Konfirmanden: *»Ihr seid das Rekrutendepot und Ersatzbataillon Jesu Christi in den kommenden Jahren.«* Biblische Texte, Predig-

Postkarte vom Anfang des Ersten Weltkrieges.

ten, Kanzeln, Gottesdienste wurden zur Kriegspropaganda benutzt, bewusst und unbewusst. Erst mit anhaltender Dauer des Krieges war der auch theologisch geförderte Kultur- und Nationaloptimismus gedämpft. Die Katastrophe des verlorenen Weltkrieges stürzte Theologie und Kirche in eine tiefe innere Krise. Der Glaube an die gute Menschheit war verschwunden, die selbstverständliche Verbindung von Kultur und Christentum fraglich geworden.

Doch es gab in Württemberg auch andere Kriegspredigten. Der pietistisch geprägte Pfarrer Christoph Blumhardt der Jüngere, der von 1900 bis 1906 für die damals als kirchlich unwählbar geltenden Sozialdemokraten im Württembergischen Landtag saß und damit großes Aufsehen erregte, ließ sich nicht vom Kriegs- und Heldenpathos anstecken. Für ihn war der Weltkrieg Gericht Gottes: »*So stehen wir auch heute in einer Zeit, in welcher wir sagen können: ›Es ist der Herr.‹ Es ist schon lange bestimmt und schon lange vorbereitet: Es muss über unser Europa eine Trübsal kommen. […] Ich finde es läppisch, wenn man heute bloß auf Rußland die Schuld schiebt.*« Nicht »Gott mit uns« sollte gebetet werden, sondern »*Geheiligt werde dein Name! – auch im Völkerschicksal, in unserer Geschichte! geheiligt werde dein Name!*«

Wilhelm II., König von Württemberg (1891–1918).

An das Württemberger Volk!
Wie ich schon erklärt, soll meine Person niemals ein Hindernis sein für die freie Entwicklung der Verhältnisse des Landes und dessen Wohlergehen.
Geleitet von diesen Gedanken, lege ich mit dem heutigen Tage die Krone nieder.
Allen, die mir in 27 Jahren treu gedient oder mir sonst Gutes erwiesen haben, vor allem auch unsern heldenmütigen Truppen, die durch vier Jahre schwersten Ringens mit größtem Opfermut den Feind vom Vaterland ferngehalten haben, danke ich aus Herzensgrund, und erst mit meinem letzten Atemzuge wird meine Liebe zur teuren Heimat und ihrem Volke erlöschen.
Ich spreche hiebei zugleich im Namen meiner Gemahlin, die nur schweren Herzens ihre Arbeit zum Wohle der Armen und Kranken im bisherigen Umfang niederlegt.
Gott segne, behüte und schütze unser geliebtes Württemberg in alle Zukunft!
Dies mein Scheidegruß.
Wilhelm
Bebenhausen,
den 30. November 1918

Die Kirche wird kopflos

Der Krieg ging verloren, und am 9. November 1918 wurde in Stuttgart – ebenso wie in Berlin – die Republik ausgerufen. Die Monarchie des Hauses Württemberg war gestürzt, König Wilhelm II. legte am 30. November die Krone nieder und zog sich nach Bebenhausen, seinem Ruhesitz, zurück. Von einem Tag auf den anderen befand sich die Kirche in einer neuen Krise: Das enge Band von Thron und Altar war zerschnitten und die Landeskirche durch die Abdankung ihres Oberhauptes im wahrsten Sinne des Wortes kopflos. Es gab viele offene Fragen im Blick auf die zukünftige Gestalt der Kirche. Wie wird der neue Staat aussehen? Geht die Kirche mit der Monarchie unter? Wie wird die Kirche künftig organisiert sein, welches Verhältnis wird sie zum Staat haben und wer wird sie leiten?

Die Kirche selbst hätte von sich aus dieses Band wohl nicht zerschnitten. Denn das Verhältnis zwischen König und Landes-

»Die Krone galt ihm wenig,
weil er sein Volk geliebt.
Er bleibt der gute König,
solang es Schwaben gibt«.

Theodor Haering

kirche war gut. Dies brachte die neue Kirchenregierung in ihren Abschiedsworten an den ehemaligen Landesherrn zum Ausdruck: »*Von innigem Dank erfüllt für allen Schutz und treue Fürsorge, deren die evangelische Landeskirche von der gesegneten Regierung Euer Kgl. Hoheit sich zu erfreuen gehabt hat* ...«. Als Antwort ließ der frühere König wissen: »*Wenn ich nun auch nicht mehr an der Spitze der Evang. Landeskirche stehe, für die zu sorgen und die zu schützen mir stets eine liebe, heilige Aufgabe gewesen ist, so habe ich doch die feste Überzeugung, dass der Geist, der bisher unsere Kirche beseelt hat, fortleben und wirken wird zum Segen des Volks und des Vaterlands. Das walte Gott.*«

Ganz unvorbereitet trat diese Lage nicht ein. Noch bevor der König abdankte, übertrug er seine kirchenleitenden Befugnisse der sogenannten Evangelischen Kirchenregierung. In keinem anderen deutschen Staat wurde dieser Übergang so schnell geschafft. Möglich war dies aufgrund eines Umstandes ganz besonderer Art. König Wilhelm II. hatte nämlich keine männlichen Nachkommen und so sollte die evangelische Landeskirche nach ihm einen katholischen König als Oberhaupt haben. Dies wollte man verhindern. Deshalb hatte man bereits 1889 ein Gesetz geschaffen, das die Kirchenleitung in dem zu erwartenden Fall einem fünfköpfigem Gremium übertrug.

»So trübe Wochen hatten wir noch nie erlebt wie in der zweiten Hälfte des Jahres 1918. Als ich am 7. Dezember dieses Jahres meinen 50. Geburtstag feierte, schien es mir, als ob mein Leben umsonst gewesen wäre.«

Wie schmerzlich die Niederlage im Ersten Weltkrieg und der Untergang der Monarchie für viele in der Kirche war, zeigt stellvertretend dieser Satz, den der spätere Landesbischof Wurm noch in seinen Lebenserinnerungen 1952 niederschrieb.

Eine neue Verfassung für die Landeskirche

Die Verfassung des Deutschen Reiches, die 1919 in Weimar von der Nationalversammlung verabschiedet wurde, schuf Klarheit über den künftigen politischen Weg. Die Weimarer Demokratie war geboren, und mit ihr kam das Ende der Staatskirche. Sozialdemokraten und Sozialisten hatten dies längst gefordert. Doch die Kirchen wurden nicht ins Private zurückgedrängt. Sie sollten auch künftig in gemeinsamen Bereichen mit dem neuen Staat eng zusammenarbeiten. Die Theologischen Fakultäten an den Universitäten und der Religionsunterricht an den Schulen blieben erhalten, die Kirchen konnten Kirchensteuer erheben, der Sonntag wurde ausdrücklich geschützt und Seelsorge beim Militär, in Anstalten und Krankenhäusern ermöglicht. Der Staat anerkannte die Kirchen als Körperschaften des öffentlichen Rechts, die ihre Angelegenheiten selbst regeln sollten. Diese Bestimmungen zum Verhältnis von Kirche und Staat sind bis heute gültig. Die Weimarer Kirchenartikel wurden 1949 direkt in unser Grundgesetz übernommen.

In der neuen Republik musste sich die Landeskirche in ihrer Organisation verändern. Eine 1919 von den Kirchengliedern gewählte Landeskirchenversammlung verabschiedete eine neue Kirchenverfassung. In Anlehnung an staatliche Verfassungen wurden die Leitungsaufgaben der jetzt selbstständigen Kirche auf verschiedene Schultern verteilt. Es entstand ein Kirchenparlament, der Landeskirchentag, der an die Stelle der Landessynode trat. Er war zuständig für alle kirchlichen Gesetze, für den Haushalt und für die Kontrolle der Verwaltung. Die zwanzig geistlichen und vierzig weltlichen Abgeordneten wurden durch geheime Wahlen direkt von den Kirchenmitgliedern auf sechs Jahre gewählt. Württemberg hat bis heute als einzige deutsche Landeskirche diese sogenannte Urwahl. Man befürchtete eine starke Block- bzw. Fraktionenbildung. Tatsächlich gab es dann zwei Richtungen im neuen Landeskirchentag. Um sich von den politischen Parteien zu unterscheiden, wählte man die neutralen Bezeichnungen »Gruppe I« und »Gruppe II«. Für die Leitung der kirchlichen Verwaltung war jetzt der Oberkirchenrat zuständig. Ihm gehörten zwölf Mitglieder und die Prälaten von Ludwigsburg, Ulm, Heilbronn und Reutlingen an. Vorsitzender des Oberkirchenrates, also der kirchlichen Exekutive, war der Kirchenpräsident. Er leitete die Landeskirche als ihr oberster Repräsentant; er trägt seit 1933 die Amtsbezeichnung Landesbischof. Die ersten Kirchenpräsidenten waren Johannes Merz (1924–1929) und Theophil Wurm (1929–1949).

Die alte Kirchenregierung blieb als Landeskirchenausschuss erhalten, dem der Kirchenpräsident, der Präsident des Landeskirchentages und ein weiterer Synodaler angehörten. Der Landeskirchenausschuss hatte die Dienstaufsicht über den Oberkirchenrat, war kirchliche Beschwerdeinstanz und entschied über die Besetzung wichtiger Ämter in der Kirche.

Die neue Kirchenverfassung war bereits 1920 fertig. Weil aber der Landtag erst 1924 das Verhältnis von Kirche und Staat in Württemberg in einem Gesetz regelte, konnte die Verfassung erst dann in Kraft treten. Der Weg war damit frei für eine neue Ära des Verhältnisses von Kirche und Staat. Die äußere Krise war gemeistert.

Oberkirchenrat. Oberste Verwaltungsbehörde der Landeskirche (Exekutive).

Das alte Amtssiegel eines Pfarramts mit dem königlichen Wappen.

Das neue Amtssiegel der württembergischen Landeskirche zeigt ein W (für Württemberg) mit einem Kreuz.

Die »neue« Landeskirche nach der Verfassung von 1924.

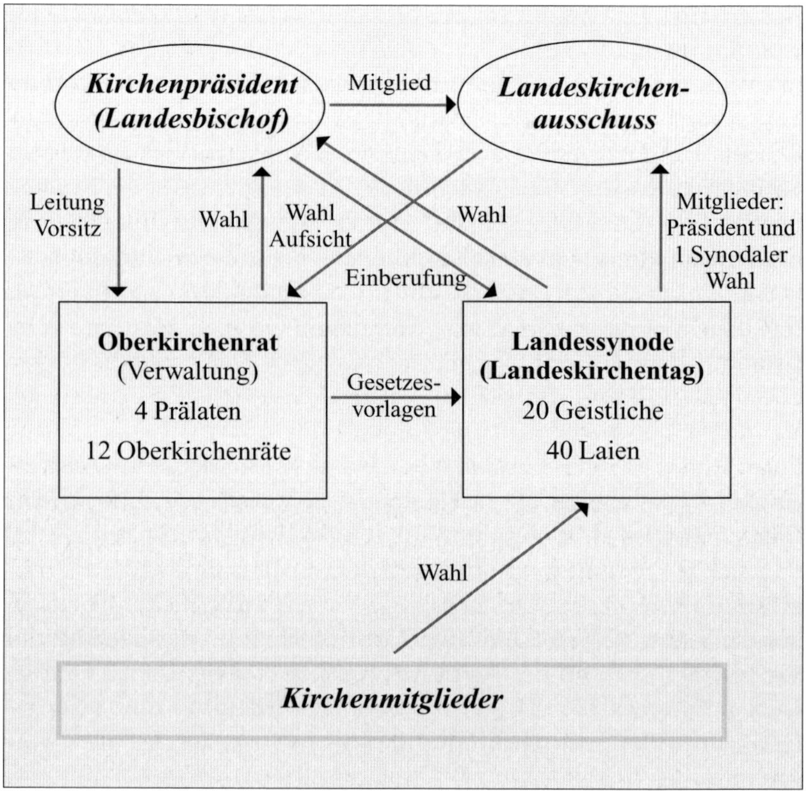

Für Gesellschaft und Gemeinde – der Evangelische Volksbund

Nach dem verlorenen Krieg suchten viele Menschen nach einer Neuorientierung und einem Neuanfang. Einerseits hatten religiöse Themen Hochkonjunktur, andererseits traten immer mehr Menschen aus der Kirche aus. Beides war Ansatzpunkt einer Bewegung, die eine beachtliche Verbreitung und Wirkung hatte: des Evangelischen Volksbunds. Seit Pfingsten 1919 sammelten sich in ganz Württemberg viele evangelische Frauen und Männer um ein gemeinsames Ziel. Sie wollten den christlichen Geist in die Gesellschaft hineintragen und der allgemeinen Entchristlichung wehren. Der Evangelische Volksbund war eine Sammlungsbewegung, organisiert als Verein jenseits parteipolitischer Bindung und kirchlicher Richtungen. Das machte ihn stark und entsprach dem damaligen Zeitgefühl. Schon 1922 zählte man trotz großer wirtschaftlicher Not 225 000 Mitglieder und war mit 738 Ortsvereinen praktisch in ganz Württemberg präsent. Dasselbe Bedürfnis nach kirchlichen Zusammenschlüssen führte wenig später auf nationaler Ebene zum Evangelischen Kirchenbund und international zur Ökumenischen Weltkirchenkonferenz 1925 in Stockholm.

Der Evangelische Volksbund war eine Laienorganisation in Ergänzung zur verfassten Kirche; er verfolgte eine Doppelstrategie: Stärkung der eigenen Reihen und Hineinwirken in die Gesellschaft. Man wollte *»zu einer stärkeren Vertretung der christlichen Grundsätze in der Öffentlichkeit helfen, […] das Gemeindeleben fördern und vertiefen […] [und] die so notwendige Aufgabe der Verteidigung des christlichen Glaubens und der Vertiefung der christlichen Erkenntnis in die Hand nehmen.«* Hierzu waren die Geschäftsführer des Volksbundes in Stadt und Land unterwegs, um in Vorträgen und Freizeiten die christlichen Werte zu vermitteln. Man traf sich als Ortsgruppe und gestaltete Vortragsabende zu religiösen und ethischen Themen, wie zum Beispiel: »Geht es auch ohne Gott?« oder: »Über die Mode«. Es entstand dadurch in vielen Kirchengemeinden bei den Laien ein neues Selbstbewusstsein und Gemeinschaftsgefühl. Man besuchte neu zugezogene Familien, Alte und Kranke, warb für kirchliche Veranstaltungen und die Verbreitung kirchlicher Blätter und sorgte sich um Menschen, die mit dem Gemeindeleben wenig anzufangen wussten. Ganz in den Händen des »Gemeindedienstes«, wie der Volksbund mancherorts auch hieß, waren Geld- und Naturaliensammlungen für Missionswerke und soziale Zwecke. Man versuchte Gemeindeglieder von bloßer Zugehörigkeit zur Mitarbeit und Teilnahme am Gemeindeleben zu bewegen. In dieser Zeit wurde kirchliche Zielgruppenarbeit verstärkt, Gruppen und Kreise entstanden. Der Bedarf an kirchlichen Räumen stieg, und Kirchengemeinden bauten die ersten Gemeindehäuser und Gemeindezentren.

Heidi Denzel (1883–1975), war seit 1919 Geschäftsführerin im Ev. Volksbund.

Missionswerk. Oft private Organisation, entstanden im 19. Jahrhundert, mit dem Ziel der Ausbreitung der christlichen Botschaft.

In seinem sozialen und gesellschaftspolitischen Engagement wirkte der Evangelische Volksbund weit über die Grenzen der Kirche hinaus. Er schaltete sich 1921 in den Schulstreit ein, indem er mit 600 000 gesammelten Unterschriften nachdrücklich für die konfessionelle Schule eintrat. Zusammen mit den entstehenden Krankenpflegevereinen bemühte man sich um Alte und Kranke. Vom Ortsverein Esslingen-Nord (Sulzgries) wird zum Beispiel berichtet, dass er in den Jahren der Massenarbeitslosig-

Gemeinschaftsschule, Simultanschule. Schule mit Schülerinnen und Schülern unterschiedlichen Bekenntnisses.

keit eine beachtliche Winternothilfe organisierte und mithalf, in dieser wirtschaftlich schwierigen Zeit einen Kindergarten einzurichten.

Mit diesen Initiativen war der Evangelische Volksbund ein erneuter Versuch, die aus der Kirche ausgewanderte oder gleichgültige Arbeiterschaft zurückzugewinnen. Darum bemühte sich auch die Evangelisch-soziale Bewegung, die seit 1921 führende Sozialdemokraten zu den sogenannten Bietigheimer Tagen einlud, um über das Verhältnis von Arbeiterschaft, Sozialdemokratie und Kirche nachzudenken.

Zeitgenössische Karikatur: »Betragen – höchst mangelhaft!«

Das Ringen um die christliche Gemeinschaftsschule

Wie sich die Rolle der Kirchen in Staat und Gesellschaft veränderte, ist am Schulsystem zu sehen. Um die Jahrhundertwende bestand in Württemberg eine siebenjährige Schulpflicht. Neunzig Prozent der Kinder besuchten die Volksschule in konfessionell getrennten Schulen, die durch den jeweiligen Pfarrer am Ort beaufsichtigt wurden. Erst 1909 wurde mit dem Volksschulgesetz die geistliche Schulaufsicht über die Lehrer eingeschränkt und auf staatliche Bezirksschulämter übertragen. Schon lange vor 1918 riefen Sozialisten, Sozialdemokraten und vor allem Lehrerverbände nach Reformen. Sie wollten die Konfessionsschule abschaffen.

Mit der Neuordnung des Verhältnisses von Staat und Kirche 1918 stellte sich endgültig die Schulfrage. Klar war, dass es keine kirchliche Schulaufsicht mehr geben sollte. Die Frage der Schulform und des konfessionellen Religionsunterrichts war aber in der Weimarer Nationalversammlung stark umstritten. Die Sozialisten, USPD und SPD wollten eine konfessionslose Einheitsschule, das katholische Zentrum, die Bayerische Volkspartei und die nationalkonservative DNVP die Konfessionsschule, die liberalen Parteien DVP und DDP eher die Simultanschule. Beim Religionsunterricht reichte das Spektrum entsprechend von der Abschaffung bis zur Beibehaltung des konfessionellen Unterrichts. Heraus kam ein Kompromiss. Man einigte sich auf die Simultanschule. Konfessionsschulen und weltliche Einheitsschulen sollten nur auf Wunsch der Eltern errichtet werden können.

Protestplakat gegen die Konfessionsschule um 1923.

Praktisch änderte sich im Schulwesen in Württemberg wenig, das heißt, es blieb bei konfessionellen Schulen. Ein künftiges Reichsschulgesetz sollte die Einzelheiten des Schulkompromisses klären und den Ländern als Vorgabe dienen. Doch dieses Gesetz kam nie zustande. Man diskutierte Jahr für Jahr die Schulfrage neu. Doch die Mehrheitsverhältnisse und Regierungsbildungen änderten sich häufig, und es fehlte die Kraft zu einer einheitlichen Lösung. Zu unterschiedlich waren die Positionen der Weimarer Parteien.

Im Landtagswahlkampf 1932 engagierten sich viele Pfarrer, hier für die NSDAP.

Keine Heimat in Weimar

Die Schulfrage blieb umstritten, vor allem für die Kirchen. Katholische Christen wussten ihre Interessen durch »ihre« Partei, das Zentrum, vertreten. Vielen Evangelischen fehlte eine entsprechende politische Heimat. Sie fühlten sich weder durch die SPD noch durch die DDP vertreten. Sie konnten sich nie recht mit der Weimarer Demokratie anfreunden. Typisch ist daher, dass sie in der nationalkonservativen DNVP, die am liebsten das Kaiserreich wieder einführen wollte, politische Heimat fanden. Viele misstrauten der neuen Staatsform, der Demokratie. Weimar galt als »Staat ohne Gott«. Ein Spottvers aus den Zwanzigerjahren bringt

Wahlplakat der Deutschnationalen Volkspartei (DNVP) aus der Zeit der Weimarer Republik.

diese Einstellung auf den Punkt: »Die Kirche ist politisch neutral – aber sie wählt deutsch-national«. Der spätere Landesbischof Theophil Wurm – einige Jahre für die DNVP im Stuttgarter Landtag – steht mit seinen politischen und kirchenpolitischen Überzeugungen stellvertretend für viele Pfarrer und Gemeindeglieder. Er war sozial, national, konservativ und volkskirchlich.

Der Kirchenführer Wurm bemühte sich zwar lange Zeit, die Neutralität der Kirche zu behaupten, sympathisierte aber nach der Wirtschaftskrise 1929 mehr und mehr mit der Hitlerbewegung. Diese versprach der Kirche das, was die Republik ihr nicht zu geben vermochte: Moral gegen Modernität, Christlichkeit gegen Atheismus und Kommunismus, Volksgemeinschaft gegen Individualismus.

Wurm blieb skeptisch gegenüber der Weimarer Parteiendemokratie. Als am Anfang der Dreißigerjahre ein Wahlkampf den anderen jagte, engagierten sich viele Pfarrer parteipolitisch, übrigens keineswegs nur für die NSDAP. Ein Arzt aus Freudenstadt brachte seinen Ärger darüber einen Tag nach der Landtagswahl 1932 in einem Brief an seinen Landesbischof so zum Ausdruck: »*Unsere evangelischen Pfarrer haben überhaupt ein nettes Bild während der Wahlzeit gemacht. Hier sprachen in den letzten vierzehn Tagen vier Pfarrer, jeder für eine andere Partei.*« Darauf verbot Wurm für die Reichstagswahlen im November 1932 jeglichen Wahlkampf für Geistliche. Ihm lag an der politischen Neutralität der Kirche und des Evangeliums. Doch dieser »Maulkorberlass« war verhängnisvoll. Er nützte letztlich der NSDAP, da die klare Auseinandersetzung mit der im Widerspruch zum christlichen Glauben stehenden NS-Weltanschauung ausblieb. Wurm stützte eine Entwicklung, die er später noch bereuen sollte.

Der Kirchenbau des frühen 19. Jh. folgte den Vorgaben staatlicher Bauämter (Kameralämter). Man spricht deshalb vom »Kameralamtsstil«. Ein Beispiel ist die 1844 erbaute Kirche von Spiegelberg.

»Gotische« Predigt – die Bad Cannstatter Lutherkirche

Die Umbrüche, Veränderungen und Prägungen dieser Zeit lassen sich auch am Kirchenbau studieren. Die Bevölkerung nahm im städtischen Bereich seit der zweiten Hälfte des 19. Jahrhunderts stark zu. Nicht selten wuchsen Pfarrbezirke auf bis zu 20 000 Gemeindeglieder an. Ein Pfarrer konnte sie unmöglich allein versorgen, vielfach wurden die Kirchengebäude zu klein. Nach und nach gründete man neue Kirchengemeinden und baute neue Kir-

Die neugotische Lutherkirche in Stuttgart-Bad Cannstatt, 1900 eingeweiht.

chen. Die Kirchengemeinde in Bad Cannstatt weihte 1900 die Lutherkirche ein. Diese wurde – wie auch die Stuttgarter Johanneskirche – im neugotischen Stil erbaut. Sie ist eine der letzten, die nach den Idealen des 19. Jahrhunderts gebaut worden sind. Sie ist im Wesentlichen dem »Eisenacher Regulativ« von 1861, also den damals geltenden Baugrundsätzen für protestantische Kirchen verpflichtet. Diese lesen sich wie eine Charakterisierung der Lutherkirche: *»Die dem evangelischen Gottesdienst angemessenste Grundform der Kirche ist ein längliches Viereck.«* Es wird der »gotische« Stil empfohlen, der damals als der vollkommenste Ausdruck der religiösen Idee galt. Das Baumaterial sollte solide, die Emporen so angebracht sein, dass sie den freien Überblick nicht störten. Vom Haupteingang an der Westseite sollte sich die Längsachse bis zum Altar erstrecken. Die Kanzel sollte seitlich an einem Pfeiler des Chorbogens stehen, das Kirchengestühl so, dass der freie Blick zu Altar und Kanzel überall gewährleistet war. Eine helle, lichte Kirche entsprach voll und ganz dem von der Aufklärung geprägten liturgischen Verständnis bis 1890: Die protestantische Kirche ist Kirche des Wortes, die belehrende Predigt stand im Zentrum des Gottesdienstes – Andacht, Sakrament, Liturgie und Anbetung waren an zweiter Stelle. Die Gemeinde war dabei weitgehend passiv, alles war auf den Pfarrer konzentriert. Mittelalterliche gotische Formen und Zweckmäßigkeit als Leitidee des zeitgenössischen protestantischen Kirchenbaus sind bei dieser weiträumigen Predigtkirche verbunden.

Empore. Das im Kirchenraum eingebaute Obergeschoss.

Sakrament. Sakramente sind in der evangelischen Kirche Taufe und Abendmahl.

Liturgie. Gottesdienstfeier und Gottesdienstgestaltung.

Gemeinschaft im Jugendstil – die Gaisburger Kirche

Das neue Jahrhundert verabschiedete sich von dieser Einheitsbaunorm. Gesellschaftliche und technische Veränderungen, liturgisch-theologische Überzeugungen und gemeindepädagogische Notwendigkeiten schlugen sich auch im Kirchenbau nieder, übrigens bis heute. Es ist seitdem schwierig, für den protestantischen Kirchenbau einen einheitlichen Baustil auszumachen. Der junge Martin Elsaesser, Dekanssohn aus Tübingen, gehörte damals zu den Architekten, die für diesen Wechsel stehen. Seine Kirchen in Stuttgart-Gaisburg und Esslingen-Süd zeugen davon.

1913, also noch vor dem Ersten Weltkrieg, konnte die Gaisburger Kirche fertiggestellt werden, eine Kirche unterschiedlicher Stilrichtungen. Von außen zeigt sich die oben am Abhang zum

Die Kirche in Stuttgart-Gaisburg, erbaut 1913.

Neckartal thronende Kirche mit ihren geometrischen, klaren Formen klassizistisch, sie enthält aber auch freie, an den Barock angelehnte Elemente und Formen. Der Innenraum ist geprägt durch den Jugendstil. Das aufregend Besondere ist die Raumgestaltung. In der von außen als Rechteck mit angedeuteter Kreuzform erscheinenden Kirche befindet sich ein ovaler Zentralraum. Keine Vielzahl von Kirchenschiffen, kein wirklicher Chor, nur ein Raum, ein Oval, umgeben von vierzehn hoch aufragenden Säulen, die ovale Decke und rahmende Emporen. In den Farben weiß und olivgrün wirkt der Innenraum wie ein Festsaal. Der Raum der Gemeinde wird betont, nicht Chor, Kanzel oder Altar. Dadurch wird die Gemeinde als Gemeinschaft herausgehoben. Die Kirchenbesucher erleben sich so unwillkürlich als zusammengehörig und eins.

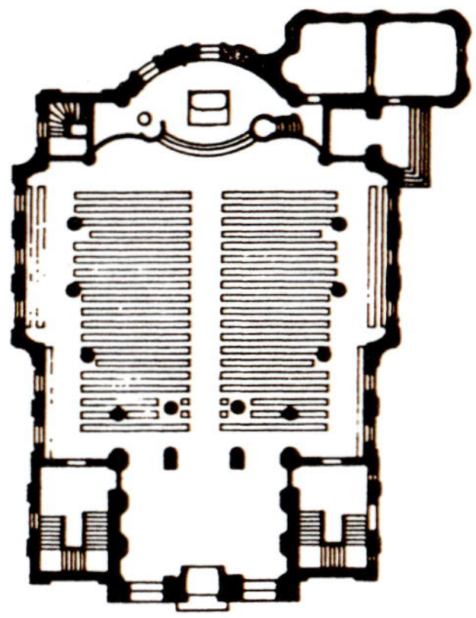

Grundriss der Kirche in Stuttgart-Gaisburg.

Bedeutung und Besinnung – die Esslinger Südkirche

Die Südkirche in Esslingen sollte eigentlich 1917 fertig sein, konnte dann aber wegen Krieg und Inflation erst zehn Jahre später eingeweiht werden. Die Südkirche hatte Aufsehen erregt und wird noch heute von Architekturstudierenden besichtigt. Sie ist in verschiedener Hinsicht etwas Besonderes: In Erwartung des

Der Innenraum der Südkirche Esslingen. Predigtkirche mit Blick auf das Rund der Feierkirche.

Otto Riethmüller (1889–1938) war als deren Pfarrer mit beteiligt an der Gestaltung der Esslinger Südkirche. Später war er Leiter des Reichsverbandes weiblicher Jugend im Burckhardthaus in Berlin-Dahlem. Im Evangelischen Gesangbuch sind viele seiner Liedbearbeitungen aufgenommen.

400-jährigen Reformationsjubiläums 1917 wählte man einen kühnen Platz für die neue Kirche aus. Mit der Lage am Hang sollte die Kirche als Wahrzeichen von Weitem sichtbar sein und beeindrucken. Nach den Kriegswirren zeigte der repräsentative Bau den Menschen: Die Kirche ist noch da. Sie entsprach dem Wunsch dieser Zeit nach Stabilität und Sammlung. Die Südkirche ist eine der wenigen Kirchen, die so kurz nach Krieg und Inflation gebaut wurden. Einzigartig ist sie aber auch wegen ihres Baustils. Dieser brach endgültig mit den historisierenden Stilrichtungen. Die Südkirche ist eine der wenigen expressionistischen Kirchen des Landes. Bezeichnend sind die eindrucksvollen Backsteinflächen, die Reduktion der raumgestalterischen Mittel auf Kugel und Kubus, die Einbeziehung des Kunsthandwerks und auch die Farb- und Formgestaltung der Fenster in der Feierkirche.

Bemerkenswert und hintergründig ist außerdem die Raumaufteilung. Die neuere liturgische Bewegung fand in die Gestaltung des Kirchenbaus Eingang. Sie wollte die Feier der Sakramente, Meditation und Andacht, aber auch die Kirchenmusik als gleichwertigen Beitrag neben der Predigt im Gottesdienst verankern. Elsaesser überraschte mit der Aufteilung der Kirche in eine »Predigtkirche« und eine »Feierkirche«. Dem großen, hellen Kirchenschiff mit den Halbemporen steht die runde Feierkirche als

Expressionismus. Kunstepoche Anfang des 20. Jahrhunderts, die versuchte, das Innere des Menschen auszudrücken.

Die »Feierkirche« in der Esslinger Südkirche.

eine Art Chor gegenüber. In diesem höhlenartigen Raum mit gedämpft-meditativem Licht sollten die Tauf- und Abendmahlsfeiern stattfinden. Über der Feierkirche findet sich eine Hochempore, die auf der gegenüberliegenden Seite ihr Pendant hat. Mit der Möglichkeit zum chorischen Gesang von den Emporen aus sollte die bis dahin stiefmütterlich behandelte Kirchenmusik belebt werden.

Chor. Teil eines Kirchenraumes, der das Hauptschiff nach Osten hin abschließt.

Und schließlich sollte die Südkirche nicht nur Sonntagskirche sein. Mit anschließendem Pfarrhaus, Pfarrbüro, einer Schwesternwohnung und dem großen Gemeindesaal unter dem Kirchenraum entstand eines der ersten Gemeindezentren. Weitere Gemeinderäume für die entstehenden Kreise und Gruppen waren schon damals als Anbau geplant, konnten aber aus finanziellen Gründen nicht verwirklicht werden.

Zeltlager des Köngener Bundes.

Schülerbibelkreise und der Köngener Bund

Um die Jahrhundertwende entstanden kirchliche und »weltliche« Jugendorganisationen. Junge Menschen emanzipierten sich von der Erwachsenenwelt, oft auch von Familie und Kirche, und man suchte Freundschaften mit Gleichaltrigen. Die Verstädterung, die größere Mobilität und die Trennung von Wohnung und Arbeitsplatz machten dies möglich. So entstanden neben den schon länger bestehenden Christlichen Vereinen Junger Männer (CVJM) die Schülerbibelkreise. Engagierte Christen, die zumeist dem württembergischen Pietismus nahestanden, sammelten um sich Schüler höherer Lehranstalten zum Bibellesen, Singen und zu gemeinsamen Freizeitaktivitäten. Diese Schülerbibelkreise hatten offiziell nichts mit der Kirche zu tun – man wollte sich nicht vereinnahmen lassen –; sie hatten aber im »frommen« Württemberg nicht den emanzipatorischen Geist der Jugendbewegung. Die ersten »Schülerkränzchen« entstanden 1896 in Heilbronn und 1897 in Wilhelmsdorf, weitere 1903 in Stuttgart und 1905 in Esslingen und Ludwigsburg.

»*Die Jugend, bisher nur ein Anhängsel der alten Generation, aus dem öffentlichen Leben ausgeschaltet, angewiesen auf eine passive Rolle des Lernens, auf eine spielerisch nichtige Geselligkeit, beginnt sich auf sich selbst zu besinnen. Sie versucht, sich selbst ihr Leben zu gestalten, unabhängig von den trägen Gewohnheiten der Alten und den Geboten einer hässlichen Konvention.*« So drückte ein Vertreter der Jugendbewegung das Lebensgefühl der jungen Generation aus. Man veranstaltete gemeinsame Wanderfahrten und Zeltlager, sang alte Volkslieder, trug eine spezielle Kluft und lehnte Alkohol, Nikotin und Gesellschaftstanz ab. Es war der Aufstand gegen das Spießbürgertum etablierter Kreise. Aber dies Drängen nach Selbstbestimmung und eigenen Lebensformen richtete sich auch gegen die Kirche, die in ihrer national-bürgerlichen Ausprägung typisch für die abzulehnende Erwachsenenwelt stand.

Jakob Wilhelm Hauer und Rudi Daur, zwei führende Köngener. Aufnahme von 1930. Später trennten sich ihre Wege; während Hauer dem Nationalsozialismus verfiel, hielt sich Daur zur Bekennenden Kirche.

Die Jugendbewegung ging nicht spurlos an den württembergischen Schülerbibelkreisen vorüber. Die Fronterlebnisse im Krieg hatten bei vielen jungen Männern religiöse Fragen aufgeworfen und so manche »fromme« Selbstverständlichkeit in Frage gestellt. Es kam zu Berührungen mit Gruppen der Jugendbewegung; eine wachsende Zahl von Bibelkreislern, vor allem die jüngeren, wollte auch für die Bibelkreise eine freiere Form. Schüler sollten selbst Bibelkreise leiten können, auch wenn sie in Fragen des Glaubens nicht so dachten wie die Landesleitung. Die »Neuen«, wie sie auch genannt wurden, versuchten bei der Wahl des Landesausschusses ein Übergewicht zu bekommen. Am 27. Dezember 1919 kam es in Stuttgart bei der Vertreterversammlung der Bibelkreise zum Eklat. Es sollten vier Schüler und vier Leiter in den neuen Ausschuss gewählt werden. Die Neuen wollten eine gemeinsame Wahl. Da die Schüler bei solchen Versammlungen immer in der Mehrheit waren, wäre der Einfluss der Leiter erheblich geschwunden. Der alte Landesausschuss wehrte sich und konnte sein Verfahren durchsetzen. Demnach wurden die Schüler von den Schülern und die Leiter von den Leitern gewählt. Darauf verließ ein Drittel der Versammlung den Raum. Im Protokollbuch hieß es lapidar: *»Die Tagung des Landesverbandes der Bibelkreise in Württemberg am 27. Dezember 1919 führte zu einer Scheidung zwischer alter und neuer Richtung. Wir bedauern diese Trennung sehr.«* Die Neuen gründeten darauf einen eigenen Verband. Die Gruppen der neuen Richtung trafen sich unter ihrem geistigen Führer Jakob Wilhelm Hauer 1920 mehrmals auf Schloss Köngen und nannten sich dann bald »Köngener Bund«. Man verstand sich als religiös Suchende und Interessierte, als Teil der allgemeinen Jugendbewegung. Manche Gruppe schloss sich an, doch konnten die Köngener die pietistisch geprägten Bibelkreise ebensowenig gewinnen wie die inzwischen entstandenen Mädchenbibelkreise. Die pietistisch geprägte Leiterin der 1918 gegründeten württembergischen Vereinigung für Mädchen-Bibelkreise Elisabeth Dietrich lehnte einen Beitritt zu den Köngenern ab.

Fortan gab es zwei Richtungen württembergischer Schülerarbeit, was deutschlandweit ein bemerkenswerter Einzelfall blieb. 1933 wurden beide Verbände zusammen mit anderen Jugendorganisationen mit der Hitlerjugend gleichgeschaltet, was ihre praktische Auflösung bedeutete. Es ist das Tragische, dass der Nationalsozialismus gerade in Lebensgefühl und Werten auch unter der evangelischen Jugend einen guten Nährboden fand. Evangelische Jugendarbeit war dann nur noch durch die örtlichen Kirchengemeinden möglich. Dort erlebte sie aber große Nachfrage: Es entstanden viele neue Gruppen. Kirche und Jugendarbeit rückten so wieder näher zusammen.

Die Fülle und Vielfalt der Formen und Prägungen kennzeichnet bis heute evangelische Jugendarbeit in Württemberg. Neben kirchengemeindlicher Jugendarbeit blühte nach dem Krieg erneut die Jugendarbeit selbstständiger Werke und Verbände, wie zum Beispiel die Christlichen Vereine Junger Männer, die CVJM, und die Mädchenwerke. Seit dem Ende der Sechzigerjahre gibt es in Württemberg wieder zwei Richtungen in der Schülerarbeit: Neben der landeskirchlichen Schülerarbeit, der LaKiSA, entstand die Schülerarbeit im Evangelischen Jugendwerk.

Neue Entwicklungen im Gemeinschaftswesen

Nachdem der ältere Pietismus, nämlich die M. Hahnsche Gemeinschaft, der Altpietismus und die Pregizerianer spätestens in der zweiten Hälfte des 19. Jahrhunderts ihre Organisationsform gefunden hatten, kam es im 20. Jahrhundert noch zu einigen neuen Bildungen. Zwei von diesen erinnern an den älteren Blumhardt und sind wohl auch von seinem Beispiel angeregt worden, nämlich die Villa Seckendorff in Cannstatt und die Rettungsarche in Möttlingen.

Die Villa Seckendorff geht auf Henriette von Seckendorff-Gutend (1819–1878) zurück, eine Urenkelin des pietistischen Grafen Christoph Karl Ludwig von Pfeil (1712–1784). Als Waise aufgewachsen, kam sie mit 23 Jahren nach Stuttgart, wo sie, selbst von schwerer Krankheit genesen, sich der Seelsorge der Bewohnerinnen des Bürgerspitals annahm. Hin und wieder geschahen Gebetsheilungen. Da der Zustrom der Kranken deshalb immer größer wurde, baute sie in Cannstatt auf dem Seelberg die Villa Seckendorff, die 1869 bezogen werden konnte. Die Villa (Deckerstraße 35–37) wurde nicht nur von Kranken, sondern auch wegen der von Henriette von Seckendorff gehaltenen Andachten aufgesucht. Nach ihrem Tod wurde die Arbeit von der von ihr geheilten Anna Schlichter († 1904) von Stammheim fortgeführt. Nach der Zerstörung der Gebäude im Zweiten Weltkrieg und einem teilweisen Wiederaufbau wurde das Werk 1950 in die Freiligrathstr. 3 verlegt und ging an den Chrischona-Schwesternverband in Lörrach über, der es als Alten- und Pflegeheim, verbunden mit Seelsorge und Gemeinschaftspflege, weiterführt.

Aus Möttlingen stammt Friedrich Stanger (1855–1934), ein Fabrikarbeiter, der sich nach seiner Bekehrung an verschiedenen Orten Württembergs als Laienseelsorger und Krankenheiler betätigte. In Möttlingen gründete er schließlich die »Rettungsarche«, in der er Heilungsuchende aufnahm. Stangers Vorbild ist unverkennbar Johann Christoph Blumhardt, doch hat seine Tätigkeit, die bis heute in Möttlingen fortgesetzt wird, eine durchaus eigenständige Note. »Vater Stanger«, wie er von seinen Anhängern genannt wurde, gründete freilich keine Gemeinschaft, vielmehr handelte es sich um einen lockeren Freundeskreis, der sich um ihn scharte.

1910 entstand als Zusammenschluss von Gemeinschaften, die an verschiedenen Orten Süddeutschlands, vor allem in Württemberg, durch Evangelisationen entstanden waren, die Süddeutsche Vereinigung für Evangelisation und Gemeinschaftspflege. An der Arbeit der »Süddeutschen«, wie diese Gemeinschaft seitdem genannt wird, beteiligte sich dann auch Pastor Heinrich Coerper (1863–1936) aus Meisenheim am Glan, der ursprünglich theologischer Lehrer an der Evangelistenschule »Johanneum« in Wuppertal-Barmen war. Er folgte 1899 einem Ruf nach Hamburg in die Arbeit des soeben gegründeten Deutschen Zweiges der China-Inland-Mission. 1902 verlegte Coerper das Missionswerk von Hamburg nach Liebenzell. Er verselbständigte hierauf seine Missionsarbeit 1906 als Liebenzeller Mission, die Missionare ausbildete und nach China, Japan und auf die Inseln des Pazifik entsandte. Daneben setzte die Liebenzeller Mission die Arbeit in der Heimat fort, die in Zeltmission und der Gemeinschaftsarbeit der »Süddeutschen« bestand. 1933 löste sich der Liebenzeller Gemeinschaftsverband von der Süddeutschen Vereinigung. Diesem Verband schlossen sich noch weitere nicht organisierte Gemeinschaften und Missionskreise an. Der Liebenzeller Gemeinschaftsverband, der organisatorisch mit der Liebenzeller Mission verbunden ist, hat sein Verbreitungsgebiet im Schwarzwald, am Albrand, in Stuttgart und Heilbronn, aber auch außerhalb Württembergs.

Der Gründer der Liebenzeller Mission, Pfarrer Heinrich Coerper, mit einem Häuptling der Südseeinsel Ponape, auf der Liebenzeller Missionare arbeiteten.

Zu nennen ist noch die Arbeit von Christa von Viebahn (1873–1955), Tochter des preußischen Generals Georg von Viebahn (1840–1915). Dieser war als Konfirmand unter dem Einfluss des Berliner Dompredigers Snethlage bekehrt worden und hatte Anschluss an Kreise der Erweckungsbewegung gefunden. Er schlug die militärische Laufbahn ein und war währenddessen auch missionarisch tätig. 1896 nahm er seinen Abschied vom Militär und widmete sich fortan seiner evangelistischen und schriftstellerischen Tätigkeit. Die Tochter Christa folgte dem Vater nach. Sie lebte zunächst in Stettin und zog dann nach Stuttgart. Im Gegensatz zu ihrem Vater, der zuletzt aus der pommerschen Landeskirche ausgetreten war, weil er dort liberale, bibelkritische Tendenzen verspürte, trat Christa in Stuttgart bewusst wieder in die Landeskirche ein. 1915 begann sie in Stuttgart zuerst in einem Laden, dann in einem Fabrikraum mit einer Evangelisation, aus der ein Christlicher Kreis für Frauen und Mädchen entstand. Dieser umfasste alleinstehende Arbeiterinnen, Angestellte und Beamtinnen. Christa von Viebahn wirkte somit in ihrer missionarischen Tätigkeit sozial integrativ. Nach dem Tod ihres Vaters hatte sie die Abfassung des von ihm begründeten Bibellesezettels übernommen und war auch sonst schriftstellerisch tätig. Seit 1923 gab es in Aidlingen regelmäßige Bibelstunden, die schließlich zur Gründung des Diakonissenmutterhauses 1927 führten, in der die evangelistische Arbeit ihre Fortsetzung fand.

Im ehemaligen Gasthaus Lamm, dem heutigen Rathaus in Unterweissach bei Backnang fand die aus Preußisch Bahnau geflohene Bahnauer Bruderschaft mit ihrer Ausbildungsstätte 1948 eine neue Bleibe.

Anfang des 20. Jahrhunderts schlossen sich einzelne Gemeinschaften lose unter dem Namen »Württembergischer Brüderbund« zu einem Verband zusammen. Entscheidend beeinflusst und geprägt wurde seine Gründung durch Johannes Seitz (1839–1922), der im Schwarzwald einige örtliche Bibelkreise zusammengeschlossen hatte. Durch eine politisch erzwungene Neuformierung im Jahre 1933 kamen einige weitere Gemeinschaften im Remstal zum Verband hinzu.

Nach dem Zweiten Weltkrieg fand die 1906 in Preußisch Bahnau gegründete Bahnauer Bruderschaft in Unterweissach 1948 eine neue Heimat. Ihre »Evangelische Missionsschule Unterweissach« bietet dort eine fünfjährige theologische Ausbildung für den Dienst in der Landeskirche, etwa als Katechetin oder Gemeindediakon, als Jugendreferentin oder in den Gemeinschaften.

Zwischen Anpassung und Widerspruch

Im Zeichen der Machtergreifung

Am 30. Januar 1933 erreichten die Nationalsozialisten endlich ihr langersehntes Ziel: Adolf Hitler wurde von Reichspräsident von Hindenburg zum Reichskanzler ernannt. Viele evangelische Christen setzten ihre Hoffnung auf die neue Regierung. Die schreckliche Arbeitslosigkeit sollte beseitigt und das im Ersten Weltkrieg besiegte Deutschland wieder ein großer und mächtiger Staat werden. Sie hofften, dass aus vielen Interessengruppen wieder eine einheitliche Volksgemeinschaft entstünde. Sie erwarteten, dass der Grabenkrieg zwischen den Parteien endlich aufhören und die vor allem von den »linken« Parteien betriebenen Kirchenaustrittskampagnen ein Ende haben würden.

Die NSDAP gewann gerade unter Christen viel Vertrauen. Sie sprach sich in ihrem Parteiprogramm für das »positive Christentum« aus. Sie lud Pfarrer zu Fahnenweihen ein und wies SA-Abteilungen an, geschlossen zu Gottesdiensten zu gehen. Nur wenige merkten, dass sich die NSDAP deshalb so kirchenfreundlich gab, damit sie von den evangelischen Christen bei den Wahlen unterstützt würde.

Die württembergische Kirchenleitung unter dem deutschnational eingestellten Kirchenpräsidenten Theophil Wurm begrüßte die »Machtergreifung«, schwieg aber zunächst in der Öffentlichkeit. Man wollte erst abwarten, wie sich die neue Regierung verhalten würde. Dann wurde am 21. März 1933 der neue Reichstag in der Potsdamer Garnisonskirche eröffnet. Hindenburg und Hitler gaben sich die Hand an den Gräbern der Preußenkönige Friedrich Wilhelm I. und Friedrich der Große. Da schlug das Herz der national eingestellten Protestanten höher. Und dann erklärte Hitler in seiner Regierungserklärung, dass die Reichsregierung »im Christentum die unerschütterlichen Fundamente des sittlichen und moralischen Lebens unseres Volkes sieht«. Nun bekannten sich auch die evangelischen Christen Württembergs in aller Öffentlichkeit zum neuen Reich. Viele dachten auch: Hitler hat uns vor einem kommunistischen Umsturz bewahrt.

Kirchenfahne und Hakenkreuzfahne in scheinbarer Eintracht: Dieses Bild des Kirchturms der Oberhofenkirche Göppingen überreichte die Evangelische Jugend 1938 Landesbischof Wurm zu seinem 70. Geburtstag.

SA-Posten bewachen den Eingang eines jüdischen Bekleidungshauses, um zum Boykott aufzurufen und Kunden einzuschüchtern.

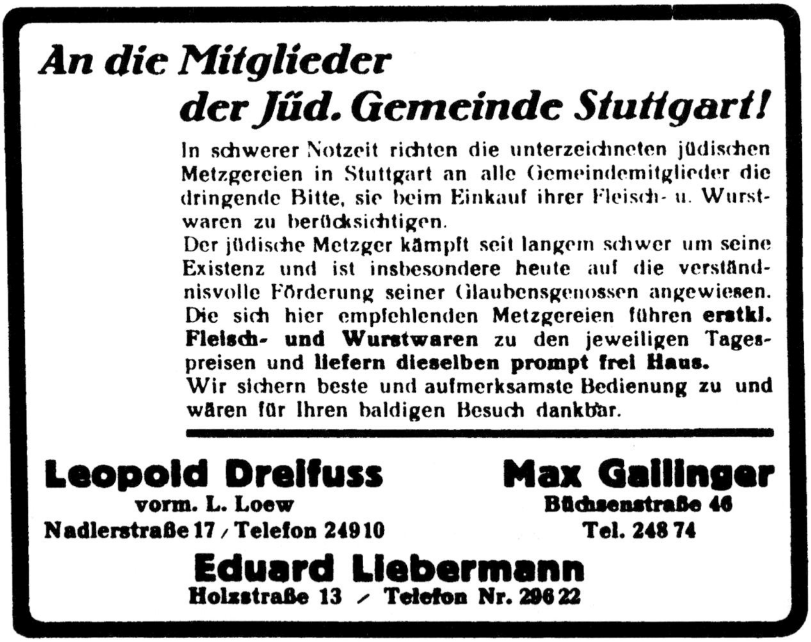

Die Boykottaufrufe tragen bittere Früchte.

Schweigen zum Unrecht

Mit der »Machtergreifung« änderte sich Vieles in Deutschland. Die Demokratie wurde abgeschafft: Alle Macht ging nun vom »Führer« aus. Die Parteien lösten sich auf oder wurden aufgelöst. Übrig blieb nur die NSDAP. Die in der Verfassung verbrieften Grundrechte wurden stark eingeschränkt, z. B. das Recht auf freie Meinungsäußerung.

Andersdenkende wurden auch in Württemberg verfolgt. Aktive Mitglieder der Kommunistischen Partei, aber auch der SPD und der (katholischen) Zentrumspartei wurden auf dem Heuberg (Schwäbische Alb) eingesperrt. Wenn sie entlassen wurden, schwiegen die meisten: Sie hatten versprechen müssen, nichts von ihren Demütigungen im Lager zu erzählen.

Eine wahre Leidenszeit begann für Menschen jüdischer Abstammung. Schon im März 1933 starben in Creglingen zwei jüdische Mitbürger nach brutalen Prügeleien. Am 1. April 1933 wurden jüdische Geschäfte boykottiert. Juden durften auch keine Beamten mehr sein. Aus Württemberg, wo etwa 10 000 Juden lebten, wanderten einzelne aus. Die meisten aber blieben. Sie vertrauten darauf, dass die Deutschen, dieses Volk der Dichter und Denker, bald mit der Verfolgung aufhören würden.

Einzelne Christen in Württemberg, Pfarrer und Laien, forderten von der Kirchenleitung einen öffentlichen Protest gegen diese Verbrechen. Kirchenpräsident Wurm gab die Forderung an den damals höchsten Vertreter der evangelischen Kirche Deutschlands, Präsident Hermann Kapler, nach Berlin weiter. Er sagte, »das württembergische Kirchenvolk« sei mit dem Boykott nicht einverstanden. Doch in Berlin wollte man das gute Verhältnis mit der neuen Regierung nicht verderben. So unterblieb der Protest und Wurm unternahm von sich aus nichts weiter. Für Juden hatten viele Christen auch wenig übrig. Sie galten als Gottesmörder und Feinde des christlichen Glaubens. Ihren Einfluss in Wirtschaft, Presse, Rechtswesen und in der Literatur hielten auch viele Christen für viel zu groß. Pfarrer, die sich gegen die Judenverfolgung aussprachen, wie Pfarrer Hermann Umfried aus Niederstetten, erhielten von ihrer Kirchenleitung keine Rückendeckung.

> Ich habe von Jugend auf das Urteil von Männern wie Heinrich von Treitschke und Adolf Stoecker über die zersetzende Wirkung des Judentums auf religiösem, sittlichem, literarischem, wirtschaftlichem und politischem Gebiet für zutreffend gehalten.

Landesbischof Wurm in einem Brief an den Reichsjustizminister vom 6. Dezember 1938. Wurm teilte die Vorurteile vieler Deutscher gegen die Juden, prangerte aber in diesem Brief die Rechtsbrüche der Reichspogromnacht an.

Auch kirchliche Trauungen fanden sehr bald unter politischen Vorzeichen statt.

> Noch 1935 gedachte die württembergische Kirchenleitung dankbar der Machtergreifung Hitlers. In einem Erlass heißt es:
> Am 30. Januar jährt sich zum zweiten Mal der Tag, an dem unser Führer und Reichskanzler, dem Ruf des Reichspräsidenten von Hindenburg folgend, die Führung unseres Volkes und Staates übernommen hat. Dessen gedenkt, zusammen mit dem ganzen deutschen Volk, auch unsere evangelische Kirche in Dank und Fürbitte. Ich ordne an, dass am Sonntag, den 27. Januar, der dem 30. Januar voraus geht, im Kirchgebet unseres Kanzlers und Führers in besonderer Fürbitte vor Gott gedacht wird.
> gez. Wurm, Landesbischof

Die Deutschen Christen kommen

Geschmückter Altar für eine deutschchristliche Konfirmation 1935 in Heilbronn. Pfarrer Georg Schneider, der an verschiedenen Orten in Württemberg solche Feiern veranstaltet hatte, wurde im Juli 1936 von der Kirchenleitung beurlaubt.

Auch in Württemberg schlossen sich Hunderte von Pfarrern und Gemeindegliedern den Deutschen Christen an. Diese wollten Nationalsozialismus und Christentum miteinander verbinden. Die Gemäßigten unter ihnen wollten mithelfen, dass in der nationalen Begeisterung von 1933 sich die Menschen wieder verstärkt ihrer Kirche zuwandten. Die Radikalen unter den Deutschen Christen stellten sich voll auf den Boden der NS-Weltanschauung. Sie wollten das Alte Testament abschaffen. Christen jüdischer Herkunft sollten keine Pfarrer oder Kirchenbeamte sein dürfen. Auch Kirchenpräsident Wurm – 1933 war er 65 Jahre alt – hatte zunächst viele Sympathien für die gemäßigten Deutschen Christen. Er nahm, aufgefordert von vielen Seiten, auch von den Deutschen Christen, den Titel Landesbischof an. Ein deutschchristlicher Pfarrer, Wilhelm Pressel, wurde Mitglied der Kirchenleitung.

Im Frühjahr 1933 gingen die Deutschen Christen daran, die Macht in allen deutschen Landeskirchen zu übernehmen. Ihre Parole »Wir wollen eine Reichskirche« fand viel Anklang. Schon im Juli 1933 war die neue Reichskirchenverfassung fertig. Die neue Kirche, Deutsche Evangelische Kirche (DEK) genannt, war ein Kirchenbund von 28 Landeskirchen. An der Spitze stand der Reichsbischof. Hier sieht man den Einfluss des nationalsozialistischen Führerprinzips. Am 23. Juli wurde in ganz Deutschland gewählt. In Württemberg wie in vielen anderen Landeskirchen fand gar keine echte Wahl statt. Man konnte nur Ja sagen zu einer Einheitsliste, auf der die Deutschen Christen die Mehrheit hatten. Die Deutschen Christen errangen einen triumphalen Erfolg. Es gab eine Opposition, aber die wurde schwer behindert.

Auch in Württemberg hatten die Deutschen Christen jetzt im Landeskirchentag eine Mehrheit. In den meisten deutschen Landeskirchen wurden die Verfassungen geändert und neue deutschchristliche Kirchenleitungen gewählt. Württemberg gehört zu den wenigen Landeskirchen, die hier nicht mitmachten. Theophil Wurm blieb Landesbischof. Württemberg wurde darum später als eine »intakte« Landeskirche bezeichnet, die deutschchristlich geleiteten Kirchen als »zerstörte«. Im September 1933 wählte die Nationalsynode Ludwig Müller, Wehrkreispfarrer in Königsberg und Angehöriger der Deutschen Christen, in Berlin zum Reichsbischof.

Eingliederung der evangelischen Jugend: der Posaunenchor des CVJM Ulm.

Die evangelische Jugend wird eingegliedert

In Württemberg gab es seit dem Ende des 19. Jahrhunderts eine blühende Jugendarbeit. Jungen und Mädchen sammelten sich beim Christlichen Verein Junger Männer (CVJM), den Schülerbibelkreisen, dem Reichsverband weiblicher Jugend oder dem Jugendbund für Entschiedenes Christentum (EC). Die Nationalsozialisten wollten nur einen Jugendverband, die Hitlerjugend. Viele evangelische Jugendführer waren zwar auch von Hitler begeistert, aber sie wollten selbstständig bleiben wie die katholische Jugend. Gegen ihren Willen vereinbarte Müller jedoch mit Reichsjugendführer Baldur von Schirach die Eingliederung der evangelischen Jugend in die Hitlerjugend, ein wahrer »Schurkenstreich« (Wurm). In großen Festakten wurde die Eingliederung vollzogen. Die katholischen Jugendverbände behielten zunächst ihre Selbstständigkeit, wurden jedoch nach und nach zwangsweise aufgelöst.

Das Ende der evangelischen Jugendarbeit war damit freilich nicht gekommen. Auf Gemeindeebene entstanden Jugendkreise. Sie durften keinen Sport treiben und sich nicht politisch betätigen. Aber sie durften die Bibel miteinander lesen, Lieder singen und Laienspiele aufführen. Und sie durften Rüstzeiten abhalten. Landesjugendpfarrer Manfred Müller war der entscheidende Motor der evangelischen Jugendarbeit in Württemberg. Der NS-Staat versuchte die Jugendlichen von diesen Kreisen fernzuhalten. Sie schüchterten sie ein und machten die evangelische Jugendarbeit lächerlich. Diese Anfeindungen stärkten jedoch nur deren Zusammengehörigkeitsgefühl.

Teilnehmer einer Bibelfreizeit bei der Kontrolle ihrer Urlaubsscheine. Das von der Hitlerjugend ausgestellte Papier war Voraussetzung für die Teilnahme.

Eingliederungsvertrag zwischen der Evangelischen Kirchengemeinde Ossweil (heute Ludwigsburg) und der Hitlerjugend 1934.

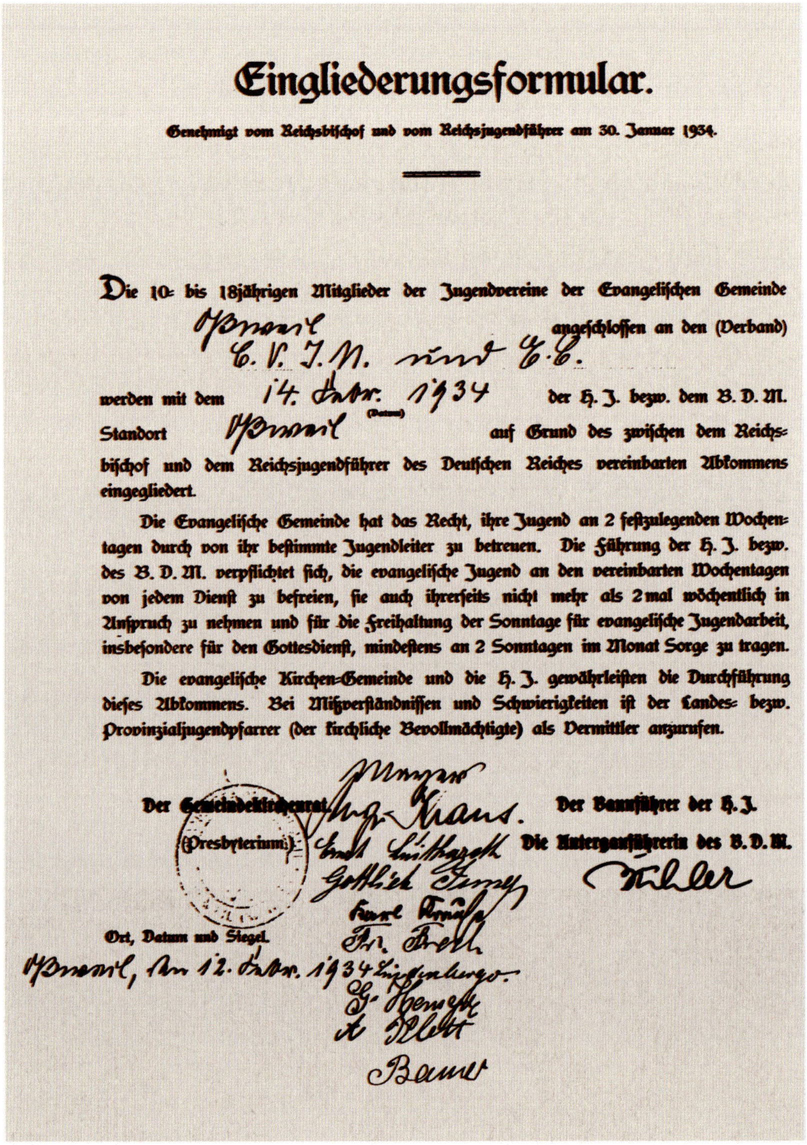

Eingliederungsformular.

Genehmigt vom Reichsbischof und vom Reichsjugendführer am 30. Januar 1934.

Die 10- bis 18jährigen Mitglieder der Jugendvereine der Evangelischen Gemeinde Oßweil angeschlossen an den (Verband) C.V.J.M. und E.C. werden mit dem 14. Febr. 1934 (Datum) der H.J. bezw. dem B.D.M. Standort Oßweil auf Grund des zwischen dem Reichsbischof und dem Reichsjugendführer des Deutschen Reiches vereinbarten Abkommens eingegliedert.

Die Evangelische Gemeinde hat das Recht, ihre Jugend an 2 festzulegenden Wochentagen durch von ihr bestimmte Jugendleiter zu betreuen. Die Führung der H.J. bezw. des B.D.M. verpflichtet sich, die evangelische Jugend an den vereinbarten Wochentagen von jedem Dienst zu befreien, sie auch ihrerseits nicht mehr als 2 mal wöchentlich in Anspruch zu nehmen und für die Freihaltung der Sonntage für evangelische Jugendarbeit, insbesondere für den Gottesdienst, mindestens an 2 Sonntagen im Monat Sorge zu tragen.

Die evangelische Kirchen-Gemeinde und die H.J. gewährleisten die Durchführung dieses Abkommens. Bei Mißverständnissen und Schwierigkeiten ist der Landes- bezw. Provinzialjugendpfarrer (der kirchliche Bevollmächtigte) als Vermittler anzurufen.

Der Gemeindekirchenrat (Presbyterium).

Der Bannführer der H.J.

Die Untergauführerin des B.D.M.

Ort, Datum und Siegel.

Oßweil, den 12. Febr. 1934

Die Bekennende Kirche entsteht

Das Ansehen der Deutschen Christen wurde ab Mitte 1933 immer schlechter. Dass Christen jüdischer Herkunft kein Amt in der Kirche mehr ausüben sollten (»Arierparagraph«), rief Pfarrer Martin Niemöller in Berlin-Dahlem auf den Plan. Er gründete mit anderen Pfarrern den Pfarrernotbund. Wer ihm beitrat, musste sich schriftlich gegen den Arierparagraphen aussprechen. Viele württembergische Pfarrer unterschrieben beim Pfarrernotbund. Als in Berlin eine große Versammlung der Deutschen Christen das Alte Testament abschaffen wollte, weil es ein »Judenbuch« sei, wurde der Widerwillen gegen die Deutschen Christen immer größer. Viele deutschchristliche Abgeordnete im Landeskirchentag traten im Laufe des Herbst 1933 aus der deutschchristlichen Bewegung aus. In Württemberg und anderen deutschen Landeskirchen entstand eine kirchliche Opposition gegen die Deutschen Christen. Sie traf sich 1934 in Barmen zur ersten Reichsbekenntnissynode. Diese verabschiedete einstimmig eine Erklärung, in der sie sich von der deutschchristlichen Irrlehre distanzierte. Mit Landesbischof Wurm stimmten acht württembergische Synodale der »Barmer Theologischen Erklärung« zu. Diese Erklärung wurde zum Fundament der »Bekennenden Kirche«, wie sich die Opposition gegen die Deutschen Christen seit Barmen nannte. Sie ist übrigens im Evangelischen Gesangbuch abgedruckt.

Bischof Wurm (ganz links) auf der Reichsbekenntnissynode in Barmen. Neben ihm Otto Riethmüller.

Jesus Christus, wie er uns in der Heiligen Schrift bezeugt wird, ist das eine Wort Gottes, das wir zu hören, dem wir im Leben und im Sterben zu vertrauen und zu gehorchen haben.

These I der Barmer Theologischen Erklärung von 1934.

Viele württembergische Pfarrer schlossen sich der Bekennenden Kirche an. Die einen sammelten sich in der Bekenntnisgemeinschaft, so z.B. die Pfarrer Theodor Dipper und Wolfgang Metzger, die anderen in der Kirchlich-theologischen Sozietät, z. B. die Pfarrer Hermann Diem, Paul Schempp und Richard Widmann. Beide Gruppen wollten in der Landeskirche dafür sorgen, dass die Anliegen der Bekennenden Kirche gewahrt blieben. Besonders die »Sozietät« scheute den Konflikt nicht, wenn die Kirchenleitung eine dem Staat zu sehr entgegenkommende Politik betrieb.

Ein heißer Herbst in Stuttgart

Der deutschchristliche Reichsbischof Ludwig Müller besuchte Württemberg nur zweimal, hier am 29. September 1934 Ulm.

Im Jahr 1934 kamen Reichsbischof Müller und sein »Rechtswalter« Jäger auf die Idee, die Selbstständigkeit der Landeskirchen noch weiter einzuschränken. Sie wollten die Landeskirchen in die Reichskirche »eingliedern«. Bei den meisten Landeskirchen konnten sie sich durchsetzen. Die württembergische Landeskirche jedoch wehrte sich entschlossen gegen diese Eingliederung. Zweimal griff Reichsbischof Müller 1934 in die Angelegenheiten der württembergischen Landeskirche ein. Gefährlich wurde es vor allem im September 1934. Hinter Müller standen der Staat, die NSDAP, die gleichgeschaltete Presse und die württembergischen Deutschen Christen. Wurm wurde schließlich in den Ruhestand versetzt und unter Hausarrest gestellt. Prälaten, Dekane und Pfarrer wurden abgesetzt. Eine kommissarische Kirchenleitung unter dem deutschchristlichen Pfarrer Krauß (Ebingen) trat an ihre Stelle. Doch die übergroße Mehrheit der württembergischen Pfarrer und sehr viele Gemeindeglieder stellten sich hinter ihren Bischof. An zwei Oktobersonntagen kamen vor dem Haus des eingesperrten Landesbischofs 5000 bis 6000 Gemeindeglieder zusammen und bekannten sich mit Liedern wie »Ein feste Burg ist unser Gott« zu ihrem Landesbischof. Solche Demonstrationen gab es in Stuttgart nie mehr in den Jahren bis 1945. Ausländische Zeitungen wie die »Basler Nachrichten« berichteten täglich über die Konflikte in Württemberg. Englische Bischöfe fragten beim deutschen Botschafter in London nach, ob denn in Deutschland ein Kirchenkampf ausgebrochen sei. Der Botschafter alarmierte den Reichsaußenminister Konstantin von Neurath, der aus Württemberg stammte. Schließlich ließ Hitler die Aktion wegen der

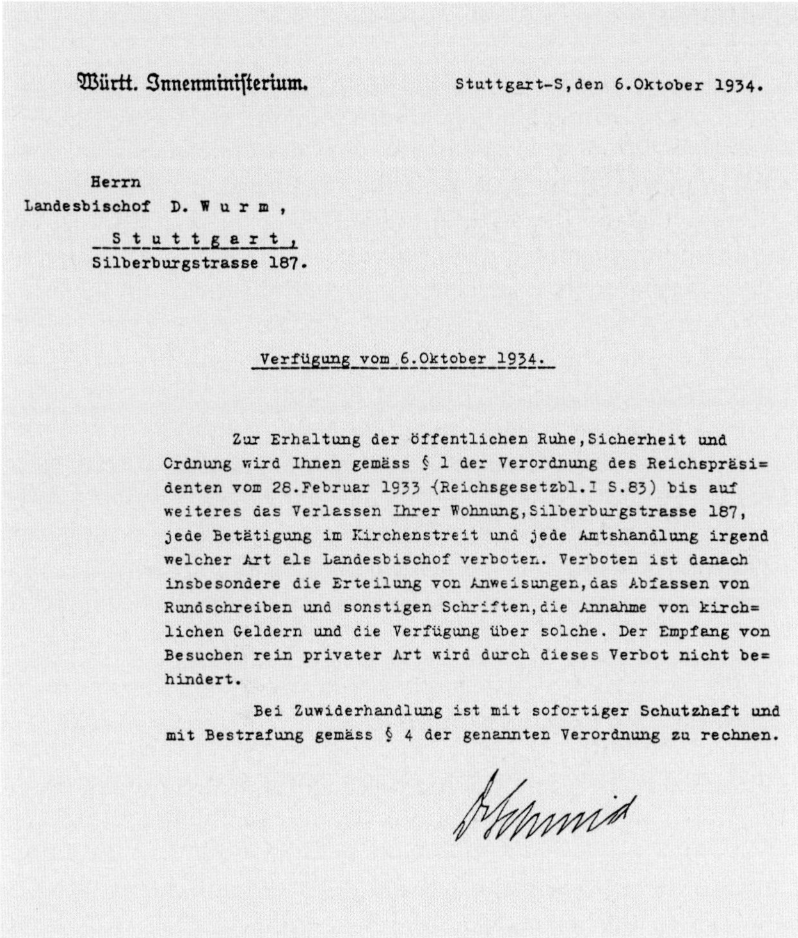

Württ. Innenministerium. Stuttgart-S, den 6.Oktober 1934.

Herrn
Landesbischof D. W u r m ,
S t u t t g a r t ,
Silberburgstrasse 187.

Verfügung vom 6.Oktober 1934.

Zur Erhaltung der öffentlichen Ruhe, Sicherheit und Ordnung wird Ihnen gemäss § 1 der Verordnung des Reichspräsi= denten vom 28.Februar 1933 (Reichsgesetzbl.I S.83) bis auf weiteres das Verlassen Ihrer Wohnung, Silberburgstrasse 187, jede Betätigung im Kirchenstreit und jede Amtshandlung irgend welcher Art als Landesbischof verboten. Verboten ist danach insbesondere die Erteilung von Anweisungen, das Abfassen von Rundschreiben und sonstigen Schriften, die Annahme von kirch= lichen Geldern und die Verfügung über solche. Der Empfang von Besuchen rein privater Art wird durch dieses Verbot nicht be= hindert.

Bei Zuwiderhandlung ist mit sofortiger Schutzhaft und mit Bestrafung gemäss § 4 der genannten Verordnung zu rechnen.

Schmid

Das Schreiben des württembergischen Innenministers Jonathan Schmid, mit dem Landesbischof Wurm unter Hausarrest gestellt wurde.

Bischof Wurm wird von 400 Tübinger Studenten nach der Aufhebung des Hausarrests gefeiert.

Gefahr eines außenpolitischen Imageverlusts abbrechen. Er rehabilitierte Wurm und den bayerischen Landesbischof Meiser, dem das Gleiche wie Wurm widerfahren war. Die Demonstrationen waren nicht gegen den NS-Staat gerichtet, sondern gegen die Deutschen Christen mit ihrem Reichsbischof. Es war freilich nicht zu übersehen, dass Staat und Partei in der Öffentlichkeit eine Niederlage erlitten hatten.

Die Kirchenleitung versuchte in den nächsten Jahren Konfrontationen mit dem Staat möglichst zu vermeiden. So meinte sie, von weiteren Eingriffen in Württemberg am ehesten verschont zu bleiben. Manchem Bekenntnispfarrer ging dieser mit Kompromissen gepflasterte Weg zu weit.

Einband von Alfred Rosenbergs »Mythus des 20. Jahrhunderts«.

Neuheidentum

Zu Beginn des Dritten Reiches dachten viele Christen, dass der Nationalsozialismus eine kirchenfreundliche Bewegung sei. Mit Schrecken stellten sie ab 1934 fest, dass der Nationalsozialismus selbst immer mehr als eine Art Religion auftrat. Im Zentrum dieser Religion stand der Glaube an die Rasse, die Vergötterung der Nation und die Verehrung des Führers. Was diese neue »Religion« wollte, konnte man in dem Buch »Der Mythus des 20. Jahrhunderts« von Alfred Rosenberg nachlesen. Zusammen mit Hitlers »Mein Kampf« war der »Mythus« so etwas wie die »Bibel« des Nationalsozialismus. Die Kirchen bekämpften dieses »Neuheidentum« in Büchern und Predigten. In Württemberg setzte sich Pressepfarrer Kurt Hutten mit der neuen Religion auseinander. Hans Faber, Studienrat für evangelischen Religionsunterricht in Reutlingen, war nicht bereit, Rosenbergs »Mythus« in die Schülerbücherei einzustellen, wenn nicht gleichzeitig Bücher gegen den »Mythus« eingestellt würden. Daraufhin wurde er strafversetzt.

Kampf um den Religionsunterricht

Kultminister Christian Mergenthaler wollte Württemberg offenbar zu einem Experimentierfeld für die nationalsozialistische Schulpolitik machen. Für den Religionsunterricht war da eigentlich kein Platz mehr. Zuerst beseitigte Mergenthaler 1936 unter zahlreichen Rechtsbrüchen die Bekenntnisschulen, die es in Württemberg seit langer Zeit gegeben hatte. Den Kirchen wurde zugesagt, dass sich am Religionsunterricht nichts ändern würde. So gab die Kirchenleitung kampflos nach. Pfarrer der Kirchlich-theologischen Sozietät protestierten gegen diese nachgiebige Haltung. Das Versprechen Mergenthalers war eine infame Lüge, wie sich bald darauf zeigen sollte. Schon 1937 gab er einen Erlass heraus, wonach im Religionsunterricht nur noch Stoffe zu unterrichten seien, die »dem Sittlichkeitsgefühl der germanischen Rasse« nicht widersprechen. Er wollte dadurch weite Teile des Alten Testaments aus dem Religionsunterricht verbannen. Für Ludwig Gengnagel, Schulleiter in Ludwigsburg, und Hans Faber, inzwischen Studienrat in Heidenheim, schlug damit die Stunde des Bekennens. Sie wehrten sich gegen diesen Erlass und wurden daraufhin aus der Schule entfernt und in den Ruhestand versetzt.

> Da Religion ordentliches Lehrfach der Schule ist, ist dieser Notwendigkeit auch im Religionsunterricht Rechnung zu tragen. Das hat zur Folge, dass Stoffe, die dem Sittlichkeitsempfinden der germanischen Rasse widersprechen, im Unterricht nicht zu behandeln sind.
> Gewisse Teile des alten Testaments können daher für den Unterricht nicht in Frage kommen, andere werden stark in den Hintergrund treten müssen.

Aus dem Erlass des württembergischen Kultministers Mergenthaler vom 28. April 1937.

Ev. Kirchengemeinde Ebingen

Liebe evangelische Glaubensgenossen!

Die in der letzten Zeit ergangene Aufforderung an die Eltern schulpflichtiger Kinder, ihre Kinder vom Religionsunterricht der Schule abzumelden und sie einem **weltanschaulichen Unterricht** zuzuführen, hat viel Beunruhigung hervorgerufen; um so mehr, als über Sinn und Ziel dieses Unterrichts weithin Unklarheit besteht.

Der **Religionsunterricht** in der Schule ist nach der bestehenden **Rechtslage** nach wie vor ordentliches Lehrfach (Art. 149 der Reichsverfassung und Art. 69 des württembergischen Volksschulgesetzes von 1920). Außerdem haben führende Persönlichkeiten, besonders im Jahr der Einführung der deutschen Schule 1936, wiederholt die Zusicherung gegeben, daß das Recht auf Erteilung des Religionsunterrichts in der Schule nicht angetastet würde.

Die Einrichtung eines weltanschaulichen Unterrichts soll den Eltern, die mit dem Glauben unserer evangelischen Kirche zerfallen sind, die Möglichkeit geben, ihre Kinder in einem neuen Glauben erziehen zu lassen. Dieser Weltanschauungsunterricht wird also **an die Stelle** des christlichen Unterrichts treten; sein Ziel ist ganz klar die Abkehr vom biblischen Glauben und die Hinführung zu einer völkisch begründeten Weltanschauung. Selbstverständlich steht es Eltern frei, einen solchen Unterricht für ihre Kinder zu wünschen. Die staatliche Zusicherung der Gewissensfreiheit bedeutet aber für die Eltern des christlichen Bekenntnisses die gleiche Freiheit, am Bekenntnis ihres Glaubens festzuhalten und für ihre Kinder nach wie vor die christliche Unterweisung zu fordern.

Wer seine Kinder einem weltanschaulichen Unterricht zuführt, entzieht sie damit auch dem kirchlichen Unterricht, der die Konfirmation vorbereitet; bei der Lage der Dinge ist beides nebeneinander nicht möglich. Wer seine Anmeldung zum weltanschaulichen Unterricht irrtümlich abgegeben hat, kann sie jederzeit zurückziehen. Die Pfarrämter sind zur Klärung schwebender Fragen gerne bereit.

Die Gemeinde weiß, daß es um letzte Glaubens- und Lebenswerte geht. Wir bitten alle ev. Eltern herzlich, am Bekenntnis zu J e s u s C h r i s t u s und am Glauben unsrer Väter festzuhalten, nach dem Wort der Schrift: „Lasset uns halten an dem Bekenntnis der Hoffnung und nicht wanken; denn ER ist treu, der sie verheißen hat!" (Hebr. 10, 23). Wir sind gewiß, daß der Glaube eines Luther und Hindenburg auch das heutige Geschlecht tüchtig machen wird, seine staatsbürgerlichen Pflichten zu erfüllen.

Ebingen, 3. März 1939

Der evangelische Kirchengemeinderat

Nicht nur in Ebingen wurde auf Gemeindeebene der Kampf gegen den Weltanschauungsunterricht geführt.

Der erste Katechetische Kurs in Ludwigsburg 1940 mit Rektor Ludwig Gengnagel.

III. Deutsche Glaubens- und Lebenskunde

Altgerm. Symbole: Hakenkreuz, Runen, Sigrune;
Edda-Sprüche
Volksgemeinschaft (WHW)
Vom Walten Gottes in der Natur
Das tägliche Brot (Märchen von Andersen: Das Kind, das auf das Brot trat)
Vom Segen der Arbeit (Hände nicht in den Schoß legen)
Die Pflege des jungen Lebens (Pflanzen, Tiere, Kinder); Pflanzen- und Tierschutz; Ehrfurcht vor dem Leben
Von der Pflicht gegenseitiger Rücksichtnahme (gegen Alte, Kranke u. Kinder, aber auch Kranker gegen Gesunde)
Von der Hilfsbereitschaft und vom selbstlosen Dienst am andern (NS.-Schwester, Rotes Kreuz)
Der Tageslauf:
Morgen und Mittag (fröhlicher Anfang, treue Pflichterfüllung)

Abend und Nacht (Vom rechten Feierabend; Vom Land des Traumes und des Schlafes)
Der Jahreslauf:
Das neue Jahr
Ostern, das Fest des Lebens

Pfingsten, das liebliche Fest

Aus dem Stoffplan für den Weltanschauungsunterricht (5. Schuljahr).

Jetzt gab auch die Kirchenleitung ihre Zurückhaltung auf. Sie protestierte gegen den Mergenthaler-Erlass. 1937 mussten die Pfarrer, die schulischen Religionsunterricht gaben, ein Gelöbnis auf den »Führer« ablegen. Die meisten erklärten sich dazu nur bereit, wenn sie damit nichts gegen ihre Verpflichtung als Pfarrer tun müssten, z. B. das Alte Testament aus ihrem Unterricht verbannen. Mergenthaler ließ einen solchen Vorbehalt nicht zu. So konnten die Pfarrer ihr Gelöbnis nicht ablegen. 700 evangelische und 200 katholische Pfarrer wurden daraufhin aus der Schule verbannt.

Schließlich führte Mergenthaler 1939 einen Weltanschauungsunterricht (WAU) in der Schule ein. Dieser Unterricht sollte die NS-Weltanschauung behandeln und auf die Dauer den Religionsunterricht aus der Schule verdrängen. Die Kirchenleitung gab eine Kanzelerklärung gegen diesen Unterricht heraus und wollte solche, die den Weltanschauungsunterricht besuchten, nicht mehr konfirmieren. Zahlreiche Protestversammlungen fanden im ganzen Land statt. Der WAU konnte dadurch nicht beseitigt werden, doch hielt sich die Zahl der Schülerinnen und Schüler, die ihn besuchten, in Grenzen. Für solche Schülerinnen und Schüler, die keinen christlichen Religionsunterricht mehr an der Schule erhielten, schuf die Kirchenleitung einen außerschulischen Unterricht, die »Kirchliche Unterweisung«. Der von Mergenthaler aus der Schule verjagte Rektor Ludwig Gengnagel bildete in Ludwigsburg Lehrkräfte für diesen Unterricht aus, die sog. Katechetinnen und Katecheten. Sie heißen heute Religionspädagoginnen und Religionspädagogen.

Wahlverweigerungen

Im März 1938 ließ Hitler Österreich besetzen und an das Deutsche Reich »anschließen«. Am 10. April 1938 ordnete er eine Volksabstimmung an, in der die Deutschen zwei Fragen beantworten sollten: ob sie den Anschluss Österreichs ans Deutsche Reich befürworten und ob sie die bisherige Politik Hitlers billigen. Einige Pfarrer und Laien in Württemberg konnten die zweite Frage nicht mit Ja beantworten. Sie nahmen vor allem Anstoß an dem Buch von Alfred Rosenberg »Der Mythus des 20. Jahrhunderts« mit seinen antichristlichen Aussagen. Der Kirchheimer Pfarrer Otto Mörike und seine Frau Gertrud stimmten in der zweiten Frage mit

Volksabstimmung und Großdeutscher Reichstag

Stimmzettel

Bist Du mit der am 13. März 1938 vollzogenen

Wiedervereinigung Österreichs mit dem Deutschen Reich

einverstanden und stimmst Du für die Liste unseres Führers

Adolf Hitler?

Ja

Nein

Kombinierter Wahlzettel für die Volksabstimmung zur Eingliederung Österreichs und die Wahl zum Großdeutschen Reichstag am 10. April 1938.

Nein. Otto Mörike legte in seinen Wahlumschlag eine Begründung für seine Verweigerung: »Es ist dies im Wesentlichen zweierlei: erstens die Auflösung von Sittlichkeit und Recht; zweitens die Zerstörung der Kirche und die Entchristlichung unseres Volkes.« Mörike wurde übel zusammengeschlagen, einige Zeit eingesperrt und musste Kirchheim verlassen. In Neckartailfingen stimmten sechs Gemeindeglieder mit Nein. Ihre Namen wurden öffentlich bekanntgegeben; vor ihren Häusern ließ die örtliche NSDAP demonstrieren; ihre Geschäfte wurden boykottiert.

Der Treueid auf den Führer

Im April 1938 wurden die evangelischen Pfarrer Deutschlands – von ihren Kirchenleitungen, nicht vom Staat! – aufgerufen, einen Treueid auf den Führer abzuleisten wie jeder deutsche Beamte. Die Eidesformel hatte folgenden Wortlaut: »Ich gelobe: Ich werde dem Führer des Deutschen Reiches und Volkes, Adolf Hitler, treu und gehorsam sein, die Gesetze beachten und meine Amtspflichten gewissenhaft erfüllen, so wahr mir Gott helfe.«

Der Eid musste vor dem kirchlichen Vorgesetzten, dem Dekan, geleistet werden. Viele Bekenntnispfarrer in Württemberg hatten ein sehr schlechtes Gefühl. Sie sagten: Einen Eid kann doch nur der Staat fordern und nicht die Kirche. Und sie fragten sich: Können wir durch den Eid nicht gezwungen werden, etwas zu tun, was gegen unsere Pflichten als Pfarrer gerichtet ist? Die Kirchenleitung versuchte alle Bedenken zu zerstreuen. Schließlich leistete die Mehrheit der Pfarrer den Eid. Allein achtzig Pfarrer von der Kirchlich-theologischen Sozietät verweigerten ihn. Die ganze Eideskampagne endete schließlich in einer furchtbaren Blamage für die Kirche. Reichsleiter Martin Bormann erklärte den Eid als bedeutungslos für Staat und Partei, da er ja gar nicht vom Führer angeordnet war. Die Kirchenleitung verbot die Verlesung einer Erklärung der Sozietät, in der sie ihre Verweigerung begründete. Als Pfarrer Hermann Diem diese Erklärung seiner Gemeinde in Ebersbach trotzdem vorlas, wurde er gemaßregelt. Er wurde zwar nicht seines Amts enthoben, doch bekam er eine Verwarnung in seine Personalakte.

In der Reichspogromnacht vom 9. auf den 10. November 1938 brannte auch die Stuttgarter Synagoge.

Die Reichspogromnacht und die Kirche

Die Lage der Juden wurde nach 1933 immer schwieriger. Die Nürnberger Rassegesetze von 1935 machten sie zu Bürgern zweiter Klasse. Im Herbst 1938 schoben die deutschen Behörden polnische Juden, die zwar keinen deutschen Pass hatten, aber teilweise Jahrzehnte in Deutschland gelebt und gearbeitet hatten, nach Polen ab. Am 7. November 1938 verübte der 17-jährige Herrschel Grynszpan, dessen Verwandte gerade aus Deutschland vertrieben worden waren, ein Attentat auf Ernst vom Rath, einen Beamten der Deutschen Botschaft in Paris. Dies benützten die Nationalsozialisten zu einem weiteren Schlag gegen die Juden. In der Nacht vom 9. auf den 10. November brannten auch in Württemberg die Synagogen, wurden jüdische Geschäfte demoliert und viele jüdische Mitbürger ins Konzentrationslager Dachau bei München verschleppt.

Viele Christen lehnten die Synagogenbrände und die Verfolgungen der Juden ab. In einem Bericht der SS vom Frühjahr 1939 heißt es: »Obwohl sich die offiziellen Stellen und Personen der Landeskirche jeder Stellungnahme zur Judenfrage enthielten, wurden doch die Vergeltungsmaßnahmen von einem Großteil

Aus der Bußtagspredigt Pfarrer von Jans, gehalten nach der Reichspogromnacht.

Wer hätte gedacht, dass dieses eine Verbrechen in Paris bei uns in Deutschland so viele Verbrechen zur Folge haben könnte? Hier haben wir die Quittung bekommen auf den großen Abfall von Gott und Christus, auf das organisierte Antichristentum. Die Leidenschaften sind entfesselt, die Gebote Gottes missachtet, Gotteshäuser, die andern heilig waren, sind ungestraft niedergebrannt worden, das Eigentum der Fremden geraubt oder zerstört, Männer, die unsrem deutschen Volk treu gedient haben und ihre Pflicht gewissenhaft erfüllt haben, wurden ins KZ geworfen, bloß weil sie einer andern Rasse angehörten! […]

Und wir als Christen sehen, wie dieses Unrecht unser Volk vor Gott belastet und seine Strafen über Deutschland herbeiziehen muss. Denn es steht geschrieben: Irret euch nicht! Gott lässt seiner nicht spotten. Was der Mensch sät, das wird er auch ernten! Ja, es ist eine entsetzliche Saat des Hasses, die jetzt wieder ausgesät worden ist. Welche entsetzliche Ernte wird daraus erwachsen, wenn Gott unserm Volk und uns nicht Gnade schenkt zu aufrichtiger Buße.

Seine mutige Predigt zum Bußtag 1938 hatte für den Oberlenninger Pfarrer Julius von Jan (hier mit seiner Frau) schwerwiegende Folgen: Er wurde schwer verprügelt und diffamiert; die SA klebte Hetzplakate mit der Aufschrift »Judenknecht«.

der Geistlichkeit wie auch der evangelischen Bevölkerung mit Begründungen wie ›Die Juden sind doch auch Menschen‹ und ›Man darf keine Gotteshäuser anzünden, das ist doch Gotteslästerung‹ usw. abgelehnt«. Aber die Kirchenleitung konnte sich wie alle anderen evangelischen und katholischen Kirchenleitungen in Deutschland nicht zu einem öffentlichen Protest durchringen. Der Oberlenniger Pfarrer Julius von Jan war einer der Wenigen, die am Buß- und Bettag 1938 das Unrecht offen beim Namen nannten und die Christen zur Buße aufriefen. Julius von Jan wurde von NS-Schergen aus der Umgebung von Oberlenningen zusammengeschlagen und musste Württemberg verlassen. Die Kirchenleitung konnte ihn vor KZ-Haft bewahren, sich aber nicht dazu entschließen, zu seinem Bußruf Ja zu sagen. Das war ihr wohl zu gefährlich. In einem Erlass wies sie die Pfarrer an, den »Fehler zu vermeiden, dass statt der Verkündigung des Evangeliums mit seinem tiefsten seelenrettenden Inhalt in der ganz bestimmten konkreten Situation der Zuhörer die Predigt belastet wird mit politischen und kirchenpolitischen, wohl den Pfarrer, aber nicht ohne Weiteres die Zuhörer bewegenden Ausführungen«.

1935 besuchte Adolf Hitler das Evangelisch-theologische Seminar in Maulbronn. Von den 48 angetretenen Seminaristen fielen 25 im Zweiten Weltkrieg. Ein Schüler verfasste einen Aufsatz zum Thema »Ich hab' den Führer gesehen!«

Doch wie der Führer dann musternd an unseren Reihen entlanggeht, hat er für jeden einen Blick. Wir alle sehen ihm fest ins Auge.
Ganz kurz sieht er auch mich an. Aber so ein Blick, das hab' ich nachher gespürt, zerbricht alles Laue und erstickt jedes »Aber«. Dafür entzündet er ein heiliges Feuer in der Brust: Gehorsam und Liebe …
Sicher denkt der Führer jetzt daran, dass wir einmal Pfarrer werden wollen. Blickt er uns deshalb so durchdringend an? Da gelobe ich mir im Herzen, immer ein starker und ein ganzer Deutscher zu sein. Denn ich will diesem Mann immer ins Auge sehen können.

Kirche und Krieg

Im Herbst 1938 drohte der Ausbruch eines Krieges. Hitler forderte, dass die Tschechoslowakei die sudetendeutschen Gebiete abtrete. Durch das Münchener Abkommen konnte der Krieg verhindert werden. Noch einmal gaben die Westmächte England und Frankreich nach. Die Bekennende Kirche verfasste angesichts des drohenden Krieges eine Gebetsliturgie, in der auf jede Verherrlichung des Kriegs verzichtet, der Krieg vielmehr als Gericht Gottes bezeichnet wurde. Die Liturgie fand dann keine Verwendung. Das SS-Hetzblatt »Schwarzes Korps« bekam diese Liturgie in die Hand und bezeichnete die Verfasser als Landesverräter. Diese wurden von ihren deutschchristlichen Kirchenleitungen schwer bestraft. Leider gingen auch Landesbischof Wurm und andere Bischöfe auf Distanz zu den Verfassern, während die Mitglieder der Kirchlich-theologischen Sozietät sich hinter sie stellten.

Der eigentliche Krieg brach am 1. September 1939 aus. Im Unterschied zum Beginn des Ersten Weltkriegs war in Deutschland wenig Begeisterung zu spüren. Auch die Christen in Württemberg mussten in den Krieg ziehen. Wer den Fahneneid auf Hitler verweigerte, wurde mit dem Tod bestraft. Viele Christen waren sehr unsicher, ob dieser Krieg gerecht sei. Sie trösteten sich mit einem Wort Luthers, der empfohlen hatte, der Obrigkeit Gehorsam zu leisten, wenn man sich nicht sicher war, ob ein Krieg gerecht oder ungerecht ist. Für manchen Pfarrer der Bekennenden Kirche, der unter immer stärkerem Druck durch die Gestapo stand, brachte der Krieg auch eine Entlastung. Viele Christen spürten einen tiefen Zwiespalt in sich. Sie wollten gute Christen, aber auch gute Patrioten sein. Der aus Sachsen vertriebene Pfarrer Hugo Hahn, der in Stuttgart-Hedelfingen eine Stelle bekam, sagte später: »Das satanische, antichristliche Wesen des Nationalsozialismus verdarb uns die Freude an den zweifellos imponierenden Leistungen unsres Heeres und der Kriegswirtschaft. Uns graute vor dem Sieg Hitlers wie vor dem Sieg der Feinde.«

Für die Kirchen brachte der Krieg anfangs eine Atempause. Hitler wollte jetzt keinen Konflikt mit den Kirchen, damit auch die Christen sich voll auf den Krieg konzentrieren konnten. Doch die Nadelstiche gegen die Kirchen hörten nicht auf. So wurde den Pfarrern z.B. verboten, Briefe an ihre Gemeindeglieder an der Front zu schicken. 1941 nahm der Staat der evangelischen Kirche die vier theologischen Seminare in Maulbronn, Blaubeuren, Schöntal und Urach weg. Wegen angeblicher Papierknappheit durften nur noch 0,8 Prozent der gesamten kirchlichen Presse erscheinen. Und immer wieder wurden in der Bevölkerung Gerüchte laut, die besagten, dass Hitler nach dem Endsieg brutal mit den Kirchen abrechnen würde. Einen kleinen Vorgeschmack bekamen die Christen im Reichsgau Wartheland, dem sog. Warthegau. Dort wurden die Kirchen zu Vereinen gemacht, die keine Kirchensteuer erheben durften.

Mit dem Beginn des Russlandfeldzugs im Juni 1941 stieg die Zahl der Gefallenen immer weiter. Von den Pfarrern wurde nicht verlangt, den Angehörigen die Todesnachrichten zu überbringen. Dies erledigten anfangs die Parteifunktionäre. Später, als dies den Parteigenossen bei der großen Zahl der Gefallenen zunehmend unangenehm wurde, überließ man die Benachrichtigung der Angehörigen der Post. In den Gemeinden wurde zunächst in Kriegsgebetsstunden der Gefallenen gedacht. Später wurden spezielle Trauergottesdienste für die Angehörigen der vielen Gefallenen abgehalten.

Die Predigten der Pfarrer waren ganz dem Trost der angefochtenen Menschen gewidmet. Politische Äußerungen wurden im Allgemeinen vermieden, um der Gestapo keinen Grund zum Eingreifen zu geben. Einzelne Pfarrer verschwiegen ihre Auffassung nicht, dass sie in den schrecklichen Zerstörungen durch Luftangriffe Gottes Gericht am Werk sahen.

> Der Chef sprach sich dem Sinne nach u.a. in folgenden Gedankengängen aus:
> Der Krieg wird sein Ende nehmen und ich werde meine letzte Lebensaufgabe darin sehen, das Kirchenproblem noch zu klären. Erst dann wird die deutsche Nation ganz gesichert sein. Ich kümmere mich nicht um Glaubenssätze, aber ich dulde nicht, dass ein Pfaffe sich um irdische Sachen kümmert. Die organisierte Lüge muss derart gebrochen werden, dass der Staat absoluter Herr ist.
> In meiner Jugend stand ich auf dem Standpunkt: Dynamit! Heute sehe ich ein, man kann das nicht über das Knie brechen. Es muss abfaulen wie ein brandiges Glied. So weit müsste man es bringen, dass auf der Kanzel nur lauter Deppen stehen und vor ihnen nur alte Weiblein sitzen. Die gesunde Jugend ist bei uns.

Aufzeichnung einer Tischrede Hitlers am 13. Dezember 1941.

Ganz besonders schwer wurde der Dienst der Pfarrer, wenn bei großen Bombenangriffen Tausende von Menschen den Tod fanden. In Heilbronn kam es im Dezember 1944 zu einem regelrechten Bombeninferno. Über 6000 Menschen verloren ihr Leben.

Die Krankenmorde

Zu Beginn des Zweiten Weltkriegs befahl Hitler, Menschen mit geistiger und körperlicher Behinderung als »lebensunwert« umzubringen. Man gab der Mordaktion den schönfärberischen Namen »Euthanasie« (›schöner Tod‹). Bis zum Jahr 1941 wurden über 70 000 Menschen in speziellen Tötungsanstalten umgebracht. Schloss Grafeneck bei Münsingen war eine solche Tötungsanstalt, in der 1940/41 etwa 10 000 Menschen ermordet wurden. Darunter befanden sich auch Patienten aus den württembergischen Anstalten der Inneren Mission wie Mariaberg, Stetten, Pfingstweide und Schwäbisch Hall.

Der Vorgang war immer derselbe. Zuerst mussten die Anstalten Meldebögen ausfüllen. Dann erhielten sie eine Liste mit Namen von Patienten, die »verlegt« werden sollten. Dann kamen die »grauen Busse«, mit denen die Patienten abgeholt und in die Tötungsanstalten gebracht wurden. Nach der Ermordung erhielten die Verwandten eine Nachricht, dass ihr Angehöriger an irgendeiner Krankheit verstorben sei.

Ludwig Schlaich, Anstaltsleiter von Stetten, ahnte trotz strengster Geheimhaltung, dass die abgeholten Heimbewohner ermordet werden sollten, und versuchte den Abtransport auf vielfache Weise zu verhindern. Er verhandelte mit den zuständigen Behörden in Stuttgart und schrieb Briefe an mehrere

Landesbischof Wurm in einem Schreiben an Reichsinnenminister Frick vom 19. Juli 1940.

> Ich kann nur mit Grausen daran denken, dass so, wie begonnen wurde, fortgefahren wird. Der etwaige Nutzen dieser Maßregeln wird je länger je mehr aufgewogen werden durch den Schaden, den sie stiften werden. Wenn die Jugend sieht, dass dem Staat das Leben nicht mehr heilig ist, welche Folgerungen wird sie daraus für das Privatleben ziehen? Kann nicht jedes Roheitsverbrechen damit begründet werden, dass für den Betreffenden die Beseitigung eines anderen von Nutzen war? Auf dieser schiefen Ebene gibt es kein Halten mehr. Gott lässt sich nicht spotten, er kann das, was wir auf der einen Seite als Vorteil gewonnen haben glauben, auf anderen Seiten zum Schaden und Fluch werden lassen. Entweder erkennt auch der nationalsozialistische Staat die Grenzen an, die ihm von Gott gesetzt sind, oder er begünstigt einen Sittenverfall, der auch den Verfall des Staates nach sich ziehen würde.

Hinter dem makabren Begriff »Euthanasie« verbargen sich grausame Morde: In diesem Schuppen in Grafeneck auf der Schwäbischen Alb wurden Tausende Menschen mit Behinderungen aus ganz Südwestdeutschland vergast.

Reichsminister. Kurz vor der Ankunft der ersten Busse legte Schlaich schriftlichen Protest beim Innenministerium gegen die »Verlegung« ein. Selbst als bereits Busse eintrafen, verhandelte Schlaich noch mit den Transportleitern. Es gelang ihm so, einzelne Heimbewohner von der Liste streichen zu lassen. Dafür wurden jedoch andere in den Transport aufgenommen. – Im Ganzen wurden vermutlich 328 Bewohner der Anstalt Stetten nach Grafeneck deportiert und dort ermordet.

Theophil Wurm war einer der wenigen Bischöfe in Deutschland, die gegen die Morde beim Reichsinnenminister Frick protestierten. Sein mutiges Schreiben vom 19. Juli 1940 wurde in ganz Deutschland verbreitet. Noch wirksamer waren wohl die öffentlichen Predigten des Münsteraner katholischen Bischofs Clemens August Graf von Galen. Am 24. Oktober 1941 ließ Hitler die Morde stoppen. In der sogenannten »wilden Euthanasie« wurden jedoch weitere Patienten durch Nahrungsentzug sowie durch Überdosen an Medikamenten ermordet.

Die Herausforderung der Schoah

Schoah. Hebräische Bezeichnung (»Vernichtung«, vgl. Jesaja 10,3) für den Massenmord an den Juden im Dritten Reich.

Von der Reichspogromnacht bis Ende 1941 konnten gefährdete Juden immer noch auswandern, wenn auch unter großen Schwierigkeiten. Im Herbst 1941 begannen die Deportationen in den

Auf dem Stuttgarter Killesberg wurden die Juden der Umgebung für mehrere Tage interniert, bevor sie »nach dem Osten« deportiert wurden.

Landesbischof Wurm schrieb seine Protestbriefe auf einer Schreibmaschine selbst, so auch das Schreiben an Hitler vom 16. Juli 1943:

[…] Im Namen Gottes und um des deutschen Volkes willen, sprechen wir die dringende Bitte aus, die verantwortliche Führung des Reiches wolle der Verfolgung und Vernichtung wehren, der viele Männer und Frauen im deutschen Machtbereich ohne gerichtliches Urteil unterworfen werden. […] Diese Absichten stehen […] im schärfsten Widerspruch zu dem Gebot Gottes und verletzen das Fundament alles abendländischen Denkens und Lebens: das gottgegebene Urrecht menschlichen Daseins und menschlicher Würde überhaupt.

Osten. Der Killesberg in Stuttgart war die Sammelstelle für die jüdischen Mitbürgerinnen und Mitbürger in Stuttgart. Von Dezember 1941 bis Februar 1945 gingen zwölf Deportationen von Stuttgart ab. 2 500 jüdische Bürgerinnen und Bürger wurden verschleppt: Nur rund 180 kehrten zurück. Alle anderen wurden ermordet oder kamen durch Hunger oder Krankheit ums Leben. Die Mehrheit der Christen schwieg aus Angst und Ohnmacht.

Als die Deportationen begannen, tauchten Tausende von Juden in Berlin unter. Manche versuchten auch, über Süddeutschland in das rettende Ausland zu gelangen. Einige Juden kamen jeweils für ein bis zwei Wochen in schwäbischen Pfarrhäusern unter. Das Ehepaar Krakauer wurde in über vierzig württembergischen Pfarrhäusern versteckt und konnte so den Krieg überleben. Zu den »Judenrettern« gehörten die Pfarrfamilien Mörike (Flacht), Dipper (Reichenbach) und Stöffler (Köngen). Doch darf nicht übersehen werden, dass die große Mehrheit auch der evangelischen Christen zu den Verbrechen an Juden schwieg und lieber wegsah, als sich durch ein kritisches Wort in Gefahr zu bringen.

Kein deutscher Bischof wagte einen öffentlichen Protest. Landesbischof Wurm brach 1943 endlich sein Schweigen zur Judenverfolgung. Er hatte zuvor nie ein Hehl daraus gemacht, dass er den seiner Meinung nach zu großen Einfluss der Juden in Deutschland ablehnte. Den millionenfachen Mord an den Juden, von dem er frühzeitig erfuhr, hielt er jedoch für ein schweres Unrecht, das das Gericht Gottes über das deutsche Volk nach sich ziehen würde. In einem Brief vom 16. Juli 1943 an Hitler protestierte Wurm mit sehr deutlichen Worten. Eine Abschrift des Schreibens gelangte nach England und wurde von einem Rundfunksender in London verbreitet.

Als Christen können wir es nicht länger ertragen, dass die Kirche in Deutschland zu den Judenverfolgungen schweigt. In der Kirche des Evangeliums sind alle Gemeindeglieder mitverantwortlich für die rechte Ausübung des Predigtamtes. Wir wissen uns deshalb auch für sein Versagen in dieser Sache mitschuldig.

Was uns treibt, ist zunächst das einfache Gebot der Nächstenliebe, wie es Jesus im Gleichnis vom barmherzigen Samariter ausgelegt und dabei ausdrücklich jede Einschränkung auf den Glaubens-, Rassen- oder Volksgenossen abgewehrt hat. Jeder »Nichtarier«, ob Jude oder Christ, ist heute in Deutschland der »unter die Mörder Gefallene«, und wir sind gefragt, ob wir ihm wie der Priester und Levit oder wie der Samariter begegnen.

Von dieser Entscheidung kann uns keine »Judenfrage« entbinden. Vielmehr hat die Kirche bei diesem Anlass zugleich zu bezeugen, dass die Judenfrage primär eine evangelische und keine politische Frage ist. Das politisch irreguläre und singuläre Dasein und Sosein der Juden hat nach der Heiligen Schrift seinen alleinigen Grund darin, dass dieses Volk vor Gott als Werkzeug seiner Offenbarung in Beschlag genommen ist …

Sie [die Kirche] hat dabei insbesondere jenem »christlichen« Antisemitismus in der Gemeinde selbst zu widerstehen, der das Vorgehen der nichtchristlichen Welt gegen die Juden, bzw. die Passivität der Kirche in dieser Sache mit dem »verdienten« Fluch über Israel entschuldigt und die Mahnung des Apostels an uns Heidenchristen vergisst: »Sei nicht stolz, sondern fürchte dich. Hat Gott die natürlichen Zweige nicht verschont, dass er vielleicht dich auch nicht verschone« (Röm. 11,20f).

Dem Staat gegenüber hat die Kirche diese heilsgeschichtliche Bedeutung Israels zu bezeugen und jedem Versuch, die Judenfrage nach seinem selbstgemachten politischen Evangelium zu »lösen«, d. h. das Judentum zu vernichten, aufs äußerste zu widerstehen als einem Versuch, den Gott des ersten Gebotes zu bekämpfen. Die Kirche muss bekennen, dass sie als das wahre Israel in Schuld und Verheißung unlösbar mit dem Judentum verknüpft ist. Sie darf nicht länger versuchen, vor dem gegen Israel gerichteten Angriff sich selbst in Sicherheit zu bringen. Sie muss vielmehr bezeugen, dass mit Israel sie und ihr Herr Jesus Christus selbst bekämpft wird.

Der so genannte Münchener Laienbrief, verfasst von Pfarrer Hermann Diem, wurde 1943 dem bayerischen Landesbischof Hans Meiser überreicht. Meiser sollte öffentlich gegen die Judenverfolgung protestieren. Er tat es nicht, vor allem aus Sorge um die Konsequenzen für seine Landeskirche.

Die Geschwister Hans und Sophie Scholl aus Ulm bildeten den Kern der Widerstandsgruppe »Die weiße Rose«. Beim Verteilen eines Flugblatts in der Münchener Universität wurden sie festgenommen und zum Tode verurteilt. Das Flugblatt rechts schildert die Vorgänge.

Aus der Jugend schlug die Flamme!

Am Morgen des 16. Februar 1943 erschienen an den Münchener Hauswänden grosse Inschriften in roter Farbe:

Nieder mit Hitler! Es lebe die Freiheit!

Die Gestapo mobilisierte sofort die Münchener Feuerwehr und liess die gefährlichen Worte entfernen. Aber die Nachricht von der Tat verbreitete sich in der ganzen Stadt mit Windeseile. Wer waren die Täter? Die Täter waren Münchener Studenten und Studentinnen, die eingesehen hatten, dass Hitler Deutschland in den Abgrund führte, und die versuchten, etwas zu tun, um ihr Land und Volk zu retten.

Es war an jenem Tag, der als der furchtbarste des Krieges galt.
Es war der Tag der Tragödie von Stalingrad.

Während die Gestapo fahndete, bereiteten sie ein Flugblatt vor, das illegal in 50 000 Exemplaren gedruckt und verteilt wurde:

Es lautete: "Kommilitonen, Kommilitoninnen! Erschüttert steht unser Volk vor dem Untergang der Männer von Stalingrad. 330000 deutsche Männer hat die geniale Strategie des Weltkriegsgefreiten sinn- und verantwortungslos in Tod und Verderben gehetzt! Führer, wir danken Dir!

Es gärt im deutschen Volke. Wollen wir weiter einem Dilettanten das Schicksal unserer Armeen anvertrauen? Wollen wir den niedrigsten Machtinstinkt einer Parteiklique den Rest der deutschen Jugend opfern? Nimmermehr!

Der Tag der Abrechnung ist gekommen, der Abrechnung der deutschen Jugend mit der verabscheuungswürdigsten Tyrannei, die unser Volk je erduldet hat. Im Namen des ganzen deutschen Volkes fordern wir von dem Staat Adolf Hitler die persönliche Freiheit, das kostbarste Gut der Deutschen zurück, um das er uns in der erbärmlichsten Weise betrogen hat .....

Studentinnen und Studenten! Auf uns sieht das deutsche Volk. Von uns erwartet es die Brechung des nationalsozialistischen Terrors aus der Nacht des Geistes. Beresina und Stalingrad flammen im Osten auf. Die Toten von Stalingrad beschwören uns. Frischauf, mein Volk, die Flammenzeichen rauchen! Unser Volk steht im Aufbruch gegen die Verknechtung Europas durch den Nationalsozialismus, im neuen gläubigen Durchbruch von Freiheit und Ehre."

Die Urheber dieses Flugblattes waren der Professor Huber und die Geschwister Scholl. Durch Verrat des Pedells Schmied wurden sie der Gestapo ausgeliefert und hingerichtet.

Politischer Widerstand

Die evangelische Kirche in Deutschland beteiligte sich nicht am politischen Widerstand gegen Hitler und rief auch nicht dazu auf. Es waren nur Einzelne, die überhaupt den Unrechtscharakter des NS-Regimes durchschauten. Auch in Württemberg fanden nur wenige ihrer Glieder den Weg in den politischen Widerstand. Eugen Gerstenmaier, damals Konsistorialrat im Kirchlichen Außenamt in Berlin, arbeitete im »Kreisauer Kreis« an Plänen für die Zukunft Deutschlands nach dem Krieg mit. Nach dem 20. Juli 1944 wurde er vom Volksgerichtshof zu einer mehrjährigen Zuchthausstrafe verurteilt. Landesbischof Wurm hatte Kontakte zu Widerstandsgruppen, war aber in das geplante Attentat nicht eingeweiht. Von Mitgliedern der Widerstandsbewegung war Wurm dazu ausersehen worden, nach einem gelungenen Attentat in einer Proklamation an das deutsche Volk um Vertrauen für die neue Reichsregierung zu werben.

Mit Flugblättern rief die »Weiße Rose«, eine Gruppe Münchner Studenten, 1942/43 zum Widerstand gegen das NS-Regime auf. Zu ihnen gehörten Hans und Sophie Scholl aus Ulm. Hans studierte seit Kriegsbeginn Medizin an der Universität München. In der Begegnung mit dem katholischen Philosophieprofessor Huber war er zu einem vertieften Verständnis des christlichen Glaubens gekommen. Als Soldat in Russland erfuhr er von den grauenhaften Verbrechen der SS an russischen Juden. 1942 begann Sophie mit dem Studium der Biologie und der Medizin in München. Die Gegnerschaft zum Nationalsozialismus und die klare christliche Ausrichtung halfen dazu, »mit dem Reden über Widerstand Schluss zu machen und etwas Praktisches zu tun« (Inge Aicher-Scholl). Bei der letzten Flugblattaktion in der Münchener Universität am 18. Februar 1943 wurden Hans und Sophie Scholl vom Pedell der Universität ertappt und angezeigt. Am 22. Februar wurden die Geschwister Scholl vom Volksgerichtshof, der mit seinem berüchtigten Präsidenten Roland Freisler extra aus Berlin angereist war, zum Tode verurteilt und sofort danach hingerichtet.

Verfolgte Pfarrer finden Aufnahme in Württemberg

Als »intakte« Landeskirche konnte Württemberg auch Pfarrer und Hochschullehrer aufnehmen, die in anderen deutschen Ländern Berufsverbot erhalten hatten oder in anderer Weise verfolgt wurden. Es waren im Ganzen über siebzig Theologen mit ihren Familien. Pfarrer jüdischer Herkunft wurden anfangs abgewiesen. Das änderte sich im Zweiten Weltkrieg, als ein »nichtarischer« Pfarrer aus Braunschweig in Württemberg Dienst tun durfte. Unter den vielen Theologen ist Helmut Thielicke besonders bekannt geworden. Er war Dozent für evangelische Theologie an der Universität in Heidelberg gewesen und hatte sein Amt dort verloren. Die Kirchenleitung schickte ihn zuerst als Pfarrer nach Ravensburg und holte ihn dann nach Stuttgart als theologischen Berater. In den letzten Kriegsjahren hielt er jede Woche in der Stiftskirche vor Tausenden von Zuhörern Vorträge über den christlichen Glauben, bis die Stiftskirche durch einen Bombenangriff zerstört wurde. Noch heute bestätigen ältere Gemeindeglieder, welche Ermutigung sie aus diesen Vorträgen schöpften.

Französische Truppen paradieren in Stuttgart. Im Hintergrund das zerstörte Wilhelmspalais, die heutige Stadtbücherei.

Kreuzigungsgruppe vor der Leonhardskirche Stuttgart.

Kriegsende

Die Gemeinden erlebten das Kriegsende in ganz unterschiedlicher Weise. In den ersten Monaten des Jahres 1945 besetzten amerikanische und französische Soldaten das Gebiet von Württemberg. Wo sie auf Gegenwehr bei der deutschen Wehrmacht trafen, kam es zu kleineren und größeren Kämpfen. Ganz schlimm traf es die Stadt Freudenstadt, die am 17. April 1945 von den Franzosen beschossen und in Schutt und Asche gelegt wurde. Die Siegermächte hatten im Februar 1945 beschlossen, dass die Amerikaner das Land nördlich der Autobahn Stuttgart–Ulm besetzen dürfen und die Franzosen das Land südlich davon. Doch die Franzosen hielten sich zunächst nicht daran, sondern besetzten Gebiete, die eigentlich den Amerikanern zustanden, z. B. Stuttgart. Einige Monate nach Kriegsende mussten die Franzosen Stuttgart allerdings wieder räumen.

Als am 8. Mai 1945 die deutsche Wehrmacht kapitulierte, wurde das Ausmaß der Zerstörung immer deutlicher. Im Gebiet der Landeskirche waren 71 Kirchen und 121 Pfarrhäuser zerstört oder schwer beschädigt. Seit Juli 1944 konnte in Stuttgart keine große Kirche mehr benutzt werden. 162 ständige und unständige Geistliche sowie 99 Theologiestudenten waren gefallen. Viele Menschen, auch viele Christen, die auf Hitler ihr Vertrauen gesetzt hatten, standen vor dem Nichts. Die Besatzungstruppen brachten die furchtbaren Verbrechen, die in den Konzentrationslagern und vor allem in den Todeslagern im ehemaligen Polen von Deutschen begangen worden waren, ans Tageslicht. War jetzt die Stunde der Revanche?

Württemberg unter den Besatzungsmächten

Neuanfang muss mit Umkehr beginnen

Durch die Teilung Württembergs in eine amerikanisch und eine französisch besetzte Zone war die Einheit der württembergischen Landeskirche nicht in Frage gestellt, doch ernannte der Oberkirchenrat einen Beauftragten für die französisch besetzte Zone mit Sitz in Tübingen. Die Kontakte der Kirchenleitung mit der amerikanischen Besatzungsmacht wurden im Wesentlichen von dem Stuttgarter Prälaten Karl Hartenstein vermittelt, der als Mann der Mission über – damals noch seltene – englische Sprachkenntnisse verfügte.

Die staatliche Entwicklung des deutschen Südwestens, die 1946 in Gang kommen konnte, hatte sich – im Gegensatz zu den Kirchen – an der Zonengrenze auszurichten und führte zunächst zur Bildung von drei Ländern, die sich 1952 zum Bundesland Baden-Württemberg zusammenschlossen. Die Kirchen waren also die einzigen Organisationen auf Landesebene, die den »Umsturz«, wie man das Ende des Dritten Reichs nannte, überstanden hatten.

Die Kirchen genossen bei den Besatzungsmächten, am meisten bei der amerikanischen, einen gewissen Vertrauensvorschuss. Gottesdienste konnten ungehindert stattfinden, die Pfarrer gehörten zu den Personen, denen Ausnahmegenehmigungen von den strengen Ausgangsbestimmungen gewährt wurden. Den Pfarrern kam zudem eine wichtige Rolle bei der Besetzung der Bürgermeisterstellen durch die Besatzungsmächte zu; teilweise übernahmen einzelne Pfarrer in kleineren Orten Verantwortung auch in der bürgerlichen Gemeinde.

Hochrangige Offiziere der alliierten Armeen hatten unmittelbar nach der Besetzung mit den beiden Kirchenleitungen, mit Landesbischof Wurm und dem Generalvikar Kottmann in Rottenburg, Verbindung aufgenommen. Die Besatzungsmächte sorgten dafür, dass Bischof Wurm von seinem Evakuierungsort Großheppach im Remstal wieder nach Stuttgart umziehen konnte. Wurm hielt den ersten großen Gottesdienst in Stuttgart nach Kriegsende, an Himmelfahrt, 10. Mai 1945, verbunden mit einer Kundgebung im Großen Haus der Staatstheater, dem einzigen größeren Raum, den es in der Innenstadt noch gab. Der Landesbischof predigte über Johannes 14,1–6: »Euer Herz erschrecke nicht«. Er rief dazu auf, das Böse durch das Gute zu überwinden. Zum Schluss verlas Wurm einen Aufruf, in dem er den gegen-

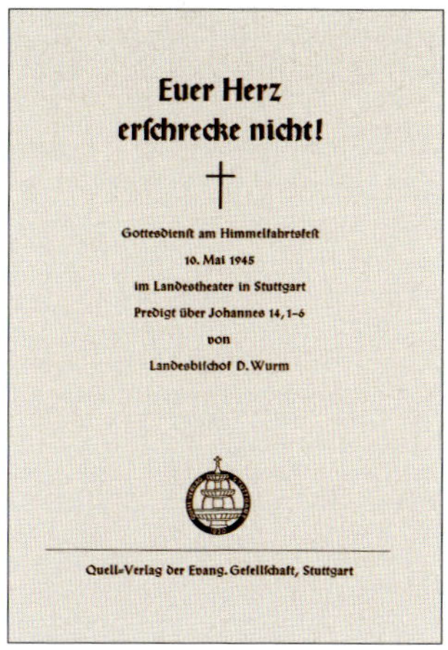
Euer Herz
erschrecke nicht!

Gottesdienst am Himmelfahrtsfest
10. Mai 1945
im Landestheater in Stuttgart
Predigt über Johannes 14,1–6
von
Landesbischof D. Wurm

Quell-Verlag der Evang. Gesellschaft, Stuttgart

Predigt von Landesbischof Wurm vom 10. Mai 1945 in Stuttgart.

Die erste Ausgabe des Evang. Gemeindeblatts nach dem Krieg.

Evangelisches Gemeindeblatt für Württemberg

Jahrgang 1945 · Stuttgart, Sonntag, 17. Juni 1945 · Nr. 1

Jahreslosung 1945:

„Lasset uns aufsehen auf Jesus, den Anfänger und Vollender des Glaubens" Hebr. 12, 2

Ueber unser Land und Volk ging der Krieg, hart, unbarmherzig. Die Spuren davon werden lange nicht ausgelöscht werden. Mit wehem Herzen stehen wir vor den Trümmern, auch vor den Ruinen unserer ehrwürdigen Kirchen. Manche von ihnen haben den 30jährigen Krieg überdauert. Heute sind sie zerstört. Aber die Türme sind fast alle stehen geblieben, etliche freilich arg zerschunden und ausgebrannt. Aber sie stehen noch über zerschlagenen Kirchen und zerschmetterten Straßenzügen als aufgereckte Zeigefinger: Lasset uns aufsehen! Das Aufsehen sollen wir jetzt wieder lernen, aufsehen dorthin, wo Gottes Sterne sind, dorthin, wo Jesus Christus ist. In unserem gehetzten, lauten Kriegsalltag, als die Arbeit uns trieb und wir nicht mehr die Arbeit trieben, da hatten wir keine Zeit und keine Stille zum Aufsehen.

Haben wir sie jetzt? Gleichen wir nicht jetzt erst recht jener Frau im Evangelium, die von jahrelanger Last so krumm geworden war, daß sie „nicht wohl aufsehen konnte". Wie viele Rücken sind in diesen Jahren von allzu schweren Lasten krumm geworden! Aber es ist eine Krankheit, wenn man nicht aufsehen kann. Wenn man bloß nach vor sich nieder und in den Boden hineinsieht. Wir müssen das Aufsehen wieder lernen, dorthin sehen, wo unsere Kirchtürme hinweisen: zum Himmel, zu Jesus.

Aufsehen, also nicht bloß herumsehen, dahin und dorthin, ob uns von irgendwoher Hilfe käme. Gott hat uns in bösen Tagen und in finstern Nächten so tief sinken lassen, daß wir es wohl lernen sollten: wo man im Kerker der Schuld, des Herzeleids, des Todes liegt, stoßen wir kein Loch durch die Mauer, wir nicht und kein Mensch, und wenn wir noch so heftig gegen die Wände rufen und schlagen. Da ist wirklich mit Menschenmacht nichts getan und Menschenhilfe befreit nicht. Aber keine Tiefe ist so tief und keine Mauer so fest, daß Gottes Hand nicht mehr hinunter und hindurch griffe. Er bricht die Tür in die Freiheit. Er greift allmächtig drein: Ich habe dich erlöst, ich habe dich bei deinem Namen gerufen, du bist mein! Lasset uns aufsehen! Das ist der schlichte Dienst der Kirche, daß sie im Krieg, und wenn die Waffen ruhen, unermüdlich und unerschüttert wie ihre Türme zu dem Einen hinaufweist, der mächtig ist in Gericht und Gnade: Christus allein.

Aufsehen, also auch nicht bloß zurücksehen. Viele, die in diesen Jahren hart geschlagen wurden, und die so viel verloren haben, stehen jetzt mit bitterem Heimweh im Herzen und mit rückwärts gewandtem Gesicht: was mein einst war! O, daß wir trösten könnten, behutsam und geduldig, mit heiliger Scheu vor dem großen Schmerz und mit heiliger Liebe, als Leute, die selber mit dem Trost Gottes getröstet wurden. Der christlichen Gemeinde ist heute als ein wichtiges Amt dies stille Amt des Tröstens anvertraut, daß sie es mit der Schar der Trauernden und Sorgenden lerne und übe: Lasset uns aufsehen, nicht bloß zurücksehen. Gott hat euch noch eine Zeit gelassen. So wird er eine neue Aufgabe und eine neue Kraft für euch haben. Gewiß hat er beides für euch bereit. Lasset uns aufsehen!

Aufsehen auf Jesus. Die Zeit ohne ihn hat uns das Glück nicht gebracht. Wir haben uns von ihm gewandt und haben uns verlaufen und verloren. Aber er ist treu. Er sucht uns noch heute. Ueber der großen Tiefe, in der wir liegen, ergeht sein Ruf: Her zu mir! Bei ihm lernen wir das Glauben, das Hinauf- und Hinübersehen, auch über Trümmer und Gräber hinüber, auch durch den Horizont hindurch, bis dorthin, wo der Glaube vollendet wird und nach großer Trübsal die unzählbare Schar im weißen Kleid das neue Lied singt, ihn zu loben. In der Armut heute und morgen ist uns in Jesus doch der unermeßliche Reichtum geschenkt. Lasset uns aufsehen auf ihn! Es ist heute und morgen der allerschönste Dienst der christlichen Gemeinde im deutschen Volke, daß sie wie ihre Türme zu ihm weise, der heilig ist und barmherzig, voller Gnade und Wahrheit. Gelobt sei Jesus Christus.

Pfeifle.

Dem Evangelischen Gemeindeblatt nach seinem Wiedererstehen zum Geleit!

„Ich will deinen Namen predigen meinen Brüdern, ich will dich in der Gemeinde rühmen." Mit diesem Lobpreis aus dem Psalm der Gottverlassenheit soll das Gemeindeblatt seinen Weg wieder antreten zu den Herzen und Häusern unserer Gemeinden. Wie dieser Psalm 22 uns das tiefste Leiden des Gottesknechts und seiner Gemeinde in gewaltigen, der Wirklichkeit entnommenen Bildern schildert, um dann mit einer großen, von unsichtbarer Kraft erzeugten Wendung zum überströmenden Lobpreis der göttlichen Gnade überzugehen, so muß es auch unsere Verkündigung deutlich machen, daß wir als Kirche, eben erst dem Rachen des Feindes entronnen, nichts anderes zu tun haben, als den zu rühmen, „der nicht verachtet noch verschmäht hat das Elend des Armen und ihn hörte, da er zu ihm schrie". Laßt sie nörgeln, die ewig Unzufriedenen, die es nicht leiden wollen, wenn in der Kirche Lobgesang ertönt, während draußen Jammern und Klagen ist. Wer in den schweren hinter uns liegenden Jahren nicht mit-

Den Lesern,

zu denen das Gemeindeblatt heute zum erstenmal wieder kommt, ein herzliches, heimatliches Grüß Gott!

Wieviel haben wir erlebt, seitdem im Juni 1941 die letzte Nummer des Gemeindeblatts in Stadt und Land hinausging! Wie viele Häuser, in die es als regelmäßiger Gast kam, liegen in Schutt! Wie viele treue Leser von einst liegen draußen und daheim begraben!

Der französischen Besatzungsbehörde danken wir, daß sie das Erscheinen dieses kirchlichen Wochenblatts gestattet hat.

Wir wissen, daß das Gemeindeblatt manche offene Türen finden wird. Wir bitten auch die neuen Leser um Vertrauen. Wir wollen an unserem Teil und in den uns gesteckten Grenzen mithelfen, daß nach dem Zusammenbruch wieder aufgebaut werde, daß — auch wo die Kirchen zerstört sind — lebendige Gemeinden sich zusammenfinden, daß Gottes ewiges Wort in die Häuser kommt und das Gebet nicht verstummt, und daß die Gemeindeglieder mit dem Leben der Kirche und mit den Werken christlicher Liebe verbunden bleiben. Gott schenke das Gelingen!

Schriftleitung und Verlag

wärtigen Zustand als das Ergebnis einer Entchristlichung bezeichnete und dazu aufforderte, jetzt nicht zu klagen oder anzuklagen, sondern zu vergeben und zu helfen.

Es war deutlich, dass die Besatzungsmächte die Kirchen auch als Sprecher für die Anliegen der deutschen Bevölkerung anerkennen würden. Damit kam auf die Kirchen auch eine besondere Verantwortung zu. Landesbischof Wurm war bereit, diese Verantwortung wahrzunehmen. Bereits am 10. Mai übermittelte er der Militärregierung in Stuttgart eine Reihe von Bitten. Diese betrafen einmal die ungehinderte Ausübung des kirchlichen Auftrags, zum andern waren es aber auch Bitten zugunsten der württembergischen Bevölkerung. Hier ging es darum, dass keine Unschuldigen für die Vergehen der NS-Partei bestraft wurden, ferner ging es um die menschenwürdige Behandlung der deutschen Gefangenen, die Freilassung von Gefangenen unter 18 Jahren, den Schutz von Frauen und Mädchen vor Ausschreitungen der Besatzungstruppen und um den Wiederaufbau einer geordneten deutschen Rechtspflege.

Diese Bitten des Landesbischofs wurden zu einem gewissen Teil erfüllt, vor allem soweit sie die Tätigkeit der Kirche betrafen. So wurde genehmigt, dass ein Gemeindeblatt erscheinen durfte. Die erste Nummer des Evangelischen Gemeindeblatts für Württemberg, erschien – Monate vor den Tageszeitungen – schon am 17. Juni 1945, wenn auch zunächst in geringer Verbreitung und in der Folgezeit stets durch Papierknappheit und die Zensur eingeengt.

Der württembergische Oberkirchenrat in Großheppach (bei Waiblingen), wohin er nach der Zerstörung des Stuttgarter Dienstgebäudes ausgewichen war. Auf der Treppe von links nach rechts: Martin Haug, Reinhold Sautter, Karl Hartenstein, Hans Ostmann, Erich Eichele, Wilhelm Pressel.

Restauration oder Neuanfang in der Kirche?

Die Stuttgarter Predigt von Theophil Wurm an Himmelfahrt 1945 war nicht ohne Kritik aus den eigenen Reihen geblieben. Noch während des Dritten Reichs war Wurm wegen seiner Versuche, mit dem NS-Regime zu tragfähigen Kompromissen zu kommen, die die kirchliche Arbeit ermöglichen sollten, von einer Reihe von Pfarrern kritisiert worden. Dieselben Stimmen forderten nun eine grundlegende Reform der Kirche, vor allem ihrer Verfassung. Wortführer der Gruppe, die den Neuanfang in der Kirche einforderte, waren die beiden Pfarrer Hermann Diem und Paul Schempp. Sie kritisierten, dass sich Wurm bei der Kundgebung am 10. Mai 1945 vor der Öffentlichkeit als Vertreter einer

Pfarrer Paul Schempp (1900–1959), Mitglied der Sozietät, vor und nach 1945 Kritiker der Kirchenpolitik von Landesbischof Wurm. Er vertrat einen kompromisslosen Weg der Kirche und wurde 1939 seines Pfarramts enthoben. Er starb als Theologieprofessor in Bonn.

Kirche dargestellt hatte, die dem NS-Regime getrotzt und im großen Ganzen immer auf dem richtigen Weg geblieben sei. Es ging also darum, dass auch die Kirche Schuld bekennen und einen Neuanfang wagen sollte.

Diem und Schempp konnten den kirchlichen Neuanfang des Jahres 1945 nur als Restauration bezeichnen. Doch war dieser sicher mehr als eine Fortsetzung der 1933 abgebrochenen Entwicklung. Gewiss wurde die Kirchenverfassung von 1924 nicht geändert, die Stellung der Landeskirche als Körperschaft öffentlichen Rechts wurde bestätigt. In diesem offenbar unverändert gebliebenen rechtlichen Gehäuse entstanden aber zahlreiche Neuanfänge und entfaltete sich ein reges Leben, so dass von einer Rückkehr zu den alten Zuständen nicht die Rede sein kann.

Das Stuttgarter Schuldbekenntnis

Den Kirchen wuchs in der Situation der unmittelbaren Nachkriegszeit ungesucht die Aufgabe zu, das deutsche Volk auch nach außen zu vertreten. Auf evangelischer Seite kam hier Württemberg eine besondere Rolle zu, denn Landesbischof Theophil Wurm hatte sich noch während des Krieges um einen Zusammenschluss der deutschen Landeskirchen bemüht, so dass er bei Kriegsende eine führende Stellung im deutschen Protestantismus einnahm. Wurm machte sich daher nach dem Ende des Krieges daran, sein Einigungswerk fortzusetzen.

Eine erste Zusammenkunft der Leitungen der deutschen Landeskirchen konnte schon vom 27. bis 31. August 1945 im hessischen Treysa stattfinden. Wurm gelang es hier, zwischen den verschiedenen kirchenpolitischen Richtungen zu vermitteln, nämlich zwischen den Landeskirchen, die sich – wie Württemberg – auch im Dritten Reich ihre Selbstständigkeit hatten bewahren können, und den Bruderräten, also den Kirchenleitungen, die sich in anderen Gebieten im Untergrund hatten bilden müssen. In Treysa wurde der zwölf Mitglieder zählende Rat der Evangelischen Kirche in Deutschland gebildet, dessen Vorsitzender Theophil Wurm wurde. Erst im Juli 1948 konnte dann in Eisenach als Zusammenschluss der deutschen evangelischen Landeskirchen in allen vier Besatzungszonen die Evangelische Kirche in Deutschland (EKD) gegründet werden. Ratsvorsitzender der EKD wurde Theophil Wurm, der dieses Amt bis zu seinem 80. Geburtstag im Dezember 1948 inne hatte.

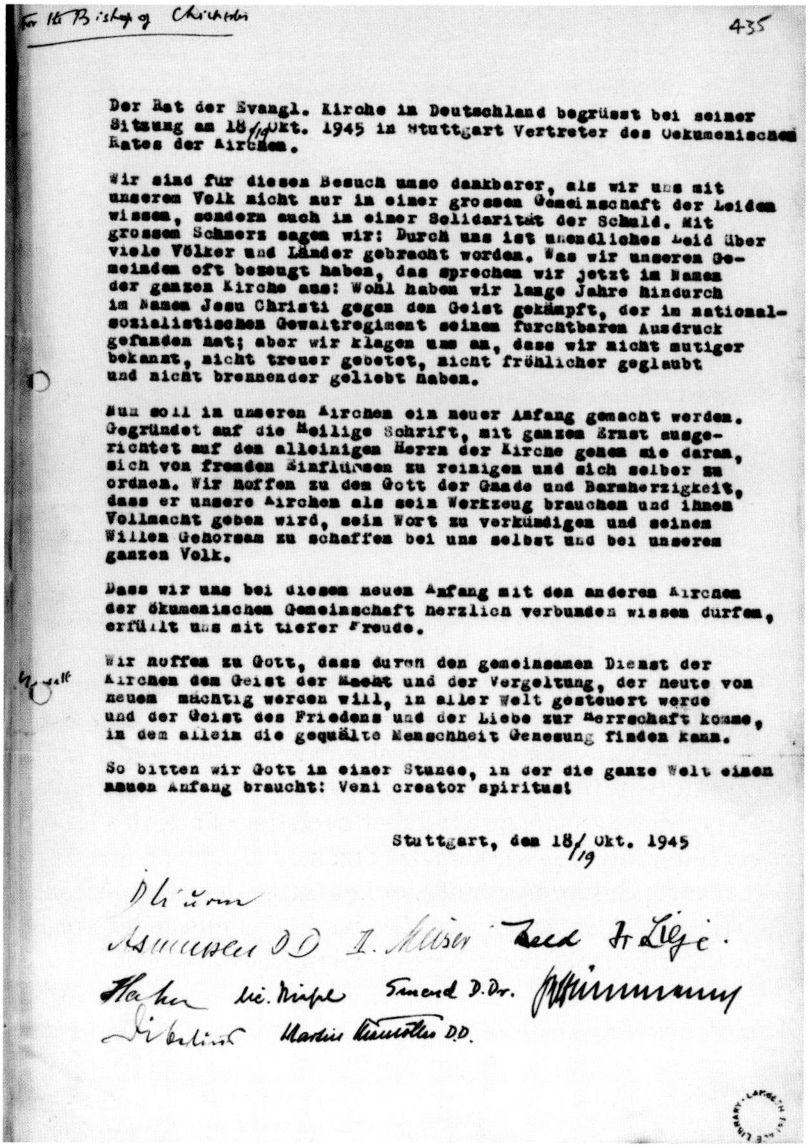

For the Bishop of Chichester

435

Der Rat der Evangl. Kirche in Deutschland begrüsst bei seiner Sitzung am 18/19 Okt. 1945 in Stuttgart Vertreter des Oekumenischen Rates der Kirchen.

Wir sind für diesen Besuch umso dankbarer, als wir uns mit unserem Volk nicht nur in einer grossen Gemeinschaft der Leiden wissen, sondern auch in einer Solidarität der Schuld. Mit grossem Schmerz sagen wir: Durch uns ist unendliches Leid über viele Völker und Länder gebracht worden. Was wir unseren Gemeinden oft bezeugt haben, das sprechen wir jetzt im Namen der ganzen Kirche aus: Wohl haben wir lange Jahre hindurch im Namen Jesu Christi gegen den Geist gekämpft, der im nationalsozialistischen Gewaltregiment seinen furchtbaren Ausdruck gefunden hat; aber wir klagen uns an, dass wir nicht mutiger bekannt, nicht treuer gebetet, nicht fröhlicher geglaubt und nicht brennender geliebt haben.

Nun soll in unseren Kirchen ein neuer Anfang gemacht werden. Gegründet auf die Heilige Schrift, mit ganzem Ernst ausgerichtet auf den alleinigen Herrn der Kirche gehen sie daran, sich von fremden Einflüssen zu reinigen und sich selber zu ordnen. Wir hoffen zu dem Gott der Gnade und Barmherzigkeit, dass er unsere Kirchen als sein Werkzeug brauchen und ihnen Vollmacht geben wird, sein Wort zu verkündigen und seinem Willen Gehorsam zu schaffen bei uns selbst und bei unserem ganzen Volk.

Dass wir uns bei diesem neuen Anfang mit den anderen Kirchen der ökumenischen Gemeinschaft herzlich verbunden wissen dürfen, erfüllt uns mit tiefer Freude.

Wir hoffen zu Gott, dass durch den gemeinsamen Dienst der Kirchen dem Geist der Macht und der Vergeltung, der heute von neuem mächtig werden will, in aller Welt gesteuert werde und der Geist des Friedens und der Liebe zur Herrschaft komme, in dem allein die gequälte Menschheit Genesung finden kann.

So bitten wir Gott in einer Stunde, in der die ganze Welt einen neuen Anfang braucht: Veni creator spiritus!

Stuttgart, den 18/19 Okt. 1945

D. Wurm
Asmussen D.D. H. Meiser Held H. Lilje
Hahn Lic. Niesel Smend D.Dr. Heinemann
Dibelius Martin Niemöller D.D.

Das Stuttgarter Schuldbekenntnis von 1945 mit den Unterschriften der Mitglieder des Rats der EKD. Die abgebildete Ausfertigung entstammt dem Nachlass des Bischofs George Bell von Chichester/England.

Tagung des Rats der EKD mit ökumenischen Vertretern in Stuttgart am 18./19. Oktober 1945. Von links nach rechts: Pastor Martin Niemöller, Pastor Wilhelm Niesel, Landesbischof Wurm, Landesbischof Hans Meiser, Superintendent Heinrich Held, Oberlandeskirchenrat Hanns Lilje, Bischof Otto Dibelius.

Trotz des Vertrauensvorschusses, den sie bei den Besatzungsmächten genossen, hatten auch die Kirchen unter der Empörung zu leiden, die von den Verbrechen hervorgerufen wurde, die das NS-Regime im deutschen Namen begangen hatte, und deren ganze Ausmaße erst bei Kriegsende deutlich wurden. Die Kirchen außerhalb Deutschlands begegneten daher den ersten Versuchen einer Annäherung mit deutlicher Zurückhaltung.

In dieser Situation musste von deutscher kirchlicher Seite ein Wort gesprochen werden, mit dem die Schuld an den Verbrechen des NS-Regimes bekannt wurde. Notwendig wurde ein solches Wort, als bei einer Sitzung des Rats der EKD, die am 18./19. Oktober 1945 in Stuttgart stattfand, eine Delegation des im Aufbau befindlichen Ökumenischen Rats der Kirchen erschien. Gegenüber dieser Delegation legte der Rat der EKD die Stuttgarter Schulderklärung ab, in der es heißt: »Durch uns ist unendliches Leid über viele Völker und Länder gebracht worden; wir klagen uns an, dass wir nicht mutiger bekannt, nicht treuer gebetet, nicht fröhlicher geglaubt und nicht brennender geliebt haben.«

Die Stuttgarter Schulderklärung, wie sie von den Ratsmitgliedern der EKD abgegeben worden war, öffnete wieder die seither verschlossenen Türen zu den Kirchen des Auslands. Prälat Hartenstein konnte so schon 1947 an der Weltmissionskonferenz in Whitby bei Toronto in Kanada teilnehmen und die Mitglieder der deutschen Delegation bei der Gründungsversammlung des Ökumenischen Rats der Kirchen in Amsterdam 1948, bei der Hartenstein ebenfalls teilnahm, wurden als gleichberechtigte Teilnehmer behandelt. Zunächst aber machte die Stuttgarter Schulderklärung mannigfache Hilfe von außen möglich, vor allem durch die CARE-Pakete aus den USA.

Die Kirche als Anwalt der deutschen Bevölkerung

Die Stuttgarter Schulderklärung konnte unter den damaligen Umständen nicht in der wünschenswerten Weise veröffentlicht werden und wurde deshalb oftmals erst nach Monaten bekannt. Andererseits erfuhr sie gerade in kirchlichen Kreisen nicht selten Ablehnung, indem die Untaten des NS-Regimes mit Vorgängen bei der Besetzung, mit der Vertreibung der Deutschen aus dem Osten und den Zuständen in den Kriegsgefangenenlagern, wie jenem in Böckingen bei Heilbronn, und dergleichen aufgerechnet wurde. Die Schuldfrage wurde deshalb in der Kirche und in den Gemeinden nicht ausdiskutiert, so dass es auch hier – wie übrigens in der ganzen deutschen Gesellschaft – nach 1945 nicht zu einer Auseinandersetzung mit der Vergangenheit kam.

Gleichwohl ließ Landesbischof Wurm in seinen Verlautbarungen keinen Zweifel daran, dass die Schuld an den Zuständen im Land bei denen zu suchen sei, die den Krieg entfesselt und auch noch fortgeführt hätten, als er schon verloren war. Diese klare Einstellung berechtigte ihn dazu, auch weiterhin bei den Besatzungsmächten für die deutsche Bevölkerung einzutreten, womit er allerdings auch einige Konflikte riskierte.

Die Alliierten hatten sich die möglichst vollständige Entnazifizierung der deutschen Bevölkerung vorgenommen. Die schematische Art, in der vor allem die amerikanische Besatzungsmacht diese Säuberung aller gesellschaftlichen Bereiche in Angriff nahm, wurde als neues Unrecht empfunden. Da aus Verwaltung und Wirtschaft alle Parteiangehörigen, ohne Rücksicht darauf, ob sie sich etwas hatten zu schulden kommen lassen oder nicht, entfernt wurden, drohten die Hauptschuldigen in der Masse der Bestraften unterzugehen. Dieses Verfahren der automatischen Entfernung verursachte zudem große Schwierigkeiten, da es sich vielfach um nicht zu ersetzende Fachleute handelte. Auf diese Schwierigkeiten hat Wurm immer wieder hingewiesen. Noch Anfang 1948 verfassten die süddeutschen evangelischen Bischöfe

B e s c h e i n i g u n g.

Der Bankbeamte E[redacted] H[redacted], Stuttgart, [redacted], geb.[redacted].1890, war bisher bei der Kommerzbank Stuttgart angestellt und wurde entlassen, weil er ab 1933 Parteigenosse und seit Frühjahr 1934 bei der SA-Reserve war.

Wie das zuständige Pfarramt bestätigt, ist H[redacted] und seine Familie immer kirchlich eingestellt gewesen und hat seine Kinder in den Jahren 1940 und 1942 konfirmieren lassen.

Hieraus ergibt sich, dass H[redacted] bewusst innerlich Abstand von der Partei gehalten hat und dass er nicht als überzeugter Parteigänger angesehen werden kann.

Von ehemaligen Mitgliedern der NSDAP wurden Pfarrer um Ausstellung von Bescheinigungen gebeten, die zur Entlastung im Entnazifizierungsverfahren dienen sollten. Diese Bescheinigungen hießen im Volksmund nach dem bekannten Waschmittel »Persilscheine«.

und Kirchenpräsidenten eine öffentliche Erklärung in dieser Sache. Um diese Zeit begannen – im Zeichen des beginnnenden Kalten Kriegs – nun schon einige Änderungen in dem bisherigen Verfahren einzutreten.

Die Tatsache, dass Landesbischof Wurm gegenüber den Besatzungsmächten unerschrocken seine Stimme erhob, führte dazu, dass zahllose Bitten um Hilfe an ihn herangetragen wurden. Vor allem lagen ihm die vielen, nach wie vor im alliierten Gewahrsam befindlichen deutschen Kriegsgefangenen am Herzen, für deren Freilassung er sich einsetzte. Als problematisch muss empfunden werden, dass er sich auch für einzelne Insassen der Internierungslager und Kriegsverbrecher einsetzte. Grundsätzlich ging es ihm darum, ein rechtsstaatliches Verfahren einzufordern und die Sieger an den Werten zu messen, für die sie in den Krieg gezogen waren. Über diesen vielfältigen Bemühungen kamen freilich die Opfer des NS-Regimes oftmals zu kurz. Einer privaten Initiative des Pfarrers Fritz Majer-Leonhardt entsprang die Gründung einer Hilfsstelle für Rasseverfolgte, die der Evangelischen Gesellschaft in Stuttgart angegliedert wurde.

»Diogenes auf der Suche nach einem Menschen, der zugibt, ein echter, überzeugter Nazi gewesen zu sein.« Karikatur von 1947.

Hilfswerk und Innere Mission

Die großen Städte, wie Stuttgart, Ulm, Heilbronn, Friedrichshafen und Reutlingen waren zum Teil noch in den letzten Kriegsmonaten durch Luftangriffe zerstört worden. Sinnloser Widerstand beim Einmarsch hatte vor allem im Norden des Landes auch zur Zerstörung von Orten im ländlichen Raum geführt. Dazu gehörten Crailsheim, Ilshofen, Waldenburg, Neuenstadt am Kocher, Weinsberg, Neckarsulm und andere. Auch Freudenstadt im Schwarzwald, desgleichen Heimsheim wurden im Zuge der Besetzung durch die französische Armee zerstört.

Die verwüsteten Städte und Dörfer, die der Krieg hinterlassen hatte, waren nur ein Abbild der seelischen Verfassung ihrer Bewohner. Zwar fühlte man sich frei, zugleich aber auch gebunden; frei von der ständigen Bedrohung durch das Kriegsgeschehen und frei von der Bedrückung durch das nationalsozialistische Regime, gebunden freilich durch die Angst vor den Siegermächten, durch die völlige Ungewissheit dessen, was die Zukunft bringen würde. Fast jede Familie betrauerte den Verlust von Angehörigen oder sorgte sich um das Schicksal von Vermissten und Kriegsgefangenen. Die meisten Bewohner der zerbombten Städte befanden sich als Evakuierte auf dem Land, wo in den Wohnräumen drangvolle Enge herrschte. Viele hatten Hab und Gut im Kriegsgeschehen verloren und standen vor der Frage, ob und wie sie sich wieder eine Existenz aufbauen konnten. Die Kirchen waren daher vor die Frage gestellt, wie sie den Menschen bei der Bewältigung dieser Lage, in ihrer materiellen und seelischen Not, helfen konnten.

Das zerstörte Heilbronn. Innenstadt um die Kilianskirche (oben). Innenansicht der Kilianskirche (unten).

Die Not war in Deutschland so groß, dass nicht nur Einzelne, sondern auch alle herkömmlichen kirchlichen Einrichtungen der Inneren Mission, die teilweise selbst beschädigt oder zerstört waren, daran scheitern mussten. Auf der Konferenz in Treysa war deshalb das »Hilfswerk der EKD« gegründet worden, dessen Leiter der aus Kirchheim unter Teck stammende Dr. Eugen Gerstenmaier wurde. Er hatte schon vor Kriegsende den Plan für das Hilfswerk ausgearbeitet, wobei es um zwei Aufgabenbereiche gehen sollte: um Leibsorge und Seelsorge. Es musste also nicht nur die materielle Not gelindert, sondern auch der geistigen und geistlichen Not begegnet werden, die der Zusammenbruch des NS-Regimes hinterlassen hatte. In jeder Landeskirche wurde ein eigenes Hilfswerk errichtet, das dort helfen sollte, wo es keine andere Hilfe gab.

Flüchtlingslager Schlotwiese in Stuttgart-Zuffenhausen.

Gabenverteilung durch das Evangelische Hilfswerk.

Diese Hilfe sollte zunächst den von den unmittelbaren Kriegsereignissen heimgesuchten Gebieten des eigenen Landes gelten, dann aber auch den Flüchtlingen und Vertriebenen, schließlich den anderen deutschen Notstandsgebieten, vor allem im Osten.

Das württembergische Hilfswerk wurde, noch vor der Konferenz in Treysa, von Oberkirchenrat Wilhelm Pressel gegründet und geleitet. Neben dieser Zentrale für die ganze Landeskirche wurden für jeden Kirchenbezirk und jede Gemeinde Verantwortliche benannt. Ein Kirchenopfer in jedem Monat wurde für das Hilfswerk bestimmt. Neben die Geldspenden traten Sammlungen von Nahrungsmitteln, Kleidungsstücken, Haushaltungsgegenständen und Brennmaterial, denn alles wurde gebraucht. Es ging aber nicht nur darum, den Mangel einigermaßen zu verteilen, sondern auch darum, die Hilfe von außen zu aktivieren und die Hilfeleistungen an die Stellen zu lenken, wo sie gebraucht wurden. Besonders hilfreich war der Gedanke, dass vom Ausland nicht nur Fertigwaren, wie etwa Kleidungsstücke, sondern lediglich Rohstoffe gespendet werden sollten. Diese konnten im Land verarbeitet werden und sorgten damit für Beschäftigung in den darniederliegenden Betrieben. Die Wirkung solcher Gaben, die auch Arbeit schufen, war also um ein Mehrfaches höher als der ursprüngliche Wert.

Besonders groß war die Not der Flüchtlinge und Vertriebenen, die seit Herbst 1945 aus dem Osten in immer größeren Zahlen ins Land kamen und oftmals nur noch das besaßen, was sie auf dem Leibe trugen. Wegen des Wohnungsmangels mussten sie zu einem großen Teil in Lagern unter schwierigsten Umständen hausen. Aufgabe des Hilfswerks war es, sich auch dieser Menschen anzunehmen und vor allem für die notleidenden, vielfach unterernährten Kinder zu sorgen. Dieselbe Fürsorge galt auch den entlassenen Kriegsgefangenen, von denen viele heimatlos geworden waren oder körperlich geschädigt zurückkamen und in besonderen Heimen gepflegt werden mussten.

Evangelisch und katholisch – Versuche einer Annäherung

Die Flüchtlinge und Vertriebenen veränderten die konfessionelle Landschaft in Württemberg, das bisher im Wesentlichen aus dem evangelischen Unterland und dem katholischen Oberland bestanden hatte. Nun kamen katholische Flüchtlinge und Vertrie-

bene nicht selten in evangelische Orte, umgekehrt wurden Evangelische in bisher rein katholische Orte eingewiesen. Der konfessionelle Unterschied erschwerte zweifellos die ohnehin schwierige Eingliederung der Neubürger, von denen sich die Alteingesessenen noch lange bewusst abgrenzten. Die Kirchen waren aber vor die Frage gestellt, wie die kirchliche Versorgung in diesen neu entstandenen Diasporasituationen gestaltet werden könnte. Schon 1946 vereinbarten daher der Evangelische Oberkirchenrat in Stuttgart und das Bischöfliche Ordinariat in Rottenburg die Überlassung kirchlicher Räume für Gottesdienste der anderen Konfession.

Treffen der Una Sancta in Ellwangen (1942 oder 1946). In der vordersten Reihe als fünfter von links Pfarrer Rudi Daur. Una Sancta nannte sich die ökumenische Bewegung der dreißiger und vierziger Jahre nach dem Anfang des dritten Glaubensartikels: Una sancta – eine heilige (christliche Kirche).

Zu einer weiteren Annäherung der beiden großen Konfessionen führte diese Situation freilich nicht, obwohl schon während der Kriegszeit durch die Una-Sancta-Bewegung, die in Württemberg einigen Widerhall gefunden hatte, vielversprechende Ansätze dazu gemacht worden waren. Nach Kriegsende wurden die gewonnenen Kontakte zwar weiter gepflegt, erlitten aber alsbald eine Abkühlung. Der württembergische evangelische Pfarrer Richard Baumann hatte sich in mehreren Veröffentlichungen für das Petrusamt des Papstes ausgesprochen und damit auf katholischer Seite mancherlei Hoffnungen geweckt. Er wurde 1947 von der Landeskirche durch ein Lehrzuchtverfahren aus seinem Amt entfernt. Andererseits verbot der Vatikan im Sommer 1948 die Teilnahme an Versammlungen, bei denen von Teilnehmern beider Konfessionen Glaubensfragen besprochen wurden. Der Mainzer Katholikentag im September 1948 erließ zwar »Ein Wort an die evangelischen Brüder«, in dem die Gemeinsamkeiten der beiden Kirchen hervorgehoben wurden, und dankte für die den katholischen Flüchtlingen gewährte Hilfe, stellte aber das päpstliche Hirtenamt – eben die Frage, die Richard Baumann aufgeworfen hatte – als entscheidenden Unterschied heraus.

Kirchlicher Aufbruch?

Der Landesposaunentag in Ulm 1948, eines der ersten kirchlichen Großereignisse nach dem Krieg.

Die Erwartungen, die nach dem Zusammenbruch von allen Seiten an die Kirche gestellt wurden, waren nicht gering. Die Kirche wollte diesen Erwartungen entsprechen, wie die Gründung des Hilfswerks zeigt. Andererseits hatte man auch in der Kirche Erwartungen an Staat und Gesellschaft. Dazu gehörte, dass nach der Verdrängungspolitik des Dritten Reichs die Kirchen im öffentlichen Leben den ihnen zukommenden Platz wieder einnehmen konnten. Diesen Erwartungen wurde auch in den Verfassungen der neu gebildeten Länder Württemberg-Baden von 1946 und Württemberg-Hohenzollern 1947 entsprochen, in denen die Glaubens- und Gewissensfreiheit und die ungestörte Religionsausübung als Grundsätze festgelegt wurden.

Im Wesentlichen war damit die rechtliche Stellung wiedererlangt, die die Kirchen vor 1933 eingenommen hatten. Zu den in der Kirche gehegten Erwartungen und Hoffnungen gehörte aber auch, dass sich eine neue und größere Aufgeschlossenheit gegenüber dem Wort Gottes einstellen würde, zumal jetzt die kirchenfeindliche Propaganda aufgehört hatte. Die Wirkung dieser Propaganda hatte sich im Laufe des Dritten Reichs in einer wachsenden Zahl von Kirchenaustritten gezeigt, die wohl 1938 ihren Höhepunkt erreicht hatte.

Nach Kriegsende kam es zu zahlreichen Wiedereintritten in die Kirche. Solche Wiedereintritte sind zu vermuten bei den rund 3 000 Personen, die 1945 in Württemberg aus nichtchristlichen Gemeinschaften oder aus keiner Religionsgemeinschaft in die Landeskirche eintraten. Im Jahre 1946 betrug die Zahl derer, die wieder in die evangelische Kirche eintraten, rund 6500. 1947 waren es noch etwa 2800, 1948 und 1949 waren es je rund 1900, 1950 immerhin noch etwa 1200, die zu der Kirche zurückkehrten, in der sie einst getauft worden waren. Natürlich gab es in dieser Zeit auch Austritte aus der Landeskirche, vor allem zu kleineren Glaubensgemeinschaften, die in der unmittelbaren Nachkriegszeit ihre Werbetätigkeit in einem starken Maße aufgenommen hatten. Doch hielten sich diese Austritte in einem kleinen Rahmen.

Als Maßstab für die Kirchlichkeit der Bevölkerung wird vor allem auch der Abendmahlsbesuch gewertet, wobei die Zahl der Abendmahlsgäste auf die evangelische Bevölkerung insgesamt bezogen wird. Demnach gingen 1945 etwas mehr als 28%, 1946 über 31%, 1947 fast 34%, 1948 ebensoviel, 1949 gegen 36%, 1950 sogar über 36% der evangelischen Bevölkerung zum Abendmahl. Man wird diese Zahlen nicht ohne weiteres als Steigerung der allgemeinen Kirchlichkeit verstehen dürfen; eher sind sie so zu erklären, dass das kirchliche Leben nach den Behinderungen der Kriegs- und unmittelbaren Nachkriegszeit verstärkt wieder in Gang gekommen war. Damit stimmt eine Beobachtung aus Stuttgart überein, wo sich allsonntäglich rund 7 bis 8 Prozent der Gemeindeangehörigen in den Gottesdiensten einfanden. Diese Beobachtung, die auch anderwärts gemacht wurde, bedeutet, dass die Kirche ihren Bestand gehalten, aber trotz der Erschütterungen der zurückliegenden Jahre – entgegen allen Erwartungen – nur wenig Neuland gewonnen hatte.

Manfred Müller (1903–1987), genannt ›Ami‹, die maßgebliche Persönlichkeit der kirchlichen Jugendarbeit vor und nach 1945. Er war seit 1935 Landesjugendwart, wurde 1937 Landesjugendpfarrer, 1946 Oberkirchenrat.

Kirchliche Jugendarbeit

In dieser Zeit des Wiederaufbaus hat man in der kirchlichen Arbeit durchaus auch neue Wege beschritten. So erschien 1953 ein neues Gesangbuch, das das alte aus dem Jahr 1912 ablöste. Bedeutsamer war noch, dass jetzt die Jugend ein wichtiges Arbeitsfeld für die Kirche wurde. Im Dritten Reich waren die Jugendlichen durch den »Dienst« in der Staatsjugend fast vollständig mit Beschlag belegt worden; jetzt drohte sie, bedingt durch die äußeren Umstände, nicht selten zu verwahrlosen, weshalb sich die Kirche ihrer annehmen musste. Schon 1945 wurden die Jugendlichen in den Gemeinden in Kreisen und Gruppen gesammelt. Im Herbst 1946 wurde das Evangelische Jugendwerk der Landeskirche errichtet,

Kartoffelschälen in einem Freizeitlager.

bestehend aus dem Jungmännerwerk und dem Mädchenwerk. Das Landesjugendpfarramt sollte die Verbindung zwischen dem selbstständig arbeitenden Jugendwerk und der Landeskirche sein. Das Jugendwerk als Ort einer christlichen Jugenderziehung hatte demnach einen Verkündigungsauftrag, sollte aber auch Raum für gemeinschaftsbildende Freizeitbetätigung bieten.

Gegenüber den zahlreichen evangelischen Jugendverbänden in der Zeit vor dem Dritten Reich war nun eine größere Zusammenfassung der evangelischen Jugendarbeit erfolgt. Grundsätzlich sollte die Jugend selbst Träger des Jugendwerks sein, als Leiter sollten dazu befähigte Jugendliche arbeiten. Ein weiterer wichtiger Grundsatz war die Anbindung an die jeweilige Ortsgemeinde. So entstanden überall Jungscharen für die noch nicht Konfirmierten, Jungen- und Mädchenkreise für die 14- bis 18-Jährigen, Jungmänner- und Mädchenkreise der Älteren für die über 18-Jährigen.

Im Februar 1946 stattete John Mott, der 81-jährige Präsident des Weltbunds der Christlichen Jungmännervereine, Stuttgart einen vielbeachteten Besuch ab. Eine Kundgebung der evangelischen Jugend in der Stuttgarter Markuskirche im Oktober 1946 fand so großen Zuspruch, dass die verfügbaren Plätze nicht ausreichten.

Schule und Religionsunterricht

Nach der im Dritten Reich erfolgten Verdrängung des Religionsunterrichts aus der Schule war es nach dem Zusammenbruch nicht nur das Bestreben der Besatzungsmächte, sondern auch der deutschen Verwaltung, der Politiker und selbstverständlich auch der Kirchen, dass die schulische Erziehung der Jugend künftig auf christlicher Grundlage erfolgen sollte. Hierfür musste der Religionsunterricht wieder in die Schulen eingeführt werden. Auch aus diesem Grunde hatten sich die Kirchen am Aufbau eines neuen Schulwesens zu beteiligen.

Eine vollständige Rückkehr zu den schulischen Verhältnissen der Zeit vor 1933 war aber nicht geplant. Jetzt sollte es keine Bekenntnisschule und keine konfessionelle Lehrerbildung mehr geben. Die Frage ›Bekenntnisschule oder Gemeinschaftsschule‹ wurde in der Landeskirche nach heißer Diskussion doch für die Gemeinschaftsschule entschieden, weil man einsah, dass eine klare Trennung zwischen staatlicher Schule und kirchlichem Auftrag der Sache am meisten gerecht wurde.

Evangelisches Aufbaugymnasium Michelbach an der Bilz. Das große Gebäude im Hintergrund ist das Michelbacher Schloss, in dem 1946 eine Kirchliche Lehreroberschule eröffnet wurde.

In der amerikanischen Zone Württembergs, also in Württemberg-Baden, wurde nun die christliche Gemeinschaftsschule eingeführt, in der der Religionsunterricht durch von der Kirche ermächtigte Lehrer erteilt werden sollte. Die Lehrerausbildung wurde zweistufig geordnet. Die untere Stufe, die Lehreroberschule, wurde konfessionell geführt, während die obere Stufe, das Pädagogische Institut, für alle Bekenntnisse gemeinsam sein sollte. Überdies wurden Privatschulen zugelassen. Evangelische Lehreroberschulen mit Internat, später als Aufbaugymnasien geführt, entstanden für Jungen in Michelbach an der Bilz, für Mädchen in Großsachsenheim.

In der französischen Zone, in Württemberg-Hohenzollern, wurden unter bestimmten Voraussetzungen Bekenntnisschulen zugelassen. Es gab daher in diesem Gebiet sowohl katholische wie evangelische Volksschulen, aber auch christliche Gemeinschaftsschulen. Diese unterschiedliche Situation in den verschiedenen Landesteilen führte bei der Bildung des Landes Baden-Württemberg 1952 zu nicht unerheblichen Schwierigkeiten, bis man sich schließlich darauf einigte, die Schulen so zu belassen, wie sie 1951 bestanden hatten. Erst 1967 wurde im Zuge von Verhandlungen über die Bildung einer großen Koalition die Lage bereinigt und die entsprechende Bestimmung der Landesverfas-

Tage der Stille und Besinnung für Dichter und darstellende Künstler in Bad Boll 1946. Stehend: Dr. Eberhard Müller (1906–1989), Direktor der Akademie 1946–1971. Rechts der amerikanische Theologe Reinhold Niebuhr (1892–1971).

sung dahingehend geändert, dass alle öffentlichen Volksschulen, also die Grund- und Hauptschulen, künftig christliche Gemeinschaftsschulen sein sollten.

In der Gestaltung des evangelischen Religionsunterrichts in den Schulen griff man auf den von Ludwig Gengnagel während des Krieges entwickelten Entwurf einer kirchlichen Unterweisung zurück, der nunmehr in den staatlichen Lehrplan einging. Dieser Entwurf war ursprünglich für einen Religionsunterricht außerhalb der Schule gedacht und gab diesem daher einen ausgesprochenen Verkündigungscharakter mit einer liturgischen Gestaltung des Unterrichts. Diese pädagogische Konzeption hat – mindestens für die folgenden zwei Jahrzehnte – die Form des evangelischen Religionsunterrichts in Württemberg bestimmt.

Ja zur Demokratie

Gegenüber den teilweise recht harten Maßnahmen der Besatzungsmächte betonte Bischof Wurm immer wieder, dass diese geeignet seien, die deutsche Bevölkerung in den Radikalismus, genauer genommen in den Kommunismus, zu treiben. Als daher die Gründung von demokratischen Parteien wieder zugelassen wurde, war man von kirchlicher Seite natürlich sehr an dieser Entwicklung interessiert und versuchte sie zu begleiten.

Als evangelische Partei hatte es vor 1933 den Christlich-Sozialen Volksdienst, als katholische Partei das Zentrum gegeben. Ehemalige Funktionsträger dieser beiden Parteien waren davon überzeugt, dass es jetzt Zeit sei, die konfessionellen Schranken zu überwinden, und gründeten am 25. September 1945 in Stuttgart die Christlich-Soziale Volkspartei, die nachmalige Christlich-Demokratische Union (CDU). Die Kirchenleitung entschloss sich aber zu parteipolitischer Neutralität und machte diese auch den Pfarrern zur Pflicht.

Die parteipolitische Neutralität der evangelischen Kirche entsprach auch der weithin verbreiteten Auffassung, dass die übergroßen Aufgaben des Wiederaufbaus nur durch den Zusammenschluss aller Kräfte geleistet werden könnten, wobei das Aufreißen neuer Gräben nur hinderlich wäre. Selbstverständlich betrachtete die Kirchenleitung die Gründung einer bewusst christlichen Partei mit Wohlwollen, wollte aber andererseits nicht in die Fehler der Bismarckzeit verfallen. Man war deshalb ausdrücklich dazu bereit, auch mit der SPD, der traditionellen Partei der Arbeiterklasse, die sich wieder neu bildete, in einen Dialog zu treten.

Tagung für Persönlichkeiten aus Politik und Presse in Bad Boll 1948. Von links nach rechts die Ehepaare Heuss und Wurm, Prälat Hartenstein.

Die Gründung der Akademie Bad Boll

Aus ähnlichen Überlegungen war schon im September 1945 die Gründung der Akademie Bad Boll erfolgt. Die Planungen dafür waren noch in der Kriegszeit, z.B. von Helmut Thielicke, angestellt worden. Die Akademie verdankt ihre Entstehung der Erkenntnis, dass neben die Verkündigung der Kirche das Gespräch treten musste, in dem die Fragen des modernen Menschen aufgenommen wurden. Mit der Akademie sollte ein Ort entstehen, an dem die Kirche den Dialog mit der modernen Welt führt, an dem die Fragen, die Wissenschaft, Technik, Kunst und die politische, wirtschaftliche und gesellschaftliche Entwicklung stellten, diskutiert werden konnten. Auf diese Weise sollte in gemeinsamem Ringen um die Wahrheit der rechte Weg der Erkenntnis gefunden werden.

Von Anfang an wurde in Bad Boll die Arbeit mit einzelnen Berufsgruppen gepflegt, da es ja um die Verbindung von Glauben und Leben gehen sollte. Für Landesbischof Wurm war besonders wichtig, dass in Bad Boll das Gespräch mit der einst weitgehend sozialistisch organisierten und damit kirchenfern eingestellten Arbeiterschaft geführt wurde. Darüber hinaus gelang es,

Akademie Bad Boll heute.

Die aus den Trümmern der zerstörten Kirche errichtete Notkirche der Evang. Paulusgemeinde in Stuttgart. Die Kirche dient heute der Griechisch-orthodoxen Gemeinde als Versammlungsort.

Andreä-Kirche in Stuttgart-Bad Cannstatt.

Wichernkirche in Heilbronn.

die Akademie zum »dritten Ort« zu entwickeln, wo sich – gewissermaßen auf neutralem Boden – solche Gruppen zur Aussprache treffen konnten, die auf dem gesellschaftlichen oder wirtschaftlichem Gebiet unterschiedliche Ziele und Interessen verfolgten, also etwa Arbeitnehmer und Arbeitgeber, Gewerkschaftler und Vertreter der Arbeitgeberverbände.

Nie wurde so viel gebaut

Von den Zerstörungen des Krieges waren auch die Gotteshäuser aller Kirchen und Religionsgemeinschaften, Pfarr- und Gemeindehäuser betroffen. Bis 1948 hatten an vielen kriegsbeschädigten Kirchen und sonstigen kirchlichen Gebäuden die notwendigen Reparaturen durchgeführt werden können, wobei sich in vielen Gemeinden trotz der Wohnungsnot ein starkes Engagement der Gemeindeglieder für ihre Kirche durch freiwillige Mitarbeit und bei der Beschaffung von Baumaterialien zeigte. Dies war nicht nur in ländlichen Gebieten der Fall, wie etwa in Dürrenzimmern, wo die schwer beschädigte Kirche schon 1947 hatte fertiggestellt werden können. In Stuttgart errichteten die Gemeindeglieder der Pauluskirche aus den Trümmern ihrer Kirche eine Notkirche. Vielfach waren es nur Behelfsbauten, die man errichten konnte, wie die Andreäkirche in Stuttgart-Bad Cannstatt, die zunächst als Barackenkirche entstand. Der Architekt Otto Bartning baute 1947–1951 in Deutschland insgesamt 48 Notkirchen, für die wichtige Bauteile mit Spenden aus den USA und der Schweiz in Serienfertigung hergestellt wurden. Solche Bartning-Kirchen sind – teilweise verändert – die Wichernkirche in Heilbronn und die Ludwig-Hofacker-Kirche in Stuttgart.

Durch die Währungsreform im Sommer 1948 war die kirchliche Bautätigkeit wegen Geldmangel zunächst lahmgelegt. Im darauffolgenden Jahr kam der kirchliche Wiederaufbau jedoch richtig in Gang, so dass in den folgenden Jahren in Württemberg mehr Kirchen gebaut wurden als in Jahrhunderten zuvor. Diese Bautätigkeit wurde auch durch das nach 1948 eintretende Wirtschaftswachstum ermöglicht, an dem die Kirchen durch den seit 1956 durchgeführten staatlichen Einzug der Kirchensteuer als Zuschlag zur Lohn- oder Einkommenssteuer ihren Anteil bekamen. Somit konnten von 1945 bis 1971 in Württemberg fast 500 Kirchen und Gemeindezentren neu gebaut werden.

Kirche im dritten Jahrtausend

Die Kirche hatte sich immer beidem zu stellen: den bleibenden Aufgaben und den neuen Herausforderungen. Zu Beginn des dritten Jahrtausends scheint für die Kirche jedoch eine Zeit anzubrechen, die für sie besonders große Veränderungen bringt, den Abschied vom Jahrhunderte lang vertrauten Bild und den Aufbruch zu einer neuen Gestalt, deren Konturen sich erst langsam abzeichnen.

Die Zukunft der Kirche ist Neuland

Die Kirche wird in Zukunft andere Voraussetzungen für ihr Leben und ihre Arbeit haben, als das bisher der Fall war. Zu Beginn des 20. Jahrhunderts war noch spürbar, dass Württemberg in der Reformation ein evangelisches Land geworden war. Mit 69 Prozent der Bevölkerung waren die Evangelischen deutlich die größte religiöse Gruppierung. Jetzt, einhundert Jahre später, sind im Bereich der württembergischen Landeskirche noch 37 Prozent evangelisch. Für ganz Baden-Württemberg lauten die Zahlen 2008: 33 Prozent evangelisch und 38 Prozent katholisch. In die restlichen 29 Prozent teilen sich andere christliche Gruppierungen, andere Religionen und Menschen ohne konfessionelle Bindung. Neu ist dabei, dass die Muslime eine beachtliche religiöse Minderheit bilden, und dass es eine steigende Zahl von Menschen gibt, die sich keiner Glaubensgemeinschaft zurechnen. Die Lage der Kirche ist dadurch gekennzeichnet, dass sie in Konkurrenz mit anderen Lebensentwürfen und Sinnangeboten sozusagen »auf dem freien Markt« ihren Glauben und ihr Handeln darstellen und anbieten muss. Man wird in Zukunft nicht mehr selbstverständlich evangelisch sein, weil die Eltern es waren, sondern weil man sich selbst dafür entschieden hat. Auch die Grundüberzeugungen der Kirche sind heute nicht mehr allgemein anerkannt bzw. werden offensiv bekämpft.

Wurde noch vor wenigen Jahren der Sonntagmorgen zumindest formal für den Kirchgang freigehalten, so finden Sportveranstaltungen, verkaufsoffene Sonntage und Feste immer

Der »Ständerling« nach der Kirche bietet Gelegenheit, sich auszutauschen und Kontakte zu knüpfen.

selbstverständlicher schon während der klassischen Gottesdienstzeiten statt. Inzwischen wird nachgefragt, ob die Kirche ein Recht auf den Sonntag habe, ob dieser nicht ohne Einschränkung für Handel, Sport oder Unterhaltung freigegeben werden müsse.

Auffallend ist, dass eine tiefe religiöse Sehnsucht viele Suchende erfüllt. Bei der Kirche finden sie oft nicht, was ihnen am Herzen liegt. Die große Nachfrage nach Esoterik scheint das zu bestätigen. Diese gilt in etwa als geheimes, bislang kaum beachtetes Wissen von kosmischen Zusammenhängen.

Die Kirche wird in Zukunft nur dort ein Gewicht haben, wo sie die Menschen durch ihre Verkündigung und die Gestaltung des täglichen Lebens persönlich überzeugt.

Was auch in Zukunft gilt

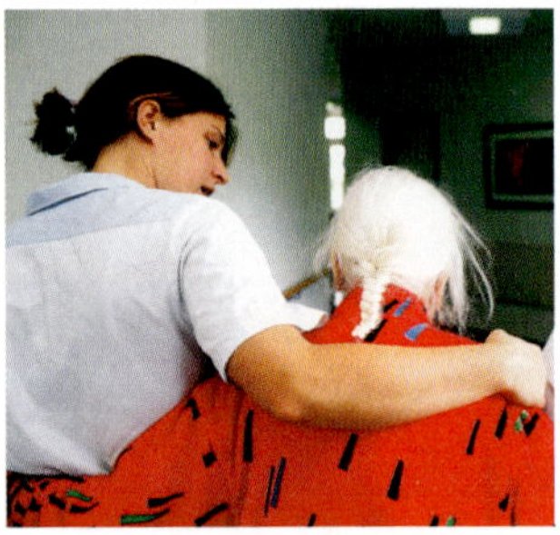

Tätige Nächstenliebe in einer Diakoniestation.

Die Kirche braucht dem nicht nachzulaufen, was gerade »in« ist. Aber sie soll klares geistliches Profil zeigen. Ihr Profil ist die Botschaft von Jesus Christus und dem neuen Leben, das durch ihn geschenkt wird. Dieses Leben soll im Alltag der Kirche und ihrer Mitglieder überzeugend Gestalt gewinnen. Es muss klar sein, dass es von den Werten des Evangeliums geprägt ist, und dass diese Werte nicht für irgendwelche Vorteile anderer Art preisgegeben werden können.

Ebenso sehr wie geistliches Leben erwartet man von der Kirche, dass sie Gemeinschaft bietet. Die natürlichen Gemeinschaften von Familie, Nachbarschaft und Arbeitsplatz sind oft nicht mehr intakt. Umso wichtiger wird es, dass die Gemeinde Kontakte und Geborgenheit verschafft. Man will spüren, dass man dazugehört, dass andere für einen da sind und dass das eigene Mitdenken und Mitarbeiten gefragt ist. Vieles davon geschieht in Gemeindekreisen und Hauskreisen, bei Festen und bei gemeinsamen Aktionen.

Es nimmt auch der Wunsch zu, das Gemeindeleben aktiv mitzugestalten. Viele möchten einbringen, was sie an besonderen Fähigkeiten haben und wofür sie gerne einen Teil ihrer Freizeit opfern. Sie wünschen sich ein offenes Miteinander, bei dem man sich gegenseitig gelten lässt.

Gleichzeitig stehen viele ehrenamtlich Mitarbeitenden vor

dem Problem, dass die Herausforderungen in der Schule, der Familie und im Beruf stark zugenommen haben und weniger Möglichkeiten bestehen, freie Zeit in andere Aufgaben zu »investieren«.

Es wird als erleichternd empfunden, dass in theologischen Streitfragen heute vieles von dem entspannter gesehen wird, was früher heftig umkämpft war. So war etwa das unterschiedliche Verständnis des Abendmahls bei Luther und Zwingli lange Zeit Anlass zu Auseinandersetzungen zwischen Lutheranern und Reformierten. Heute wird dagegen in der Leuenberger Konkordie von 1973 die grundsätzliche Übereinstimmung beider Seiten unterstrichen. Die Menschen erwarten zwar ein engagiertes und verbindliches Christentum, aber mit so viel Freiheit, dass Raum bleibt für eigenes Suchen und Gestalten.

Im Jahre 1973 haben sich die lutherischen und die reformierten Kirchen in der Leuenberger Konkordie dahingehend geeinigt, dass sie sich gegenseitig anerkennen und Gemeinschaft gewähren, auch wenn in manchen theologischen Aussagen noch Unterschiede vorhanden sind.

Schließlich gehört der soziale Einsatz zu den wichtigen Aufgaben der Kirche. Das Gleichnis Jesu vom barmherzigen Samariter ist beispielhaft: Wo uns Leid begegnet, haben wir zu helfen. Das wird von Kirche und Diakonie erwartet, und das wird in Zukunft noch verstärkt der Fall sein. So entspricht dieser Erwartung auch die Überzeugung der Menschen innerhalb der Kirche, dass die Diakonie zu ihren grundlegenden Aufgaben gehört.

Jugend im Gespräch.

Wer ist die Kirche?

Es ist weit verbreitet, dass man bei dieser Frage an die »Amtskirche« denkt, vielleicht an den Oberkirchenrat in Stuttgart. Die Kirche aber ist zuallererst die Kirchengemeinde vor Ort. Ihre Mitglieder bilden »die Kirche«.

Die Mitglieder vor Ort haben für »ihre« Kirche einen **Kirchengemeinderat** gewählt. Dieser leitet die Kirchengemeinde zusammen mit dem Pfarrer oder der Pfarrerin. Alle Fragen von Bedeutung müssen im Kirchengemeinderat beraten und beschlossen werden, die Pfarrerin oder der Pfarrer entscheidet also nicht allein. So kann das Leben einer Kirchengemeinde von einer breiten Zustimmung getragen werden. Kirchengemeinderat ist eine Aufgabe, die ehrenamtlich für jeweils 6 Jahre übernommen wird. Daneben gibt es in der Gemeinde noch viele weitere Ehrenämter, z. B. Leiterin oder Leiter einer Jungschar oder Jugendgruppe, eines Frauen- oder Seniorenkreises, Mithilfe im Kindergottesdienst

Die württembergische Landeskirche umfasst das Gebiet des ehemaligen Württemberg und des ehemaligen Hohenzollern. Sie ist aufgeteilt in vier Prälaturen und 48 Kirchenbezirke; 2008 wurden vier Kirchenbezirke zum Kirchenkreis Stuttgart zusammengefasst.

oder bei Gemeindefesten oder im Besuchsdienst. Ohne die freiwilligen Helferinnen und Helfer wäre ein gutes Gemeindeleben gar nicht vorstellbar. Vieles muss in der Gemeinde weiter durch Hauptamtliche geschehen. Neben Pfarrerinnen und Pfarrern sind dies Diakoninnen und Diakone, die Mitarbeiterinnen und Mitarbeiter im Mesner- und Hausmeisteramt, in der Kirchenmusik, in der kirchlichen Verwaltung, der Kirchenpflege, und in den Kindergärten. Einen besonderen Arbeitsbereich stellt die Diakoniestation dar, durch sie geschieht die örtliche Krankenpflege und die Nachbarschaftshilfe. Fast alles, was zu »Kirche« gehört, kommt in der Ortsgemeinde vor. Trotzdem ist es gut, den Blick auch über den eigenen Kirchturm hinaus zu richten. Benachbarte Gemeinden arbeiten oft bei gemeinsamen Aufgaben zusammen. Ein Beispiel dafür ist etwa die Kinderfreizeitstätte Waldheim Gaffenberg. Sie wird von den 10 Heilbronner Kirchengemeinden und weiteren vier Gemeinden aus der Umgebung getragen. Auch die großen kirchlichen Werke in der Mission, der Diakonie und der Ökumene leben von ihrer Verankerung in den Gemeinden. Eine gute Gemeindearbeit wird in Württemberg nicht zuletzt dadurch möglich, dass die Zahl der ehrenamtlichen Mitarbeiterinnen und Mitarbeiter hier erfreulich hoch ist.

Die Gesprächskreise der Landessynode (mit ihren 2007 erreichten Prozentwerten):
Lebendige Gemeinde 40%
Offene Kirche 30%
Evangelium und Kirche 20%
Kirche für Morgen 9%

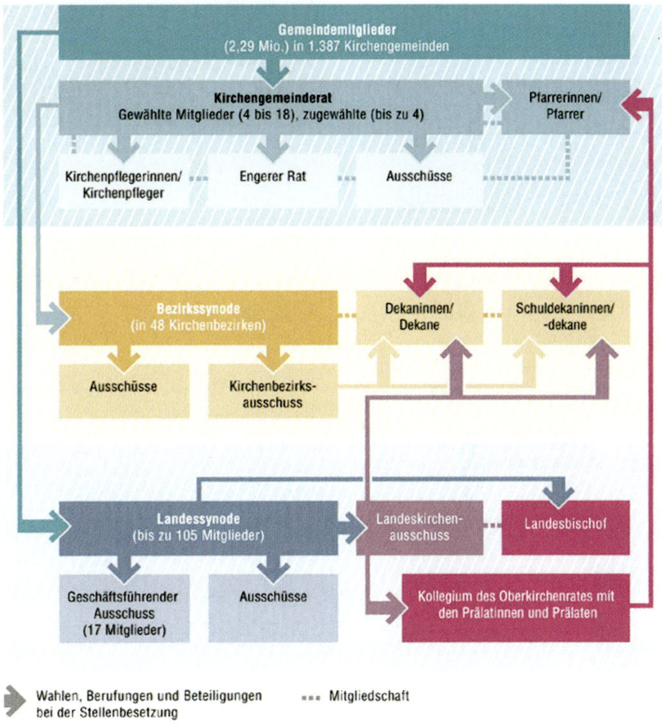

Die Landeskirche Württemberg und ihre Gremien.

Zwischen der Gemeinde vor Ort und der Kirchenleitung ist das **Dekanat**. Zu einem Dekanat gehören 20 bis 50 Gemeinden. Der Dekan ist der Vorgesetzte der Pfarrerinnen und Pfarrer seines Kirchenbezirks. Ihm zur Seite steht die **Bezirkssynode** als Vertreterin der Gemeinden. Es gibt in Württemberg 48 Dekanate. Die Dekanate sind ihrerseits in vier Prälaturen zusammengefasst: Heilbronn, Reutlingen, Stuttgart und Ulm. Die Prälaten haben vor allem die Aufgabe der Seelsorge und Beratung der Pfarrerinnen und Pfarrer. Sie wirken mit bei den Stellenbesetzungen und sind Mitglieder der Kirchen-

Sitzung der Landessynode im Hospitalhof Stuttgart. Sie kommt in der Regel dreimal in Jahr zusammen.

Die württembergischen Landesbischöfe (bis 1933 »Kirchenpräsidenten«)

Johannes Merz 1924–1928

Theophil Wurm 1929–1948

Martin Haug 1948–1962

Erich Eichele 1962–1969

leitung. Als »Regionalbischöfe« entlasten sie den Landesbischof in ihrem Dienstbereich. Derzeit ist die Ulmer Prälatur mit einer Prälatin besetzt.

Die **Landessynode** ist das Parlament, das alle kirchlichen Gesetze und Richtlinien für die Arbeit in der Landeskirche beschließt. Die ca. 90 Mitglieder, Synodale genannt, werden von den Kirchenmitgliedern direkt gewählt. Das ist einmalig unter den Gliedkirchen der Evangelischen Kirche in Deutschland. Die Synodalen gehören zu vier unterschiedlichen Wahlgruppen, Gesprächskreise genannt. Die Gesprächskreise sind nicht direkt mit politischen Parteien vergleichbar, weil sie keinen Fraktionszwang kennen. Aber sie sind doch entscheidend für die Meinungsbildung und beleben die Aussprachen in der Synode. Gelegentlich stoßen unterschiedliche Meinungen auch hart aufeinander. Die Möglichkeiten einer fairen Auseinandersetzung sind jedoch auch im kirchlichen Raum Voraussetzung für das Zustandekommen von tragfähigen Beschlüssen. Die Synode tagt in der Regel drei Mal im Jahr drei bis vier Tage. In den Zwischenzeiten führt der **Landeskirchenausschuss** ihre Geschäfte.

Die laufende Arbeit in Leitung und Verwaltung wird im **Oberkirchenrat** getan. Der **Landesbischof** ist der Vorsitzende der Kirchenleitung. Er vertritt die Landeskirche auch in der Öffentlichkeit. Die Erwartungen an ihn sind hoch, weil er für die Landeskirche in ihrer ganzen Spannweite einsteht. Das Bischofsamt erfordert eine Persönlichkeit, die den Geist, die Anliegen und die Ziele unserer lutherischen Kirche überzeugend leben und darstellen kann.

Immer wieder wird die Frage aufgeworfen, ob es gut ist, dass sich die Kirche weitgehend durch die Kirchensteuer finanziert, die vom Staat - gegen Vergütung - eingezogen wird. Auf diese Weise ist sie abhängig von der staatlichen Steuergesetzgebung. Vor allem durch deren Veränderungen, aber auch durch Kirchenaustritte, hat die Kirche einen finanziellen Einbruch erlitten. Ausgehend von den Zahlen von 1990 werden die der Kirche zur Verfügung stehenden Mittel bis 2015 um mindestens 25 Prozent weniger sein. Es wird Änderungen im System der kirchlichen Finanzierung geben müssen. Die Kirche wird in Zukunft deutlich weniger Geld haben als in den zurückliegenden Jahrzehnten. Der Sparzwang kann aber auch Positives bewirken. Er kann zu Entscheidungen führen, was als vorrangige Aufgabe in der Kirche anzusehen ist. Denn es kann nur getan werden, was auch finanzierbar ist.

Zielgruppenarbeit

Die Kirche steht vor der Aufgabe, ihre »Komm-Struktur« in eine »Geh-Struktur« zu ändern, d.h. nicht zu warten, bis Interessierte kommen, sondern von sich aus auf die Menschen zuzugehen. Diese Bemühungen werden besonders in der Zielgruppenarbeit sichtbar. Weil die Menschen in ganz unterschiedlichen Lebenssituationen unterschiedliche Bedürfnisse haben, möchte man sie von der Gemeinde her in ihrer jeweiligen Lage ansprechen. Klassische Zielgruppen sind schon seit langem Jugendliche und Senioren. Der alle zwei Jahre stattfindende Landesposaunentag in Ulm spricht Tausende von Bläsern an und ist gleichzeitig ein kirchliches Ereignis, das von einer breiten Öffentlichkeit wahrgenommen wird. Auch die Gemeindekrankenpflege, die jetzt in den Diakoniestationen durchgeführt wird, gehört zum altbewährten Gemeindeeinsatz für bestimmte Gruppen. Doch ist es wichtig, auch für neue Zielgruppen offen zu sein und dafür Angebote zu entwickeln. So haben sich »Krabbelgruppen« etabliert, in denen sich junge Mütter mit ihren Kleinen treffen und austauschen kön-

Helmut Claß 1969–1979

Hans von Keler 1979–1988

Theo Sorg 1988–1994

Eberhardt Renz 1994–2001

Gerhard Maier 2001–2005

Frank Otfried July
seit 2005

Eine Fotovoltaikanlage zur umweltfreundlichen Stromgewinnung ziert das Dach

nen. Oft führt das zu eigenen »Krabbelgottesdiensten« zusätzlich zum Sonntagsgottesdienst, dessen Besuch durch besonders abgegrenzte Spielecken oder eigene Videoübertragung in einen Nebenraum auch für Familien mit Kleinkindern vielerorts attraktiv gemacht wurde. – Eine Zielgruppe ganz anderer Art sind die Migranten. Viele haben unverschuldet Schwierigkeiten im Blick auf Wohnung, Verpflegung, Unterhalt. Sie sind – unabhängig von ihrer Religionszugehörigkeit – der christlichen Nächstenliebe in besonderer Weise anvertraut. – Von der Stuttgarter Leonhardskirche ausgehend, sind die »Vesperkirchen« inzwischen auch in anderen Gemeinden zu finden. In den ersten Wochen des neuen Jahres werden Kirchen geöffnet, in denen Obdachlose und andere Bedürftige warmes Essen, medizinische Beratung oder ein verständnisvolles Gespräch bekommen. Dieses Angebot wird fast ausschließlich von ehrenamtlichen Mitarbeitern getragen.

Gegenüberliegende Seite: Tausende Bläser füllen den Münsterplatz beim Landesposaunentag in Ulm, den das Evangelische Jugendwerk in Württemberg alle zwei Jahre veranstaltet. Eindrückliche Großveranstaltungen haben eine breite öffentliche Wirkung. Wichtiger bleiben die vielen wenig auffälligen Aktivitäten des Alltags, in denen der Glaube Gestalt gewinnt.

Für Zielgruppen, die sonst von der kirchlichen Arbeit nicht erreicht würden, gibt es Sonderpfarrämter. Von den 1600 Pfarrstellen in Württemberg sind 300 Sonderpfarrstellen. Dazu gehören beispielsweise die Pfarrstellen beim Rundfunk und Fernsehen, für Religionsunterricht an Schulen, in Krankenhäusern und Altenheimen, an Akademien und Fortbildungseinrichtungen, aber auch für die Polizei- und Militärseelsorge, im Justizvollzug, Dienste an Menschen im Gaststättengewerbe oder für Schausteller. Die Kirche bringt ihren Einsatz, wo er verlangt wird. Aber darüber hinaus fühlt sie sich oft gerade dort aufgerufen, wo sonst

niemand sich einsetzt. Dazu gehört heute etwa auch die Sterbebegleitung in den Hospizen oder die Betreuung der pflegenden Angehörigen von Langzeitkranken.

Neue Einsichten und ihre Folgen

Die Kirche ist ein lebendiger Organismus. Deshalb ist es wichtig, dass Altes zurückgelassen, Falsches korrigiert und Neues entdeckt wird. In den letzten 50 Jahren gibt es einige Bereiche. in denen die Kirche neue Einsichten gewonnen und damit ihr Leben verändert hat. Beispielhaft seien einige genannt:

Frauen in der Kirche. Die Kirche war eine ausgesprochene Männerkirche, zumindest, was Führungsposten anbelangte. Frauen konnten zwar Theologie studieren, aber niemals Pfarrerin werden, höchstens Vikarin. 1968 wurde das geändert. Seither sind in der Landeskirche Pfarrer und Pfarrerinnen völlig gleichgestellt. Es gibt auch Frauen als Dekanin, Prälatin, Oberkirchenrätin. Auch eine Bischöfin ist denkbar, wie das in anderen Landeskirchen der Fall ist. Aber es geht ja nicht nur um das Pfarramt. Frauen sind auf allen kirchlichen Ebenen tätig und mitverantwortlich, zum Beispiel in den Kirchengemeinderäten und in der Landessynode. Eine Frauenbeauftragte wacht darüber, dass in der Praxis verwirklicht wird, was die Gleichstellungsregelung vorsieht. Der Weltgebetstag der Frauen ist fester Bestandteil des Gemeindelebens.

Erst seit 1968 ist die Pfarrerin dem Pfarrer gleichgestellt.

Neue Impulse kommen durch die feministische, also vom weiblichen Denken her bestimmte, Theologie und andere Initiativen engagierter Frauen. Viele ihrer Ergebnisse sind heute schon Allgemeingut, so etwa, dass in der Umgebung Jesu auch Frauen eine wichtige Rolle gespielt haben. Anderes ist umstritten. Ist es richtig, Gott so anzureden: »Gott, der du uns Vater und Mutter bist …«?

Das ökumenische Miteinander. Mit dem Zweiten Vatikanischen Konzil (1958–1963) begann ein neues Verhältnis der Konfessionen. Die evangelischen und katholischen Gemeinden haben sich seither aufeinander zu bewegt, so dass ein freundliches und nachbarschaftliches Verhältnis entstehen konnte. Spürbar wurde die neue Beziehung zuerst in einer freieren Behandlung der konfessionsverschiedenen Trauungen. Trauungen mit Geistlichen beider Bekenntnisse sind nichts Ungewöhnliches mehr. Ökumenische Gottesdienste und Bibelwochen, gemeinsame Jugend- und Seniorenveranstaltungen gehören heute zum festen Bestand der Zusammenarbeit. Trauungen und Taufen werden jeweils anerkannt. Auf höherer Ebene wurden gemeinsame Erklärungen zu Lehrfragen erarbeitet, wie etwa zum Verständnis der für Evangelische so zentralen Rechtfertigung. Am 31. Oktober (Reformationstag!) 1999 wurde von Vertretern der lutherischen Kirchen und der römisch-katholischen Kirche eine Gemeinsame Erklärung unterzeichnet, wonach die Rechtfertigung aus Glauben gemeinsame Überzeugung ist. Anderes, wie z.B. das gemeinsame Abendmahl, ist noch schwierig. Die Erfahrung aber zeigt, dass die ökumenische Annäherung nicht bedeutet, dass bestehende Unterschiede verwischt werden, sondern dass man in der Begegnung mit dem anderen für sich selber bereichert wird. Zur örtlichen Ökumene gehören selbstverständlich auch die evangelischen Freikirchen, wie etwa die Evangelisch-methodistische Kirche, und wo es sie gibt, wie in Stuttgart, auch die anglikanische und die griechisch-orthodoxe Gemeinde.

Kirchliche Trauungen, an denen evangelische und katholische Geistliche mitwirken, sind noch nicht lange möglich.

Ökumene weltweit. Die Ökumene ist vor allem auch eine weltweite Bewegung. Im Ökumenischen Rat der Kirchen (ÖRK) haben sich, mit Sitz in Genf und einem Generalsekretär an der Spitze, etwa 350 Kirchen zusammengetan. Sie verstehen sich als »konziliare Einheit«. Das bedeutet, dass jede Mitgliedskirche ihre Selbständigkeit bewahrt, aber dass sie sich zur gegenseitigen Verständigung und zu gemeinsamen Aktionen zusammenfinden. Höhepunkte sind die Vollversammlungen, die alle sieben Jahre jeweils in einem anderen Kontinent stattfinden. Der Ökumenische Rat wurde 1948 in Amsterdam gegründet und war auch eine Reaktion der Kirchen auf die Trennungen der Völker in zwei grausamen Weltkriegen. Weil der württembergische Theologe Konrad Raiser durch zwei Wahlperioden Generalsekretär des ÖRK war, sind zwischen Württemberg und Genf enge Beziehungen ent-

oikoumene

Das alte Symbol des Schiffes hat sich der Ökumenische Rat der Kirchen als Zeichen gewählt.

Güglinger Palmtuch, 1988. Das Tuch besteht aus Darstellungen von 40 verschiedenen zeitgenössischen Künstlerinnen und Künstlern zu biblischen Motiven. So zeigt z. B. die oberste Reihe: Dreieinigkeit – Sündenfall – Erschaffung der Tiere – Erschaffung Adams – Erschaffung Evas. Jedes Bild ist im Original 70 x 70 cm groß. Ein mittelalterliches Palmtuch, das jedes Jahr von Palmsonntag bis Ostermontag in der Kirche ausgestellt wurde, war 1849 verbrannt. Das neue Palmtuch zeigt, wie die Kunst heute Grenzen von Konfessionen und Ländern überschreitet.

standen. Die ökumenische Bewegung ist das wichtigste kirchliche Ereignis des 20. Jahrhunderts. Die Christen in aller Welt lernen, einander wahrzunehmen und zu verstehen und sind bereit, für einander da zu sein und gemeinsam die christliche Botschaft weiterzusagen. Die katholische Kirche ist nicht Mitglied im ÖRK, sie arbeitet in Genf aber als »Beobachterin« mit.

Gemeinsame Gottesdiensttafel der christlichen Kirchen am Ortseingang.

Christen und Juden im Gespräch. Nach den schrecklichen Ereignissen des Holocaust war eine Neubesinnung auf das Verhältnis zu den Juden notwendig. Es zeigte sich, dass hier vieles seit langer Zeit versäumt worden war. Die Christen entdeckten wieder neu beim Studium ihrer eigenen heiligen Schriften, dass der Vater Jesu Christi der Gott Israels ist. Es konnte nur zum eigenen Schaden übersehen werden, dass Israel Wurzel und Baum ist, wie es der Apostel Paulus ausdrückt, von denen die christliche Gemeinde getragen wird. Ungezählte Reisen nach Israel und die Begegnung mit Land und Leuten haben zu einem neuen Verstehen beigetragen. In der theologischen Fakultät in Tübingen gibt es einen Lehrstuhl für Judaistik mit angeschlossenem »Institutum Judaicum«, einem Institut zur Erforschung des Judentums. In der landeskirchlichen Fortbildungsstätte Denkendorf ist der Arbeitskreis »Wege zum Verständnis des Judentums« gegründet worden. Jedes Jahr kommen Lehrer aus Israel nach Württemberg, so wie deutsche Besucher gezielt zum geistlichen Austausch nach Israel reisen. Die regelmäßig stattfindenden christlich-jüdischen Bibelwochen zeigen, wie Juden die Bibel lesen und aus welch reicher Tradition sie dabei schöpfen.

Im Werden noch sind die Bemühungen um das »Haus Abraham«. Leitend ist dabei der Gedanke, dass in Christentum; Judentum und Islam Abraham in gleicher Weise als ein Vater des Glaubens verehrt wird. Im »Haus Abraham«, das sich vorläufig noch in einem Verein und in Vortragsreihen darstellt, soll der »Trialog« die Verständigung im Gespräch der drei Religionen und den friedlichen Umgang miteinander fördern.

Kirche und Gesellschaft

Die Kirche hat im Bewusstsein der Öffentlichkeit – immer noch – einen hohen Stellenwert. In vielen Fällen wird auf ihre Stellungnahme geachtet. Andererseits werden kirchliche Verlautbarun-

Kirche und Synagoge, einst und jetzt. Rechts: Relief aus der evang. Kirche in Bartholomä, 1978 entstanden. Kirche und Synagoge stehen gleichberechtigt nebeneinander. Links: Kirche und Synagoge am Straßburger Münster (frühes 13. Jh.): Die Synagoge trägt eine Binde vor den Augen.

gen auch durchaus kritisch hinterfragt. Es ist nicht selten, dass aus christlicher Sicht Bedenken gegen Entwicklungen in der Gesellschaft oder im Staat geäußert werden, die dort nicht immer auf Zustimmung stoßen.

Der Salzhaufen auf dem Schlossplatz während des Deutschen Evangelischen Kirchentages 1999 in Stuttgart. Er versinnbildlichte das Motto »Ihr seid das Salz der Erde«.

Kirchentage und Christustage. Die Deutschen Evangelischen Kirchentage sind geradezu zu einem Markenzeichen der Kirche geworden, das in der Öffentlichkeit starke Beachtung findet. Das Motto der Kirchentage spiegelt eindrücklich, was jeweils für Kirche und Welt auf der Tagesordnung steht. Als Beispiel seien die drei Kirchentage genannt, die in Stuttgart stattfanden. 1952 »Wählt das Leben!« Es war die Zeit des Wiederaufbaus, die Eröffnung fand im Innenhof der Ruine des Neuen Schlosses statt. 1969 »Hungern nach Gerechtigkeit«. Die späten sechziger Jahre waren durch eine große Aufbruchstimmung in Kirche und Gesellschaft geprägt. Der »Streit um Jesus« bewegte allenthalben die Gemüter. 1999 »Ihr seid das Salz der Erde«. Das war die Frage nach den Grundwerten und ihrer Geltung in einer orientierungslosen Gesellschaft. Für 2015 ist der Kirchentag wieder nach Stuttgart eingeladen. Alle zwei Jahre ziehen die Kirchentage viele tausende, vor allem junge, Menschen an, die hier miteinander hören, diskutieren und nach Antworten suchen. Der »Markt der Möglichkeiten« zeigt eine fast unüberschaubare Fülle von Gruppen, Aktivitäten und Experimenten, die alle irgendwo mit der Kirche zu tun haben.

Der jährlich stattfindende *Christustag (Ludwig-Hofacker-Kon-*

ferenz) ist ein württembergisches Ereignis. Seit 1956 findet er jedes Jahr am Fronleichnamstag in einer steigenden Anzahl von Gemeinden statt, 2007 waren es 14 Orte. Ganz bewusst werden biblische Themen gewählt, aus denen Orientierung und Wegweisung für unsere Zeit gewonnen wird. Seit 1974 wird stattdessen ab und zu der auf das gesamtdeutsche Gebiet erweiterte »Gemeindetag unter dem Wort« begangen. An diesen großen Veranstaltungen wird deutlich, wie stark das Bedürfnis nach biblischer Orientierung in unserem Land vorhanden ist.

Abschlussveranstaltung einer Ludwig-Hofacker-Konferenz auf dem Stuttgarter Killesberg.

Kirchliche Erwachsenenbildung und Kirchenmusik. Die Evangelischen Bildungswerke sind flächendeckend über die Dekanatsbezirke für die ganze Landeskirche organisiert. Hier wird ein reiches Angebot an Vorträgen, Seminaren und informativen Veranstaltungen unterbreitet, das seinen speziellen Schwerpunkt in kirchlichen Themen hat. Das bedeutet auf kulturellem Gebiet überall eine wesentliche Bereicherung. Beispielhaft dafür ist die Arbeit des Stuttgarter Hospitalhofs.

Auch die Kirchenmusik ist aus dem kulturellen Leben nicht wegzudenken. Über die musikalische Gestaltung der Gottesdienste hinaus gibt es ein reiches musikalisches Leben. Ganz besonders in den Festzeiten füllen sich die Kirchen bei den Aufführungen von Passionen und Oratorien. Die »Stunden der Kirchenmusik« sind vielerorts regelmäßige, geschätzte Veranstaltungen.

Musik in der Kirche.

Die Denkschriften der EKD. Die Evangelische Kirche in Deutschland (EKD) gibt in freier Folge »Denkschriften« in Auftrag, die zu Themen Stellung nehmen, die derzeit in der Gesellschaft von Bedeutung sind. Dabei haben stets auch Fachleute und Theologen aus Württemberg mitgearbeitet. Hier möchte die Kirche Stellung beziehen zu Fragen, die für das Leben in unserem Volk wichtig sind. Eine große Anzahl solcher Denkschriften sind, oft nach jahrelanger Vorarbeit, erschienen. Einige ihrer Themen seien genannt: Vom Recht auf Arbeit – Soziale Verantwortung – Familie und Erziehung – Ausländer unter uns. Die Denkschriften werden als wichtige Stimme der evangelischen Kirche gehört. Große Bedeutung gewann beispielsweise die sogenannte Ost-Denkschrift »Die Lage der Vertriebenen und das Verhältnis des deutschen Volkes zu seinen östlichen Nachbarn« von 1965. Sie stellt einen Meilenstein im Entspannungsprozess zwischen Ost und West dar, der 1989 zur Wiedervereinigung führte. Diese Denkschrift entstand unter der Federführung des Tübinger Juristen Ludwig Raiser, der von 1970 bis 1973 Präses der Synode der EKD war. Eine neue Denkschrift »Kirche der Freiheit« hat zu lebhaften Diskussionen geführt.

Die Diskussion um die Werte. Mit einer gewissen Bestürzung wird in der deutschen Öffentlichkeit wahrgenommen, in wie hohem Maß die Akzeptanz allgemein anerkannter Werte abgenommen hat. Damit ist verbunden, dass Verhaltensnormen, oft genug sogar öffentlich und auch in Führungspositionen, nicht mehr gelten, die bisher selbstverständlich schienen. Dazu gehörten Aufrichtigkeit, Fairness im Umgang miteinander, keine Bereitschaft zu Gewalttätigkeit und sittliche Grundsätze, die mehr Gewicht haben als etwa Vermehrung des Besitzes. Ein falsch verstandener Liberalismus führte zu Extremformen egoistischer Überzeugungen. Als das Ausmaß und die Auswirkungen dieser Fehlentwicklung deutlich wurden, kamen bei der Suche nach neuen Ansätzen vor allem auch die Kirchen ins Gespräch. Es ist deutlich, dass von den christlichen Normen her teilweise andere Motive und Ziele für ein verantwortliches Zusammenleben wichtig sind. Daraus lassen sich überzeugende Modelle entwickeln, die auch für Menschen akzeptierbar sind, die nicht zur Kirche gehören oder sich zu

Die Kirche setzt sich für den Schutz des Sonntags ein – auch mit Werbekampagnen.

einer anderen Religion bekennen. Das setzt natürlich voraus, dass die angebotenen Lösungen aus sich heraus überzeugen.

Ein Beispiel hierfür ist der politische Einsatz zum Schutz des Sonntags. Mit Resolutionen wie dem Text »Zehn Argumente für die Sonntagsruhe«, aber auch mit einer originellen Werbekampagne und einer eigenen Internetseite setzt sich die Kirche für den Erhalt der Sonntagsruhe ein. Die Landessynode stellte 2006 in einer Stellungnahme fest:

»Der Sonntag ist als ›Tag der Arbeitsruhe und der seelischen Erhebung‹ geschützt (Grundgesetz Art. 140). Er hat seine Bedeutung als Tag der Auferstehung Jesu Christi und – in der Tradition des jüdischen Sabbats – als Tag der Ruhe, der Feier, des Lobes Gottes, der Freude an seiner Schöpfung und der Freiheit von Versklavung. – Der Sonntag ist als Tag der gemeinsamen Zeit für unsere Gesellschaft von größter Bedeutung. Das gesamte soziale Leben in Familie, Gemeinde, Freundeskreisen, Vereinen usw. setzt gemeinsame freie Zeit voraus. – Der Sonntag stellt ein entscheidendes Merkmal der abendländisch-christlichen Kultur dar und hat einheitsstiftende Bedeutung. Dieser Wert darf nicht aufs Spiel gesetzt werden.«

Kirche und Bildung

Einen wichtigen Beitrag ihrer Tätigkeit sieht die Kirche in der Erfüllung ihres Bildungsauftrags. Sie tut dies durch die Mitwirkung in Kindergärten, Schulen, an Universitäten und in kircheneigenen Bildungswerken. Sie äußert sich zum Schulsystem. So befinden sich viele Kindertagesstätten und Kindergärten in kirchlicher Trägerschaft, d.h. die Arbeit geschieht in der Verantwortung der Kirchengemeinden. Auch der Beitrag der Kirche an den Schulen ist groß. Der Religionsunterricht findet in enger Verbindung und gemeinsamer Verantwortung von den evangelischen Landeskirchen und dem Land Baden-Württemberg statt. So werden auch die Bildungspläne für das Fach Religion von den Kirchen erarbeitet. Zahlreiche Religionspädagoginnen und -pädagogen sind bei der Kirche angestellt; den Anteil der Gemeindepfarrerinnen und -pfarrer am Religionsunterricht nicht mit eingerechnet. Auch an einer steigenden Zahl von Schulen in kirchlicher oder freier evangelischer Trägerschaft äußert sich die besondere Verantwortung, die die Kirche im Bildungssektor wahrnimmt.

Die Kirche im Medienzeitalter

Das Medienzeitalter hat verständlicherweise auch das Leben der Kirche geprägt. Die Pressearbeit ist ein wichtiges Element kirchlicher Präsenz. Das Evangelische Gemeindeblatt für Württemberg, das seit 1905 erscheint, ist ein Wochenblatt mit hoher Auflage, der höchsten unter den evangelischen Kirchengebietszeitungen in ganz Deutschland. Mit geistlichen und theologischen Beiträgen, einer reichen Bebilderung und Nachrichten aus dem kirchlichen Leben ist es eine glückliche Verbindung zwischen der Landeskirche und den Gemeinden. Fast jede Gemeinde hat heute auch ihren »Gemeindebrief« Hier erfolgt auf Ortsebene Andacht, Information und Austausch, auch für Gemeindemitglieder, die sonst keinen regelmäßigen Kontakt zur Gemeinde haben. Über den Evangelischen Pressedienst (epd) vollzieht sich Sammlung und Austausch wichtiger kirchlicher Nachrichten für das gesamte Bundesgebiet. Auch Württemberg hat seine eigene Redaktion des epd.

Evangelisches Gemeindeblatt für Württemberg.

In Radio und Fernsehen gibt es, in Koordination mit der katholischen Kirche, ein reiches Angebot an geistlichen und informierenden Sendungen. Für viele Menschen, die Probleme haben, zur Kirche zu kommen, sind die Gottesdienste im Fernsehen unentbehrlich geworden. Im Rahmen des Privatrundfunks bestehen sogar kirchliche Regionalsender. Die Rundfunk- und Fernsehpfarrer und -pfarrerinnen gelten als die »mit der größten Kanzel«.

Gegenüberliegende Seite: Stiftskirche Stuttgart. Altes und Neues werden sich bei der zukünftigen Gestaltung des Lebens in der Kirche verbinden.

Mit dem Aufkommen der Computer-Kommunikation hat sich das Bild der Medienwelt völlig, geradezu revolutionär, verändert. Auf dem Briefkopf der Kirchengemeinde stehen Fax-Nummer und E-Mail-Adresse. Mit der modernen Datenverarbeitung am Computer arbeitet heute jede kirchliche Dienststelle. Das

bringt natürlich ganz wesentliche Erleichterungen. Der Kontakt innerhalb der Kirche und nach außen ist anders nicht mehr vorstellbar. Die Landeskirche, die Gemeinden, viele Pfarrer haben ihre eigene Homepage. Aus dem Internet sind Informationen aller Art, aktuelle und geschichtliche, abrufbar, sogar die Sonntagspredigt!

Eine eigene Redaktion der Landeskirche veröffentlicht unter www.kirchenfernsehen.de aktuelle regionale, soziale, kulturelle, diakonische und kirchliche Themen aus Württemberg. Mit der modernen Produktion des Internetfernsehens werden damit sowohl die Menschen im Land als auch zahlreiche Zuschauer weltweit erreicht.

Die kirchlichen Mitarbeiter, ebenso wie Kirchenmitglieder oder Interessierte, verbringen viel Zeit am PC. Zum wichtigen Bestandteil des Pfarramts ist der Anrufbeantworter geworden.

Die neue mediale Vernetzung hat die traditionelle Gemeindearbeit stark verändert. Es gibt jetzt viele, bislang unbekannte neue Möglichkeiten und Hilfen. Auf der anderen Seite aber wird auch deutlich, dass die persönlichen Kontakte darunter leiden. Die Kirche, die sich zuallererst als ein Geflecht von menschlichen Beziehungen darstellt, ist davon zentral betroffen. Sie wird lernen müssen, mit den neuen Hilfsmitteln ihrer Sache gemäß umzugehen. Der Auftrag der Kirche, das Evangelium zu verkündigen, lässt sich mit vielen Mitteln verfolgen. Ihrem Auftrag entspricht es aber, dass der direkte Kontakt »von Mensch zu Mensch«, die unmittelbare Gemeinschaft miteinander, letztlich nicht zu ersetzen ist.

Vielleicht kommt der Kirche der Zukunft gerade im Beharren auf persönlicher Begegnung und Austausch, auf der Pflege von Beziehungen zwischen unterschiedlichen Gruppen und Generationen, eine entscheidende Rolle zu.

Allgemeine Geschichte

2./3. Jh.	Ausbreitung des Christentums im Römischen Reich
233	germanische Einfälle in das Römische Reich an Rhein und Donau
260	Limes aufgegeben
ab 285	Befestigung der Rhein-Donau-Grenze
285–305	Kaiser Diokletian letzte große Christenverfolgung
289	erstmalige Nennung des Namens »Alemannen«
313	Toleranzedikt Kaiser Konstantins
um 470	Verschwinden des Namens »Sueben« aus der Geschichtsschreibung Beginn der Reihengräberfriedhöfe
496/498	Sieg des Frankenkönigs Chlodwig über die Alemannen, Taufe Chlodwigs Festlegung der Grenzen Alemanniens durch die fränkischen Könige
5.–7. Jh.	Herrschaft der Merowinger als Könige in Franken
5.–7. Jh.	Herzogtum Alemannien
746	Beseitigung des alemannischen Herzogtums durch die Karolinger
751	Karolinger übernehmen das fränkische Königtum
768–814	Karl der Große
800	Kaiserkrönung Karls des Großen
910	Gründung des Klosters Cluny Beginn der cluniazensischen Reform
919–1024	Herrschaft der Ottonen als Könige und Kaiser
10. Jh.	allmähliches Verschwinden des Begriffs »Alemannien«, Ersetzung durch »Schwaben«
1024–1125	Herrschaft der Salier als Könige und Kaiser
1056–1106	Kaiser Heinrich IV.
1077	Gang Heinrichs IV. nach Canossa
1075–1122	Investiturstreit um die Einsetzung der Bischöfe
ab 1098	Entstehung des Zisterzienserordens

Württembergische Kirchengeschichte

4. Jh.	erste Bischofssitze am Rhein: Speyer, Worms, Mainz
5.–7. Jh.	Wiedergründung der untergegangenen Bischofssitze: Mainz, Basel, Straßburg, Speyer, Worms um 600 Gründung des Bistums Konstanz
6.–7. Jh.	Missionierung der Alemannen erste Kirchenbauten
7. Jh.	Gründung von Kloster Weißenburg (Elsass)
um 700/710	Gründung des Klosters St. Gallen
724	Gründung des Klosters Reichenau
764	Gründung des Klosters Ellwangen
um 770	Gründung des Frauenklosters Buchau
um 780–850	erste kulturelle Blüte der Reichenau
Ende 10./frühes 11. Jh.	zweite kulturelle Blüte der Reichenau
1069–1091	Abt Wilhelm von Hirsau Hirsauer Bewegung

Allgemeine Geschichte

1115–1153	Bernhard von Clairvaux
1120/30	Entstehung des Prämonstratenserordens
Ab 1200	Ausbreitung der Bettelorden
um 1250	Erhebung von Stuttgart zur Stadt
1265	Graf Ulrich der Stifter von Württemberg †
1268	Konradin †. Ende der Staufer
1279–1417	Das »Jahrhundert der Eberharde«
1347	Pestkatastrophe
1347–1378	Kaiser Karl IV., Residenz Prag
1356	Goldene Bulle (Reichsgrundgesetz)
1380	Stiftung der »Brüder vom gemeinsamen Leben«
1388	Schlacht bei Döffingen
1400–1600	Renaissance oder Humanismus
1414–1418	Konzil von Konstanz
1420–1431	Hussitenkriege
1450	Erfindung des Buchdrucks
1453	Konstantinopel von den Türken erobert
1457–1496	Graf (Herzog) Eberhard im Bart
1495	Erhebung Württembergs zum Herzogtum
1486–1519	Kaiser Maximilian
1514	Unruhen des »armen Konrad«
1517	Luthers Thesen über den Ablass
1518	Luther in Heidelberg
1519	Herzog Ulrich aus Württemberg vertrieben
1521	»Wormser Edikt« Kaiser Karls V.: Verbot der Lehre Luthers
1522	Zwinglis Reformation in Zürich
1524/25	Bauernkrieg
1529	Reichstag von Speyer
1530	Augsburger Bekenntnis
1531	Gründung des Schmalkaldischen Bundes
1534	Rückkehr Herzog Ulrichs
1546/47	Schmalkaldischer Krieg: Niederlage der Protestanten
1548	Einführung des Interims
1550	Regierungsantritt Herzog Christophs

Württembergische Kirchengeschichte

1126	Gründung des Klosters Rot an der Rot
1147	Gründung des Klosters Maulbronn
1310–1410	Bau des Heiligkreuz-Münsters in Schwäbisch Gmünd
1377	Grundsteinlegung des Ulmer Münsters
1477	Gründung der Universität Tübingen
1503	die Stigmatisierte von Leidringen
1521	Beginn der Reformation in Reutlingen durch Matthäus Alber
1522	Beginn der Reformation in Schwäbisch Hall durch Johannes Brenz
1534	Beginn der Reformation in Württemberg Berufung von Blarer und Schnepf
1536	Kirchen- Kasten- und Landesordnung Errichtung des »Stipendiums« (Stift) in Tübingen
1538	Uracher »Götzentag« Entlassung Blarers
1548–1552	Interim in Württemberg: Entlassung und Flucht zahlreicher Pfarrer

Allgemeine Geschichte		Württembergische Kirchengeschichte	
		1553	Brenz Propst an der Stiftskirche in Stuttgart
1555	Augsburger Religionsfrieden		
		1556	Errichtung der Klosterschulen
		1559	Große Württembergische Kirchenordnung
1577	Konkordienformel		
1580	Konkordienbuch		
1608	Protestantische Union		
1609	Katholische Liga		
1618	Prager Fenstersturz		
1618–1648	Dreißigjähriger Krieg		
1620	Schlacht am Weißen Berg bei Prag		
1622	Schlacht bei Wimpfen		
1629	Restitutionsedikt		Wiederbesetzung der in der Reformation aufgehobenen Klöster und Stifte durch die katholischen Orden
1630	Schweden greift in den Krieg ein		
		1632–1634	vorübergehende Rückgabe der Klöster und Stifte
1634	Schlacht bei Nördlingen		Besetzung und Verheerung Württembergs durch kaiserliche Truppen
			Klöster und Stifte werden erneut restituiert
1638	Rückkehr Herzog Eberhards III. aus dem Exil in Straßburg	1638	Beginn des Wiederaufbaus der Landeskirche
		1644	Einführung der Kirchenkonvente
1648	Westfälischer Friede		Württemberg wird territorial und konfessionell in den Zustand von 1624 zurückversetzt
1675	Philipp Jakob Spener: Pia desideria	1698–1700	Waldensische Flüchtlinge in Württemberg angesiedelt
		1723	Einführung der Konfirmation
		1727	August Hermann Francke besucht Württemberg
		1743	Pietistenreskript: Erlaubnis für Privatversammlungen (»Stunden«)
		1687–1752	Johann Albrecht Bengel
		1759/61	Friedrich Christoph Oetinger: Güldene Zeit
		1739–1790	Philipp Matthäus Hahn
		1758–1819	Michael Hahn
1744–1793	Herzog Carl Eugen		
1759–1805	Friedrich Schiller	1759–1764	Haft Mosers
1770–1831	Georg Wilhelm Friedrich Hegel	1770	Erbvergleich zwischen Herzog und Landschaft
1770–1843	Friedrich Hölderlin		
1792/96	Verlust Mömpelgards und linksrheinischer Gebiete Württembergs an Frankreich	1791	Herausgabe des »rationalistischen Gesangbuches«

Allgemeine Geschichte

1797–1815	Herzog Friedrich II., 1802 Kurfürst, 1806 König Friedrich I.
1802/03	Reichsdeputationshauptschluss Säkularisation: geistliche Gebiete und Reichsstädte fallen an Württemberg
1803	Bildung von Neuwürttemberg Württemberg wird Kurfürstentum
1806	Mediatisierung: seither reichsunmittelbare Herrschaften kommen zu Württemberg
1806	Württemberg wird zum Königreich erhoben
1810	endgültige Festlegung der Grenzen des Territorialstaates Württemberg (bis 1945)
1816–1864	König Wilhelm I.
1819	Verfassung: Württemberg wird konstitutionelle Monarchie
1848/49	Revolution
1861/64	vollständige Gleichstellung der Juden
1864–1891	König Karl
1891–1918	König Wilhelm II.
1914–18	Erster Weltkrieg

Württembergische Kirchengeschichte

1803	Religionsedikt für Neuwürttemberg
1803	Auswanderung der Rappisten nach Amerika
1806	Gleichstellung der evangelischen, katholischen und reformierten Konfession
1806	Einziehung des evangelischen Kirchengutes. Konsistorium wird staatliche Behörde
1809	neue Liturgie für die Gottesdienste
1812–1817	katholisches Generalvikariat und katholische Universität in Ellwangen
1812	Gründung der Württembergischen Bibelanstalt
1817	starke Auswanderungsbewegung nach Osten Katholisches Generalvikariat nach Rottenburg verlegt Gründung einer katholisch-theologischen Fakultät in Tübingen
1819/24	Gründung der Brüdergemeinden Korntal und Wilhelmsdorf
1828	Errichtung des Bistums Rottenburg Bürgerrechte für jüdische Untertanen Schaffung einer Israelitischen Oberkirchenbehörde
1836	David Friedrich Strauß: Lebens Jesu Streit zwischen Pietismus und liberaler Theologie
1842	neues Gesangbuch und neue Liturgie
1851	Einrichtung von Pfarrgemeinderäten
1854	Bildung von Diözesansynoden
1868/69	Auswanderung der Templer nach Palästina
1869	erste Landessynode
1887	Trennung von bürgerlicher und kirchlicher Gemeinde Bildung von Kirchengemeinderäten
1896	erste Schülerkränzchen
1900	Lutherkirche Bad Cannstatt
1909	Ende der Geistlichen Schulaufsicht
1913	Kirche in Gaisburg

Allgemeine Geschichte		Württembergische Kirchengeschichte	
1918	9. Nov. Ausrufung der Republik: Volksstaat Württemberg 30. Nov. Rücktritt König Wilhelms II.		Ende des landesherrlichen Kirchenregiments
1919	Weimarer Reichsverfassung	1919	Landeskirchenversammlung
		1919	Evangelischer Volksbund
		1920	Köngener Bund
1924	Gesetz über die Kirchen	1924	Verfassung der Evang. Landeskirche in Württemberg in Kraft gesetzt
		1924	Dr. Johannes Merz erster Kirchenpräsident
		1926	Südkirche Esslingen
1929–1932	Weltwirtschaftskrise	1929	Theophil Wurm Kirchenpräsident
bis 1933	sechs Millionen Arbeitslose		
		1932	Maulkorberlass für Pfarrer (Verbot politischer Betätigung)
1933	30. Jan. »Machtergreifung« Hitlers 1. April Boykott jüdischer Geschäfte	1933	30. Juni Kirchenpräsident Wurm nimmt Bischofstitel an 23. Juli Kirchenwahl endet mit großem Sieg der Deutschen Christen (DC) 13. Nov. Sportpalastkundgebung der DC in Berlin (Abschaffung des Alten Testaments) 20. Dez. Eingliederung der Evang. Jugendverbände in die Hitlerjugend
1934	30. Juni »Röhmputsch«	1934	22. April Ulmer Tag 29.–31. Mai 1. Reichsbekenntnissynode in Barmen: Barmer Theologische Erklärung Oktober: Bischof Wurm unter Hausarrest 19.–20. Okt. zweite Reichsbekenntnissynode in Dahlem Erklärung des Notrechts
1935	Nürnberger Rassegesetze	1935	4.–6. März. Reichsbekenntnissynode in Augsburg
		1936	18. März Württemberg schließt sich dem Lutherrat an
		1936	April Abschaffung der Konfessionsschulen in Württemberg
		1937	Juni/Juli Ausschluss von 700 Pfarrern aus dem Religionsunterricht
1938	10. April Volksabstimmung zum Anschluss Österreichs und zu Hitlers Politik 9./10. Nov. Reichspogromnacht		10. April Einige Pfarrer und Laien stimmen mit Nein bei der Volksabstimmung oder verweigern die Wahl 16. Nov. Pfarrer von Jan kritisiert die Reichspogromnacht in einer Predigt
		1939	5. April Amtliche Einführung des Weltanschauungsunterrichts (WAU)
1939	1. Sept. Beginn des 2. Weltkriegs		

Allgemeine Geschichte		Württembergische Kirchengeschichte	
1940	Jan. Beginn der Krankenmorde (»Euthanasie«)	1940	19. Juli Protestbrief Wurms an Reichsinnenminister Frick gegen die »Euthanasie«
1941	22. Juni Beginn des Russlandfeldzugs 1. Sept.Polizeiverordnung zum Tragen des Judensterns	1941	zwangsweise Schließung der ev.-theol. Seminare Maulbronn, Urach, Schöntal und Blaubeuren
1942	20. Jan. Wannseekonferenz über Ermordung des europäischen Judentums		
1943	22. Febr. Hinrichtung der Geschwister Scholl	1943	23. April 13 Sätze zum Kirchlichen Einigungswerk mit 86 Unterschriften
1944	6. Juni Alliierte Invasion in der Normandie 20. Juli Attentat auf Hitler misslingt		
1945	9. April Hinrichtung von Dietrich Bonhoeffer		
	30. April Selbstmord Hitlers 8. Mai Bedingungslose Kapitulation Deutschlands	1945	10. Mai Predigt Wurms im Stuttgarter Staatstheater Sept. Gründung der Evang. Akademie Bad Boll
	28.–31. Aug. Kirchenkonferenz von Treysa Gründung des Hilfswerks der EKD		19. Okt. Stuttgarter Schulderklärung
		1946	Errichtung des Evangelischen Jugendwerks der Landeskirche
1948	Juli Gründung der EKD in Eisenach	1948	Landesbischof Wurm tritt in den Ruhestand; Nachfolger Martin Haug
1952	Bundesland Baden-Württemberg	1952	Deutscher Evangelischer Kirchentag in Stuttgart
		1953	neues Gesangbuch, erstes gemeinsames Gesangbuch für alle evangelischen Kirchen in Deutschland, mit württembergischem Anhang
		1969	Deutscher Evangelischer Kirchentag in Stuttgart
		1973	Gründung der Arbeitsgemeinschaft Christlicher Kirchen in Baden-Württemberg (ACK-BW)
1989	9. Nov. Öffnung der Grenzen der DDR		
1990	3. Okt Deutsche Einigung		
		1996	Neues Gesangbuch (EG)
		1999	Deutscher Evangelischer Kirchentag in Stuttgart
		2008	Staatskirchenvertrag Baden-Württemberg

Literatur

Allgemeines

Blätter für württembergische Kirchengeschichte 1–10 (1886–1895); Neue Folge 1–47 (1897–1943), 48ff. (1948ff.).

Brecht, Martin; Ehmer, Hermann: Südwestdeutsche Reformationsgeschichte, Stuttgart 1984.

Ehmer, Hermann: Kleine Geschichte der Evangelischen Kirche in Württemberg, Leinfelden-Echterdingen 2008.

Gottschick, Konrad; Schäfer, Gerhard (Hg.): Lesebuch zur Geschichte der Evangelischen Landeskirche in Württemberg. Bd. 1–4, Stuttgart 1988–1992.

Grube, Walter: Der Stuttgarter Landtag 1457–1957. Von den Landständen zum demokratischen Parlament, Stuttgart 1957.

Gutekunst, Eberhard (Red.): Zwischen Kanzel und Kehrwoche. Glauben und Leben im evangelischen Württemberg (Kataloge und Schriften des Landeskirchlichen Museums Bd. 1) Ludwigsburg 1994.

Gutekunst, Eberhard (Red.): Herd und Himmel: Frauen im evangelischen Württemberg (Kataloge und Schriften des Landeskirchlichen Museum Bd. 6) Ludwigsburg 1997.

Handbuch der baden-württembergischen Geschichte (Veröffentlichung der Kommission für Geschichtliche Landeskunde in Baden-Württemberg) Bd. 1,2; 2; 3, Stuttgart 1992–1999.

Hermelink, Heinrich: Geschichte der Evangelischen Kirche in Württemberg von der Reformation bis zur Gegenwart, Tübingen 1949.

Historischer Atlas von Baden-Württemberg. Hg. von der Kommission für geschichtliche Landeskunde in Baden-Württemberg in Verbindung mit dem Landesvermessungsamt Baden-Württemberg, Stuttgart 1972–1988.

Lehmann, Hartmut: Pietismus und weltliche Ordnung in Württemberg vom 17. bis zum 20. Jahrhundert, Stuttgart 1969.

Maurer, Hans-Martin: Geschichte Württembergs in Bildern 1083–1918, Stuttgart 1992.

Rauscher, Julius: Württembergische Reformationsgeschichte (Württembergische Kirchengeschichte hrsg. vom Calwer Verlagsverein Bd. 3) Stuttgart 1934.

Schäfer, Gerhard: Kleine württembergische Kirchengeschichte, Stuttgart 1964.

Schäfer, Gerhard: Zu erbauen und zu erhalten das rechte Heil der Kirche. Eine Geschichte der Evangelischen Landeskirche in Württemberg, Stuttgart 1984.

Weller, Karl: Württembergische Kirchengeschichte bis zum Ende der Stauferzeit (Württembergische Kirchengeschichte hg. vom Calwer Verlagsverein Bd. 1) Stuttgart 1936.

Weller, Karl; Weller, Arnold: Württembergische Geschichte im südwestdeutschen Raum, Stuttgart ^{7}1972.

Württembergische Kirchengeschichte hrsg. vom Calwer Verlagsverein, Calw u. Stuttgart 1893.

Alemannien wird christlich

Die Alamannen. Hg. vom Archäologischen Landesmuseum Baden-Württemberg. Stuttgart 1997.

Berschin, Walter; Geuenich, Dieter; Steuer, Heiko (Hg.): Mission und Christentum am Hoch- und Oberrhein (6.–8. Jahrhundert), Stuttgart 2000.

Geuenich, Dieter: Geschichte der Alemannen, Stuttgart 1997.

Kuhn, Elmar L. (Hg.): Die Bischöfe von Konstanz. Bd. 1–2. Friedrichshafen 1988.
Maurer, Helmut: Der Herzog von Schwaben. Grundlagen, Wirkungen und Wesen seiner Herrschaft in ottonischer, salischer und staufischer Zeit. Sigmaringen 1978.
Müller, Wolfgang; Knaut, Matthias: Heiden und Christen. Archäologische Funde zum frühen Christentum in Südwestdeutschland (Kleine Schriften zur Vor- und Frühgeschichte Südwestdeutschlands 2) Stuttgart 1987.

Männer- und Frauenklöster im Südwesten
Die Benediktinerklöster in Baden-Württemberg (Germania Benedictina Bd. 5). Bearb. von Franz Quarthal. Augsburg 1975.
Arno Borst: Mönche am Bodensee 610–1525. Sigmaringen 1978.

Württemberg gewinnt Gestalt
Württemberg im Spätmittelalter. Ausstellungskatalog bearb. von Joachim Fischer. Stuttgart 1985.

Leben und Glauben im späten Mittelalter
Decker-Hauff, Hansmartin (Hg.); Setzler, Wilfried (Bearb.): Beiträge zur Geschichte der Universität Tübingen 1477–1977. Tübingen 1977.
Faix, Gerhard; Reichert, Folker: Eberhard im Bart und die Wallfahrt nach Jerusalem im späten Mittelalter (Lebendige Vergangenheit Bd. 20) Stuttgart 1998.
Faix, Gerhard: Gabriel Biel und die Brüder vom Gemeinsamen Leben. Quellen und Untersuchungen zu Verfassung und Selbstverständnis des Oberdeutschen Generalkapitels (Spätmittelalter und Reformation NR Bd. 11) Tübingen 1999.
Schiek, Siegwalt: Der Einsiedel bei Tübingen. Seine Geschichte und seine Bauten. Sigmaringen 1982.
Ulrich von Richental: Chronik des Konstanzer Konzils 1414–1418. Konstanz [2]1984.
Zimmern, Froben Christoph von: Wappen, Becher, Liebesspiel. Die Chronik der Grafen von Zimmern 1288–1566. ND [Horb1988].

Reformation – der große Aufbruch
Brecht, Martin; Ehmer, Hermann: Südwestdeutsche Reformationsgeschichte, Stuttgart 1984.
Ehmer, Hermann: Württemberg. In: A. Schindling, W. Ziegler (Hg.), Die Territorien des Reichs im Zeitalter der Reformation und Konfessionalisierung, Bd. 5, Münster 1993, S. 168–192.
Hermle, Siegfried (Hg.): Reformationsgeschichte Württembergs in Porträts, Holzgerlingen 1999.
Johannes Brenz 1499–1570. Prediger – Reformator – Politiker (Kataloge des Hällisch-Fränkischen Museums Schwäbisch Hall) Schwäbisch Hall 1999.
Maurer, Hans-Martin; Ulshöfer, Kuno: Johannes Brenz und die Reformation in Württemberg. Stuttgart-Aalen 1971.
Moeller, Bernd: Deutschland im Zeitalter der Reformation. Göttingen [4]1999.

Aus der Zeit des Großen Krieges

Press, Volker: Die territoriale Welt Südwestdeutschlands 1450–1650. In: Die Renaissance im deutschen Südwesten zwischen Reformation und Dreißigigjährigem Krieg. Bd. 1, Karlsruhe 1986, S. 17–61.

Anita Raith: Herzogtum Württemberg. In: Hexen und Hexenverfolgung im deutschen Südwesten, Karlsruhe 1994, S. 197–205.

Sauer, Paul: Geschichte der Stadt Stuttgart. Bd. 2: Von der Einführung der Reformation bis zum Ende des 17. Jahrhunderts, Stuttgart 1993.

Vann, James Allen: Württemberg auf dem Weg zum modernen Staat 1593–1793. Stuttgart 1986.

Verwüstet und entvölkert. Der Dreißigjährige Krieg in Württemberg, Ausstellungskatalog des Hauptstaatsarchivs Stuttgart, Stuttgart 1998.

Reich Gottes im Schwabenland

Brecht, Martin u.a. (Hg.): Geschichte des Pietismus. Bd. 1: Der Pietismus vom 17. bis zum frühen 18. Jahrhundert; Bd. 2: Der Pietismus im 18. Jahrhundert, Göttingen 1993–1995.

Trautwein, Joachim: Religiosität und Sozialstruktur. Untersucht anhand der Entwicklung des württembergischen Pietismus (Calwer Hefte 123) Stuttgart 1972.

Trautwein, Joachim: Die Theosophie Michael Hahns und ihre Quellen. (Quellen und Forschungen zur württembergischen Kirchengeschichte, Bd. 2) Stuttgart 1969.

Weyer-Menkhoff, Martin: Friedrich Christoph Oetinger, Wuppertal und Metzingen 1990.

In Freiheit und in Fesseln –
Aus der Zeit von Herzog Carl Eugen

Herzog Karl Eugen und seine Zeit. Hg. v. Württembergischen Geschichts- und Altertumsverein. Bd. 1–2, Esslingen 1907–1909.

Herzog Karl Eugen von Württemberg, Tagebücher seiner Rayßen … in den Jahren 1783–1791, vom Herzog selbsten geschrieben, hg. v. Robert Uhland, Tübingen 1968.

Stern, Selma: Jud Süß. Ein Beitrag zur deutschen und zur jüdischen Geschichte. Berlin 1929; ND München 1973.

Storz, Gerhard: Karl Eugen. Der Fürst und das »alte gute Recht«. Stuttgart 1981.

Tagbuch der Gräfin Franziska von Hohenheim. Im Auftrag des Württembergischen Geschichts- und Altertumsvereins hg. v. A. Osterberg (1913). ND Reutlingen 1981.

Zwischen Aufklärung und Erweckung

Claus, Wilhelm; Buck, Friedrich: Württembergische Väter. Bd. 1–4, Stuttgart 1887–1905.

Trautwein, Joachim: Die Theosophie Michael Hahns und ihre Quellen. (Quellen und Forschungen zur württembergischen Kirchengeschichte, Bd. 2) Stuttgart 1969.

Die Kirche vor neuen Herausforderungen

Gehring, Paul: Paul Lechler. In: Schwäbische Lebensbilder Bd. 6, Stuttgart 1957, S. 401–428.

Henninger, Margarete: Friedrich Jakob Philipp Heim 1789–1850. Gründer

der Paulinenpflege Winnenden. Ein Beitrag zur Frühgeschichte der Diakonie in Württemberg, Winnenden 1990.
Kramer, Carla: Wilhelmine Canz. In: Lebensbilder aus Schwaben und Franken Bd. 14, Stuttgart 1980, S. 317–349.
Schäfer Gerhard K. (Hg.): Gustav Werner. Dem Reich Gottes Bahn brechen: Briefe – Predigten – Schriften in Auswahl, Stuttgart 1999.
Stöffler, Erika: Initiativen : Lebensbilder evangelischer Frauen, Stuttgart [3]1988.

Von der Staatskirche zur Volkskirche

Brandenburg, Hans-Christian; Daur, Rudolf: Die Brücke zu Köngen. Fünfzig Jahre Bund der Köngener 1919–1969, Stuttgart [1969].
Lächele, Rainer; Thierfelder, Jörg (Hg.): Württembergs Protestantismus in der Weimarer Republik, Stuttgart 2003.
Langmaack, Gerhard: Evangelischer Kirchenbau im 19. und 20. Jahrhundert. Geschichte – Dokumentation – Synopse. Kassel 1971.

Zwischen Anpassung und Widerspruch

Röhm, Eberhard; Thierfelder, Jörg, Evangelische Kirche zwischen Kreuz und Hakenkreuz. Bilder und Texte einer Ausstellung. Stuttgart [4]1990.
Schäfer, Gerhard; Fischer, Richard (Bearb.): Landesbischof D. Wurm und der nationalsozialistische Staat 1940–1945. Eine Dokumentation, Stuttgart 1968.
Schäfer, Gerhard (Hg.): Die evangelische Landeskirche in Württemberg und der Nationalsozialismus. Eine Dokumentation zum Kirchenkampf. Bd. 1–6, Stuttgart 1972–1986.
Scholder, Klaus: Die Kirchen und das Dritte Reich. Bd. 1 Vorgeschichte und Zeit der Illusionen, 1918–1934. Frankfurt a. M. 1977. Bd. 2 Das Jahr der Ernüchterung 1934. Berlin 1985.
Thierfelder, Jörg: Das kirchliche Einigungswerk des württembergischen Landesbischofs Theophil Wurm (Arbeiten zur kirchlichen Zeitgeschichte B 1) Göttingen 1975.

Neuanfang muss mit Umkehr beginnen

Arbeitsbericht. Württembergische Evangelische Landeskirche. [Stuttgart] 1948–1959.
Arbeitsbericht des Evangelischen Oberkirchenrats für die … Württembergische Landessynode. Stuttgart 1966–1984.
Ehmer, Hermann: Religiöses Leben nach 1945. In: Edgar Lersch, Heinz H. Poker, Paul Sauer, Stuttgart in den ersten Nachkriegsjahren (Veröffentlichungen des Archivs der Stadt Stuttgart Bd. 66) Stuttgart 1995, S. 543–566.
Ehmer, Hermann; Lächele, Rainer; Thierfelder, Jörg (Hg.): Zwischen Reform und Revolution. Evangelische Kirche in Württemberg in den sechziger Jahren, Stuttgart 2007.
Lächele, Rainer; Thierfelder, Jörg (Hg.): Das evangelische Württemberg zwischen Weltkrieg und Wiederaufbau (Quellen und Forschungen zur württembergischen Kirchengeschichte Bd. 13), Stuttgart 1995.
Thierfelder, Jörg: Zusammenbruch und Neubeginn. Die evangelische Kirche nach 1945 am Beispiel Württembergs. Stuttgart 1995.

Personenregister

Ortsregister

Autoren

Joachim Botzenhardt
geb. 1967, Pfarrer in Winterbach
Kap. Von der Staatskirche zur Volkskirche

Hermann Ehmer
Dr. theol., geb. 1943, Honorarprofessor, Lehrbeauftragter für Kirchengeschichte an der Universität Tübingen; Direktor i. R. des Landeskirchlichen Archivs in Stuttgart
Kap. Neuanfang muss mit Umkehr beginnen

Heinrich Frommer
geb. 1934, Pfarrer i.R., Denkendorf
Kap. Württemberg gewinnt Gestalt; Leben und Glauben im späten Mittelalter; Kirche im dritten Jahrtausend

Siegfried Hermle
Dr. theol., geb. 1955, Professor für Kirchengeschichte, Institut für Evang. Theologie an der Universität zu Köln
Kap. Die Kirche vor neuen Herausforderungen

Karl-Martin Hummel
geb. 1935, Studiendirektor, Pfarrer i.R., Stuttgart
Kap. Aus der Zeit des Großen Krieges

Rainer Jooß
Dr. phil. (1938–2007) zuletzt Professor für Geschichte und ihre Didaktik an der Pädagogischen Hochschule Schwäbisch Gmünd, Esslingen
Kap. Alemannien wird christlich; Männer- und Frauenklöster im Südwesten

Wolfgang Schöllkopf
Dr. theol., geb. 1958, Pfarrer, Ulm
Kap. Aus der Zeit von Carl Eugen

Tilman Matthias Schröder
Dr. phil., theol. habil., geb. 1956, Privatdozent für Kirchengeschichte; Studentenpfarrer in Stuttgart
Kap. Reformation – der große Aufbruch

Eckart Schultz-Berg
geb. 1960, Pfarrer in Stuttgart
Kap. Zwischen Aufklärung und Erweckung

Jörg Thierfelder
Dr. theol., geb. 1938, Professor i. R. für Evangelische Theologie/Religionspädagogik an der Pädagogischen Hochschule Heidelberg, Denkendorf
Kap. Zwischen Anpassung und Widerspruch

Martin Weyer-Menkhoff
Dr. theol., geb. 1949, Professor für Evangelische Theologie/Religionspädagogik an der Pädagogischen Hochschule Schwäbisch Gmünd
Kap. »Reich Gottes im Schwabenland«

Bildquellen

Leider war es nicht möglich, alle Bildquellen zu ermitteln. Betroffene Inhaber von urheberrechtlichen Ansprüchen bitten wir, sich beim Verlag zu melden.

Abkürzungen: o. = oben; m. = Mitte; u. = unten; l. = links; r. = rechts. AKG = Archiv für Kunst und Geschichte, Berlin; ALM = Archäologisches Landesmuseum, Stuttgart; Feist = Joachim Feist, Pliezhausen; LDA = Landesdenkmalamt Baden-Württemberg, Stuttgart; LKA = Landeskirchliches Archiv, Stuttgart; WLM = Württembergisches Landesmuseum, Stuttgart

S. 9: Institut für Denkmalpflege der ETH Zürich (o.); Römisches Museum der Stadt Augsburg (m/u.). S. 10: Luftbild Brugger, Stuttgart (l.); G. Bernert, aus: Ernst W. Bauer, Rainer Jooß, Hans Schleuning (Hg.), Unser Land Baden-Württemberg, Konrad Theiss Verlag GmbH Stuttgart 1986 (r.); WLM/P. Frankenstein, H. Zwietasch (u.). S. 11: Entwurf der Karte nach: Die Alamannen, hg. vom ALM, Abb. 56 (nach Geuenich/Schober) und 106 (nach Marquardt/Schober). S. 12: Mühleis LDA/ALM nach Die Alamannen, hg. vom ALM (o.); Fundberichte aus Baden-Württemberg, hg. vom LDA (m.); WLM/P. Frankenstein, H. Zwietasch (u.). S. 13: LDA/Archäologische Denkmalpflege (o.).; Reiß-Engelhorn-Museum, Mannheim (m./u.). S. 14: Reiß-Engelhorn-Museum, Mannheim. S. 15: WLM/P. Frankenstein, H. Zwietasch. S. 19: Nach Theune-Großkopf, aus: Die Alamannen, hg. vom ALM (o.); WLM/P. Frankenstein, H. Zwietasch (u.). S. 20: Skizze nach Schmitt/Schober (m.); LDA/O. Braasch (u.). S. 21: LDA (o.); WLM/P. Frankenstein, H. Zwietasch (m.); Archäologische Staatssammlung, München, Fotograf: Manfred Eberlein (u.). S. 22: Stiftsbibliothek St. Gallen, Cod. Sang. 731, Seite 295 (o.); Kurt Gramer, Bietigheim-Bissingen (u.). S. 23: akg-images. S. 25: Stiftsbibliothek St. Gallen, Cod. Sang. 602, Seite 33 (o.); Feist (u.). S. 26: Ann Münchow (o.); Hannes Oefele Vlg., Ottobeuren (u.). S. 27: Ann Münchow (o.). S. 28: Feist (o.); LDA (m.). S. 29: Feist. S. 30: Siegfried Lauterwasser, Überlingen (o.). Kurt Gramer, Bietigheim-Bissingen. S. 31: Grafik »Konstanz um 1150«: Prof. Dr. Rudolf Seigel (o.); Feist (u.). S. 33: Willi Fix, Speyer (u.). S. 34: Archiv Foto Rossa, Berlin. S. 35: WLM (o.); Stadtarchiv Calw (u.). S. 36: Feist. S. 37: WLM/P. Frankenstein, H. Zwietasch (o.); LDA/O. Braasch (u.). S. 38: Foto Hildenbrand, Göppingen. S. 39: Karte nach: Faszination eines Klosters. 750 Jahre Zisterzienserinnen Abtei Lichtenthal, 1995, S. 16. S. 40: Hauptstaatsarchiv Stuttgart, H 107/16 Nr. 5 (u.). S. 41: Kurt Gramer, Bietigheim-Bissingen (o.). S. 42: Gebr. Metz, Tübingen. S. 47: Hauptstaatsarchiv Stuttgart, H 107/8 Nr. 5 (m.) / H 107/6 Nr. 6, (u.). S. 48: Feist (m.). S. 50 WLM/P. Frankenstein, H. Zwietasch (u.). S. 51: Landesmedienzentrum Baden-Württemberg, Stuttgart (u.). S. 52: akg-images. S. 55: Stadtarchiv Heilbronn. S. 56: Roland Bauer, Braunsbach. S. 58: Franz King, Messkirch. S. 61: Kern Atelier, Schwäbisch Hall (o.). S. 62: Entwurf der Karte: Prof. Dr. Rainer Jooß. S. 63: WLM/D. Klein (u.). S. 64: aus: S. Schiek, Der Einsiedel bei Tübingen, 1982. S. 65: aus: S. Schiek, Der Einsiedel bei Tübingen, 1982 (o.). S. 66: Feist (u.). S. 68: Feist. S. 70-73: Archiv. S. 74: Ehmer (o.); LKA (u.). S. 75-80: Archiv. S. 81: LKA (o.); Luftbildverlag Hans Bertram (u.). S. 83: LKA. S. 84: Foto-Eisele. S. 85: LKA. S. 86: Entwurf der Karte: Dr. Hermann Ehmer. S. 87: Archiv. S. 88: Archiv (o.); Strähle Luftbild, Schorndorf (u.). S. 89-91o.: alle LKA. S. 91 u.: Frommer. S. 92: Ehmer (o.); LKA (u.). S. 93: LKA (o.); akg-images (u.). S. 94: WLB. S. 95: akg-images. S. 96: Staatsgalerie Stuttgart. S. 97: Gerhard Raff, Stuttgart. S. 98: Staatsgalerie Stuttgart. S. 100: H.-D. Gram, Blaubeuren. S. 101–102: alle LKA. S. 103: Franckesche Stiftungen Halle. S. 108f.: Aus: Otto Betz: Licht vom unerschaffnen Lichte. Die kabbalistische Lehrtafel der Prinzessin Antonia in Teinach, Sternberg Verlag, Metzingen. S. 112: aus: Philipp Matthäus Hahn 1739–1790, Quellen und Schriften zu Philipp Matthäus Hahn Band 6, Stuttgart 1989. S. 113: alle LKA. S. 114: LKA. S. 115: LKA (o.). S. 118: Landesmedienzentrum Baden-Württemberg, Stuttgart. S. 123: Frommer (u.). S. 124: Grafisches Atelier Arnold. S. 125–127 o.: LKA. S. 127 u.: Archiv. S. 128: WLM/P. Frankenstein, H. Zwietasch. S. 131: Ehmer. S. 132–135: LKA. S. 135 u.: Archiv. S. 136: Archiv der Tempelgesellschaft, Stuttgart (r.). S. 137: LKA. S. 138: aus: Von Königskindern und anderen, Residenz Verlag, St. Pölten 1997. S. 139: LKA. S. 140: Archiv. S. 141: LKA (o.); Archiv (u.). S. 142: Grafisches Atelier Albrecht Arnold (o.); Joachim Hahn (u.). S. 143 Schutzbrief: Stadt Münsingen (o.); Freudental (u.). S. 144: Evangelische Akademie Bad Boll. S. 145: LKA. S. 146: LKA (o.); Archiv (u.). S. 147: akg-images (o.). S. 148: Peter Scherer, aus: Gute alte Zeit? Konrad Theiss-Verlag, Stuttgart (o.); Paulinenpflege Winnenden (u.). S. 149: Paulinenpflege Winnenden. S. 150: Evangelische Gesellschaft, Stuttgart. S. 151: Albrecht Arnold, Dettingen/Erms (o.). S. 152-154: Foto / Stiftung Gustav Werner BruderhausDiakonie, Reutlingen. S. 155f: Kurhaus Palmenwald, Freudenstadt; mit freundlicher Genehmigung von Walter H. Lechler. S. 157: Deutsches Institut für ärztliche Mission e.V., Tübingen. S. 158: Evangelische Diakonissenanstalt Stuttgart. S. 159: Evangelisches Diakoniewerk Schwäbisch Hall. S. 160f: LKA. S. 162: privat. S. 163: LKA. S. 164: Das Haus Württemberg, ein biographisches Lexikon. Stuttgart: Kohlhammer 1997. S. 165f: Archiv. S. 169: LKA. S. 172f: Archiv. S. 177: LKA (u.). S. 178f.: Otto-Riethmüller-Archiv, Esslingen. S. 180: LKA (u.). S. 183: Liebenzeller Mission. 184: Aus: Alles Zufall. 100 Jahre Bahnauer Bruderschaft, Weissach im Tal 2006. S. 185: aus: K.-H. Ruß (Hg.), Göppingen unterm Hakenkreuz, S. 178. S. 186: Stadtarchiv Stuttgart (l.); aus: Stuttgart im Dritten Reich, S. 489 (r.). S. 187: Foto Weber, Haigerloch. S. 188f.: Archiv. S. 191: aus: Zwischen Kreuz und Hakenkreuz, S. 57. S. 193: aus: Stuttgart im Dritten Reich, S. 51 (l.). S. 198: Stadtarchiv Stuttgart. S. 199: Privat. S. 200: LKA. S. 204: LKA (l.); Stadtarchiv Stuttgart (r.). S. 206: ullstein bild/Wittenstein (l.). S. 208: Fotografie Gundel Kilian (u.). S. 209–211: LKA. S. 212: Privat. S. 213–222: LKA. S. 223: Kirschner. S. 224–225: Evangelische Akademie Bad Boll. S. 226: Ehmer (o.); LKA (m.). S. 227 Kirschner. S. 228: Werner Krüper. S. 229: picture-alliance/dpa, Foto: Sebastian Widmann (o.); Kirschner (u.). S. 230f.: Amt für Information der Evangelischen Landeskirche, Stuttgart. S. 232: Amt für Information der Evangelischen Landeskirche, Stuttgart (o.); LKA. S. 233: LKA/Amt für Information der Evangelischen Landeskirche, Stuttgart. S. 234: Amt für Information der Evangelischen Landeskirche, Stuttgart (o.); epd-bild (u.). S. 235: Kirschner. S. 236: epd-bild. S. 237: epd-bild. S. 238: Aus: Das Güglinger Palmtuch, Statt Güglingen 1988. S. 239: Kirschner. S. 240: Archiv (l.); aus: Mit Bildern Schule machen, S. 74 (r.); Kirschner (u.). S. 241: Privat (o.); epd-bild (u.). S. 242: Kirchenamt der EKD, Hannover. S. 244: Evangelisches Gemeindeblatt für Württemberg, Stuttgart. S. 245: Pressepfarramt Evangelische Kirche Stuttgart.